宗喀巴大師父子三尊

宗喀巴大師父子三尊 偈讚

肇建雪域車軌宗喀巴

事勢正理自在賈曹傑

顯密教法持主克主傑

佛王父子三尊敬頂禮

哈爾瓦·嘉木樣洛周仁波切 講記

四家合註

入門③

修習軌理

大慈恩·月光國際譯經院

總監 真 如

譯者 釋性柏、釋如行等

四家合註入門

第三冊 • 譯場成員

承辦／大慈恩・月光國際譯經院　第二譯場

總　　　監／真　如

主　　　譯／釋性柏

主　　　校／釋如行

初 稿 譯 師／釋性發、釋性泰、釋性輝、釋性正、釋性揚、釋性恕

眾　　　校／釋性祥、釋性徹、釋性川

眾　　　潤／江寶珠、朱桂蘭

核 定 標 點／南海尼僧團（釋起演、釋起生）

行　　　政／釋法行、釋性回、釋賢浩、釋心清、張波、張承、
　　　　　　　王士豪、陳惠妮、李玉芳

譯 場 檀 越／劉冰梅闔家、黃曉薇張尤鋒闔家、林禹丞林賓闔家、
　　　　　　　黃素芬法親眷屬、張雅雯張震張庭榕、趙翊瑾闔家、
　　　　　　　釋聞護釋聞愍、三寶弟子、中區傳心委員偕眷、
　　　　　　　陳淑慧李清秀闔家、張鈞雅張祐榕、黃錦霞、
　　　　　　　胡睿恩闔家、何宇晶吳子強闔家、陳坤泰闔家、
　　　　　　　張素惠陳惟真闔家、中區傳心委員、中傳心會員與親眷、
　　　　　　　林吟霞、許復華胡敏怡闔家、黃陳佑黃品澄闔家、
　　　　　　　淮元中醫診所。

哈爾瓦‧嘉木樣洛周仁波切

 # 《四家合註》簡介

　　自宗喀巴大師依據阿底峽尊者的《道炬論》教授，將三藏十二部一切佛語的扼要，攝為成佛之道的次第——《菩提道次第廣論》以來，菩提道次第便成為諸多修行者的圭臬。尤其在格魯派中，菩提道次第更被視為實修佛法的不二教授。

　　大師造論六百多年來，許多祖師們為之著作了大量相關釋論。其中或為攝頌、講義、科判、講記、問答、實修指導、單科詳釋、結合餘論的通釋，種種形式，同彰一意。依據不完整的統計，格魯派的道次論著約共有一百二十餘家，近三百種。然而真正為整本《菩提道次第廣論》作全文註釋的論典，卻非常少見。

　　正是因應了學法者的需求，約十八、十九世紀初，誕生了《菩提道次第廣論四家合註》這部多樣而全面的《廣論》註釋，其中總集了

巴梭法王、語王堅穩尊者、妙音笑大師、札帝格西這四位大德所著的
箋註。《四家合註》問世以來，得到諸大德們的推崇。如阿嘉永津仁
波切於《廣論名詞解釋論》，及洛桑諾布仁波切於《菩提道次第教授
大寶藏論》中，皆特別介紹了《四家合註》，將之與道次第八大教授
並列。

　　這四部箋註的側重點各有不同，巴註主要針對難解、簡約的文
句，嵌入字詞以釋其義，令學者暢讀無滯。語註則多為徵引典故、歸
結論義、探討難點、結合修要的大段註釋。然而此二家箋註，較側重
於止觀之前。妙註則重在列科梳文，貫通全論；札註則專解勝觀，發
微闡幽。正由於四家的側重不同，無所重疊，交相輝映，因此成為了
學習《菩提道次第廣論》者的珍貴傳承教授。

哈爾瓦‧嘉木樣洛周仁波切 簡介

　　至尊哈爾瓦‧嘉木樣洛周仁波切（聯波活佛）1948年出生於青海久治縣。3歲時即被認定為前世哈爾瓦仁波切的轉世化身。1951年藏曆9月21日剃度。第二天正式在各莫寺坐床。從此，仁波切開始跟隨寺內最有學問的三位上師，聽聞、修行各種顯密教法。8歲時，他已能非常流利的背誦許多佛教經典與法本，以優異成績通過了本寺舉行的背經大考。1958年，仁波切被迫離開寺院，回到父母家中居住。1960年入學各莫小學，開始有機會較為系統地學習漢文。四年後，仁波切被下放到西藏中部的偏遠山區，自此開始長達十六年的放牧務農的生涯。

　　然而在這期間，無論條件多麼艱苦，仁波切卻未絲毫動搖內心對佛陀及教法的信仰，依舊嚴格持戒，精進修學。1978年間，仁波切從毛爾蓋‧桑木丹大師學習聲明學。1980年，仁波切33歲時回到了闊別多年的各莫寺，重新擔負起寺院住持的各項職責與任務，一方面師從阿喀嘎桑、阿喀洛桑、阿喀智華等諸大格西，聞思修學《因明》、《現觀》、《中觀》、《俱舍》、《戒論》等各種教法，另一

方面還要經常為僧人們講經傳法，主持寺院的各項重建工作。自1983年起，仁波切先後擔任中國佛教協會理事、四川省佛教協會常務理事。其後數年之間，於拉卜楞寺從毛爾蓋‧桑木丹大師求得《寶生百法》、《納塘百法》、《巴日百法》、《修法大海》等傳承，得受數百種灌頂隨許法。

1987年，仁波切來到北京參加了由班禪大師主持的中國藏語系高級佛學院的教材編寫工作。同年9月，仁波切作為首批學員正式入佛學院進修，深得班禪大師的賞識與愛佑。在此期間，仁波切於佛學院師從夏日東活佛，九個月中無所間歇地完整聞習《菩提道次第廣論四家合註》。1988年6月，仁波切以優異成績畢業。同年，由班禪大師提名任命，經國務院宗教局正式批准，仁波切開始出任藏語系高級佛學院藏傳佛教研究室主任。隨後數年之間，又師從拉卜楞寺法台根敦加措大師習學《因明》、《現觀》、《中觀》等論；從色拉寺耶謝旺秋大格西得受《上師薈供廣解》等傳承。

　　1990年，仁波切任各莫寺法台，與此同年，在極為艱辛的條件下興建各莫寺大經堂，1993年，大經堂正式開光啟用。

　　1995年，仁波切秉持佛法「慈悲濟世」的精神，開始創辦各莫寺弘法利生會，為當地社區做了大量印經助學、扶貧救災、施診放藥的工作，深得各界的認同及廣大牧民的讚歎。為使正法久住，眾生善根任運增長，從1997年2月起，仁波切開始出資修建各莫寺菩提大寶塔，並於1999年9月順利建成，以供奉宗喀巴大師的頭骨舍利，令有緣眾生得值殊勝福田，見者得益。

　　為了培養適應現代社會的弘法人才，仁波切還在各莫寺內創辦了顯密聞思講修院，從寺內外請來一流的格西擔任教師，添置引進了現代化的教學設備，為寺院僧團建設打下了堅實的基礎。期間，仁波切禮請拉卜楞寺法台根敦加措大師及阿喀洛桑師徒親臨各莫寺傳法，從而得受《金剛鬘》諸灌頂隨許法及《宗喀巴大師父子三尊文集》等傳承。

　　2013年，仁波切又從固嘉·智華加措格西，得受由拉科仁波切傳拉摩楚臣倉，拉摩楚臣倉傳智華格西的拉卜楞寺體系《菩提道次第廣論四家合註》傳承。仁波切以弘揚道次第傳承為己任，經兩次得受《四家合註》傳承之後，即為各莫寺僧眾傳授此珍貴傳承。翌年，又應邀至大覺佛學院傳授《四家合註》。透由仁波切辛勤地弘傳，此傳承得以傳於千餘名僧眾的相續之中。

　　近年來，仁波切以其恢宏的利生心願，於各莫寺興建以供奉彌勒佛為主尊的宏偉佛殿，為祈願彌勒的教法能得久住利樂人天，故以彌勒所居之兜率內院為立名——法喜苑，使一切眾生得親近者，皆如身處兜率淨土，面觀諸聖，洗滌心靈，深植勝緣。為此，仁波切於傳法之餘，更荷擔了沉重的興建佛殿工作。自2012年啟建，已於2017年夏天正式舉行開光典禮。由此殊勝因緣，必有無量眾生得受佛陀恩澤加被，僧伽居士大眾，更得安住於善淨妙法之中。

 四家合註入門 請法因緣

善知識是大寶庫藏，而有幸值遇，人生會突然富足，猶如貧人得至寶，心也彷彿從黑暗走向光明一樣，充滿希望。

每個人都有此生一定要完成的事，而尋找善知識並追隨學法，那正是我最大的理想。

我被一種痛苦擊中，那即是生死問題，為什麼一定要有生老病死？這問題猶如火般的追擊著我。渴望善知識為我解釋生死的心也變成長長的痛，不知他在哪兒，去何處尋覓。如果沒有這個人為我解釋生死之結，該何以堪？懷著這樣的痛苦，膽小怯懦的我，也終於敢離開家鄉，踏上尋找善知識之旅。

就這樣走到了北京，猶如在滿天星辰中，尋找屬於自己的那顆璀璨之星。想藉著它的光明，在黑暗中也敢前行。一邊尋找善知識，一邊學習淨土念佛法門，一邊拚命地鑽研禪宗，從一切可能中探索著生從何來，死向何去。有一天，一位友人送給我一本《廣論》，那是我此生第一次看到《廣論》。捧讀之際，竟愛不釋手，看了一段時間後，被其中善知識、念死、菩提心等部分深深地觸動，所以就到處詢問有沒有哪位大德講《廣論》，幾經輾轉居然聽說有一位台灣的大德有講，問：「是每句都有講嗎？」答：

「是。」聽後立即想得到那套講解的音檔。後來又到處尋找，終於一位法師幫忙借到了這套音檔，打開來迫不及待開始聽，一聽即是常師父的聲音，頃刻間眼淚就流下來了，彷彿一道陽光，照臨心上，獲救的感動瞬間充滿著內心，從此就再也離不開這樣的聲音。

那是一個夏日，我又和一群信佛並喜歡上早晚課的學生相遇，他們說要去拜見西黃寺的一位活佛，希望我也一起去。他們說不太容易見到，機會非常難得。我問：「什麼是活佛？」因為那之前完全沒有接觸過藏傳佛法。他們告訴我說：「就是轉世多生的成就高僧，有很多法力，還會咒語。」我問他們：「為什麼要去拜見？」他們說：「那是班禪大師的親傳弟子，最重要的是那位活佛會漢文，可以直接問問題。」然後我們就討論說要去問什麼。有一個學生說：「我想請活佛算卦，我要不要去留學？」還有一位說：「我想要了解學習藏傳佛法。」我們一起說著各自的願望，很期待拜會。而我還是想問那日夜揪著我的心，讓我無法安寧的問題：生死怎麼更快了脫？

於是那一天我們就早早坐了公交車，公交車下來又換了車，終於來到了西黃寺，走向了我的上師！

一進入西黃寺，映入眼簾的是，黃琉璃瓦的屋頂，亮麗在陽光下，紅牆蒼松，古色古香的寺院莊嚴肅穆，氣勢非凡。

還沒有到拜見的時間，他們就帶我去禮塔，穿過西側門，便見到那著名的清淨化城塔，是乾隆皇帝為六世班禪修建。六世班禪大師圓寂於西黃寺，

據說是六世班禪的衣冠塔，距今已經兩百多年了。那是一座由大理石建成的塔，主塔高十五米，塔身潔白，欄杆外有一對白獅子，不知為什麼我好像在哪裡看過，就朝那對獅子跑過去。竟然拍了拍獅子的頭，而且還撫摸了那石獅的舌頭，那舌頭有些長好像很柔軟。當時有一位出家人正在繞塔，他光著腳，非常的虔誠專注。於是我也跟著繞，不知為何，竟然心潮澎湃不已，一直旋繞禮拜著，直到大家叫我，才離開。走進了一棟房子的大門，向右拐，出現了一條似乎很長的走廊。走廊不寬，靜靜的，也不是很亮，我們的腳步也慢下來了，不知為什麼彷彿走向遼闊，心裡迅速地安靜下來，安靜中卻有一種莫名的激動和篤定。突然覺得這一切很熟悉，彷彿命裡註定，我走向了那位大德，他早已不知在多麼久遠的時光就等在我的必經之路上，也許就是那走廊深處的某個靜室。這走向他的時光雖然好長好長，我聽著自己的腳步和心跳，但一定能走到、一定要走到！

在一扇門前，我們停下來，扣門。門打開了，一個印滿吉祥八寶的藏式的門簾，被掀開，一位法師請我們進來。我的眼睛一下子就看到那位，威儀端嚴地捧著長函的經典，戴著眼鏡，慈愛熟悉的笑容。心裡頓時發亮，這場景竟是如此的親切，好像在哪裡見過？我立刻高興極了！就拜下去。說真的！那一刻，覺得眼前這位活佛怎麼那麼像我的親人！尤其是，覺得好像我的爸爸。自此，我就有了師父！

仁波切最先傳我的是，「黃文殊」、「皈依發心」、還有「兜率眾神頌」等等，還有「金剛薩埵」等珍貴傳承。因為常常去拜見仁波切，總看到

有一群又一群的居士或者出家人都在求法，等到他們求完了，我就說：「我可不可以聽？我也要學，讓我留下來吧！」幾乎每次仁波切都應允了，所以學了一些別人求的法，自己也很高興。

那時一直很想把聽《廣論》的事啟白仁波切，有一天終於有機會跟仁波切啟白：「我在聽《廣論》，是台灣的常師父講的。」然後仁波切聽了之後，很高興，說：「我知道這位法師，我知道！他在講《廣論》，一位漢地的法師講《廣論》，很神奇啊！你要認真聽，好好學！」於是我下一次就把自己的《廣論》筆記本，拿給仁波切看。本來以為仁波切看一眼，加持就行了。沒想到，仁波切拿過來，打開第一頁，一個字一個字看下來，一頁一頁非常非常認真地看完我的筆記本。我有些緊張，因為我的筆記本上，有各種畫，是自己創造的插圖，很擔心師父不許我畫。記得念死那一章，我就畫了一個大鐵錘，還放光，下面寫著「錘死貪著現世心」，諸如此類。

沒想到師父看完了，卻非常歡喜地說：「好好學、好好學，沒想到你學得這麼認真，太好太好了！」於是，就歡天喜地的把本子拿回來，繼續寫、繼續畫。隔了一段時間，去拜見仁波切。仁波切靜靜地對我說：「你現在《廣論》學得很好，你學《廣論》已經有基礎了，在這個基礎上有《廣論》的傳承是最好的。藏傳佛教所有的法都有傳承。所謂的傳承是什麼呢？譬如從《廣論》的傳承來說的話，它的涵義、它的內容是從釋迦牟尼佛親口傳出來的，一直傳到宗喀巴大師。從宗大師造了《菩提道次第廣論》的文字以後，由大師親口傳的《菩提道次第廣論》的口傳傳承，也一直傳到現在，並

傳到了我的上師，如同〈傳承上師祈願文〉所說一般。我們的這個傳承，是拉卜楞寺阿拉拉科仁波切所傳下來的。如果能獲得《廣論》的口傳傳承，可以得到很大的加持，因為其根源是由大師親口傳的。《廣論》的傳承有很多種，除了口傳傳承以外，尚有「講誦」（謝曬‧ བཤད་ལུང་ ）及「引導」（赤‧ འཁྲིད ）；如果沒有得到傳承，為別人講法，是不如法的。」我聽完仁波切這段話後，了解了傳承的重要性，並生起無比的信心。當場就向仁波切求《菩提道次第廣論》的口傳傳承，仁波切也很歡喜地接受了我的請求。

去接傳承的那天，馬上就到了，可是居然北京意外地下起大雪。整夜未停的大雪，一直到第二天，持續飄落的雪花，將偌大的北京變得銀裝素裹，路邊的樹也都瓊枝玉葉，晶瑩聖潔，真是如畫般的美麗。媽媽帶著我站在路邊等車，白色世界，像上師聖潔的心意，對我顯示著嚴謹，和那有如白雪般不染纖塵的清淨傳承。在大雪中等了很久，一邊等一邊祈求著，忽然間一輛車停下，車窗搖下來說：「你們要去哪？我送你們一程。」於是我們趕快坐上那車子，發現不是出租車，是一輛私家車。他拒絕收錢，他說：「只是怕你們在雪中站太久等不到車。」我心裡一陣感動！雪中送車勝於雪中送炭啊！

終於到了寺院，在那個大雪的傍晚，從六點到九點，仁波切開始給我上課，仁波切說：「我要傳的是曬的傳承，這個傳承是清淨的，是我的上師傳給我的，我現在把它傳給你。」說完仁波切就打開經典，開始誦念《廣論》，世界變得安靜了，祥和與慈悲充滿著小小斗室。漸漸，宇宙彷彿消失

了，只留下仁波切的聲音和身影。我們的心浸潤在那美妙流暢，如詩如歌般的古老旋律中，心向著無垠逐漸打開、打開，完全忘記了時光在流逝。就這樣，每天三小時，一連十五日，仁波切一直誦念著《廣論》，有時會解釋幾句。媽媽和我與一位法師，成為仁波切的漢族弟子中最先得到《廣論》傳承的人。

那時我能感覺到仁波切累，但每次勸仁波切休息一下，仁波切總說不累，只說：「能再學一遍《廣論》很高興！很高興！」過了幾年後我才知道，那段時間仁波切正在佛學院，傳授寶生百法的傳承，約有三百多個灌頂、隨許法的傳承。每天傳完法之後，還要再傳三個小時《廣論》的傳承給我，現在想來真是不忍又感動！上師為了把法留下來都看淡這份辛勞，將此視為己任。為弟子的我怎能將傳承容易看，不好好珍惜、頂戴呢？

就這樣，繼續學《廣論》，有一次就請問仁波切說：「《廣論》有沒有註釋？藏地的大德有沒有寫註釋？」仁波切說：「道次第的註釋在藏地可多了！好幾百種。」我驚訝說：「居然有這麼多！那有沒有一本翻譯過來呢？」我說：「在各大流通處好像都找不到。」仁波切說：「看起來是沒有人翻譯過。」我就請問說：「法尊法師當時翻譯了《廣論》，為什麼沒有翻譯一些註釋呢？後來也沒有譯師翻譯。」仁波切說：「啊！原因很多吧！」我說：「我好想好想有一本《廣論》的註釋啊！」於是我就請問仁波切說：「最著名的是哪幾本註釋？」仁波切說：「《四家合註》很著名。」聽到四家註，心中一震，忽覺千載難逢，不由自主跪下來跟仁波切說：「請您傳給

我《四家合註》的講誦傳承吧！」然後我說：「我自己學《廣論》實在是很需要。聽常師父帶子已經對我有極大的幫助，但是我真的好想學「毗缽舍那」，想要徹底知道生死要怎樣了脫，求您一定要傳給我傳承啊！」仁波切說：「過去班禪大師在1987年創建了中國藏語系高級佛學院，我是第一屆的學僧，當時主要學習的課本就是《四家合註》。我在夏日東仁波切座前，經歷九個月的時間，聽完了《四家合註》的講誦。如果講《四家合註》，我想一方面是傳授傳承，一方面也可以用討論的方式一起學習吧！」從那時候開始，我就期盼著、渴望著，一有機會就跟仁波切啟白。彷彿窮子翹首渴望，那遠行的父親駕船歸來，承載著無量珍寶的傳承之舟，再度停泊於我心靈的渡口。

後來值遇到了常師父，就跟常師父說起：「跟仁波切一直希求但還沒有得到《四家合註》的傳承。」常師父就非常非常慎重地說：「唉呀！這個傳承非常非常重要，那你一定要求到，要以清淨的動機，不停地祈求，法緣才會成熟。」所以我又繼續祈求，有一天，仁波切打電話來，說他找到時間，可以講《四家合註》，聽了之後，真是欣喜若狂！

約定好了時間，正好那時，常師父也來到了我身邊，所以白天跟仁波切上四個小時，上午兩小時，下午兩小時，下課後再跟常師父彙報一下我聽到什麼，每次常師父都非常非常開心，常師父說：「我年齡大了，身體又不好，你們有這個福報學習要好好珍惜啊！這傳承從來沒有傳到漢地過，這是一件驚天動地的大事，龍天歡喜啊！」並且一直勉勵我說：「你一定要認真

地聽，一定要好好地學，善知識難遇，教法難逢，不能辜負仁波切費這麼多心血來為你講課。」也就是在那個時候，仁波切和常師父見面了，非常歡喜，常師父讚美仁波切說：「能在寺院裡有這樣嚴格的規矩，在這個時代很不容易，用清淨的心在傳持教法，又如此重視聞思修，令人感動。」還教誡我說以後要去藏地各處求法的話，不要貿然自己就去，一定要跟隨一位有經驗的善知識去學、去求，一定要去請問仁波切，要多請問。

那段時間，除了上課，仁波切都在看經典，仁波切的書房裡有很多經典，仁波切好像從早到晚都在看。那段時間過得非常快樂，因為在聽《四家合註》的時候常常都會很感動，仁波切講解深入淺出，能動心意，有轉動相續的力量。所以每每在被仁波切的法語震到內心的時候，都覺得那個力量非常地強悍，而且聽完之後還帶有一種強大的實踐法的力量。所以真實地感覺到，得到傳承和沒得到傳承，在見解和行持的力道上，差別應該是很大的。

那時有得到講誦傳承，但是主要以討論的學習方式。之後因拉卜楞寺固嘉·智華格西為仁波切傳授了《四家合註》講誦傳承，所以仁波切就擁有了拉卜楞寺及嘉瓦仁波切的傳承。又過了一段時間，仁波切也在加拿大的佛學院傳了《四家合註》的講誦傳承，自此很多僧眾也擁有了這珍貴傳承，而我又完整聽了一遍，所以我前後得到兩次《四家合註》傳承。

討論學習的時候，最開心的是仁波切開許問問題，隨時可舉手提問。又像上學一樣，我是一個會有很多問題要請問的麻煩學生，而仁波切居然能用

這種方式來教導我們，真是太開心了！有疑就問，有問有答，仁波切慈悲聽著我的問題，一一解釋。每天上課像在天上飛著一樣歡喜感動，開心自由啊！

最初決定開始聽傳承的時候，原本想請仁波切用漢文講，但仁波切說還是有翻譯的會比較精準，所以常師父就派鳳山寺一位法師來翻譯。最神奇的是有幾次，翻譯的法師譯完了，仁波切說「不是這樣！」於是就用漢語自己翻譯一遍，就再重講一次。翻譯的法師聽後，也只好吐吐舌頭，說仁波切講的才是準確。

緊鑼密鼓的學習結束後，很想再有時間繼續學，也想說如果能有精力把聽過的部分整理出譯稿，並且出書的話，對自他的利益一定會很大。可是不幸降臨，常師父示寂！在可怕的打擊和悲痛中，鳳山寺的法師們開始了五大論學制，長達十多年的學習。在這十年之中，大量的藏文學習、大量的典籍背誦，還有辯論，已經完全沒有餘暇的體力和時間再來整理譯稿。這麼珍貴的法寶，結果沉寂了十多年。直到2014年，鳳山寺的法師剛一完成了五大論的第一輪學習，隨即開始準備譯稿。花了大量時間重新逐字逐句地聽，逐字逐句地譯，逐字逐句地校。也就是前年同時開始翻譯《四家合註》的原文，所以費了這麼多年的時間，才有機會把《四家合註》的原文，與仁波切的《四家合註》的講稿全部對起來，終於完成了第一本譯註。

每天每天法師們聚在小小教室（小小桌椅，那是從其他學校退下來不用的桌子和椅子。雖然有些破舊，有些椅子還很小，因為是給小朋友坐的，但

是大家已經很感恩，這就是最初的譯經院啊！）就這樣開始逐字逐句地翻譯，從春日翠柳扶疏到冬日白雪飄飛，一邊譯、一邊學習討論，感動於仁波切的講解深刻入心，有極大的加持力。在此世間能值遇如此謙虛而又深邃的智者，引領著我們趣入教典的密意，何幸之有！思及此珍貴法源，每每淚盈雙眸，不知以何語詮說此心啊！

確定追隨一位大乘師長，確認一個要成佛的理想，確認一條修菩提道的人生之路，一生不變乃至生生不變，那真是最最美好的事情。

一樹燦燦春花，也只源於那播下種子並悉心呵護的人，弟子今日的善行，哪一點不是善知識的加持、增長陪伴得來的？

延著心中那渴望之路，終於走到了他的面前，走進了有傳承的教藏法海。

雪山的溪流匯入了大河，這大河滋潤著萬類蒼生，包括小小的我。

生死之痛當你不去覺察，也許還感到些許安全自在，彷彿沒什麼感覺。但一旦覺察，是如此怵目驚心，出離苦輪怎能沒有善知識引導？

一位引航者，在黑暗中舉著火把走在我前面的人，甚或我知道前行的方向，可眼前的深坑，卻無力穿越。而那總是持著火把，回過頭來伸手相救，大力使我們脫離眼前乃至究竟險境的──即是善知識！我深恩的師長！我永久的皈依處！我將永遠禮敬並矢志追隨的至尊上師們啊！

真　如

 翻譯及體例說明

一、此次翻譯的《四家合註入門》中，講記部分主要依哈爾瓦‧嘉木樣洛周仁波切，於2002年開始講授的開示，並將翻譯時所遇疑難之處，皆再次請示仁波切，而作最後的修訂。

至於《四家合註》的正文部分，則依仁波切的指示，以當時講授的法本──拉卜楞寺出版的《四家合註》為底本。此本與《四家合註白話校註集》所依的果芒本不同，故此《四家合註入門》，與《四家合註白話校註集》的正文頗有差異。仁波切雖於拉寺本有修改建議，然為令讀者知其差異，故於所附正文，仍保留拉寺本原貌。然有少數正文於他本為優，經仁波切指示直接採用，此則未依拉寺本。

二、在翻譯中，為讓讀者易於了解，茲將講記中，對同一祖師有不同稱謂之處，皆改作同一稱號。例如：宗喀巴大師，除了引用大師所造的論典時，在開頭會保留「至尊一切智宗喀巴大師」的尊稱以外，餘處皆統一以「宗喀巴大師」稱之。並將四位箋註作者的稱謂統一為：巴梭法王、語王尊者、妙音笑大師、札帝格西。

三、為了符順漢文語法、適應廣大華人閱讀，茲將部分藏文語序，依漢語習慣作必要的調整、潤飾，其餘大體是以逐字逐句的手抄稿呈現原貌。

四、由於漢藏古德在傳譯同一部經典中，取義用字時有殊異，今於此講記中，翻譯仁波切所引用的經典時，主要依藏文原文譯之，漢文古譯則附於註解欄位。

五、凡於大慈恩・月光國際譯經院所譯的《四家合註白話校註集》中，已註釋過的人物、地方、法相名詞等，此講記中多不再重出，請讀者自當參閱《四家合註白話校註集》，便能互相發明。今僅就仁波切開示時，重要的人名、經論等作出簡註，而附於每篇章之後。

六、凡於講記中括號內的文字，皆為譯者所加的解釋。

譯者才慧淺薄，加以倉促成書，謬誤難免，請諸讀者不吝指正。

目　錄

加行六法／前四法——
淨地設像、無諂供具、
入座皈依、現資糧田

略說修習軌理，分二：一、正明修法；二、破除此中邪妄分別。初中分⑩為：一、正修時應如何行；二、未修中間應如何行二，其中正修時應如何中，⑩分二：一、正修；二、開示修習之時等。初中分三：一、加行；二、正行；三、完結。

初者加行法：有六，⑩一、灑掃處所而善安布身語意像、二、陳設殊妙無諂供具、三、以不放逸威儀處安樂座，皈依發心決定結合相續、四、明現資糧田、五、積資淨障之理、六、供曼陀羅及作祈禱六者，如法源父子及堪欽上師所說為應理。今初：乃是金洲大師傳記。謂善灑掃所住處所，莊嚴安布身語意像。

講記

「**略說修習軌理，分二**」，要講解修習軌理的內涵，修習軌理就是修行的方式。這裡簡略宣說了如何修親近善知識的方法。分為兩科：「**一、正明修法；二、破除此中邪妄分別**」，開出兩個科判。妙音笑大師在第一科「正明修法」又開出了兩個科判：「**一、正修時應如何行；二、未修中間應如何行**」。「**初中分二**」，分「正修時應如何行」以及「未修中間應如何行」兩科。「**其中正修時應如何中，分二：一、正修；二、開示修習之時等**」，「正修時應如何」，分為「正修」以及「開示修習之時等」兩科；「**初中分三：一、加行；二、正行；三、完結**」，首先是講加行六法。

口　譯：「正修」是指什麼？是指在座上正修嗎？

仁波切：對，正修。

　　首先是加行六法。「*初者加行法：有六*」，加行六法的依據在那裡呢？一般而言，在佛經裡有依據，特別在《現觀莊嚴論》中也有，就在「緣佛等淨信[1]」的段落裡提到。你們知道《莊嚴光明論》吧？它是《現觀莊嚴論》的廣釋，是獅子賢論師所造的一部大論，在那裡面也有依據。說[2]：「菩薩應在潔淨處所結跏趺坐，先緣一切諸佛菩薩。」這裡面說到要做前行法。「菩薩應在潔淨處所結跏趺坐」，這裡就開示了灑掃淨地和結跏趺坐。這就是加行法的依據。

仁波切：書上妙音笑大師首先辨識加行六法，開科判為：「*一、灑掃處所而善安布身語意像*」。

口　譯：是妙音笑大師嗎？我這裡有標「語」（果芒本在此有一段語註，仁波切的拉寺本無）。

仁波切：這本是寫妙音笑大師，科判都是妙音笑大師開的嘛！這也是科判，所以應該是妙音笑大師！

　　「*二、陳設殊妙無諂供具*」、「*三、以不放逸威儀處安樂座，皈依發心決定結合相續*」，是第三。「*四、明現資糧田*」，然後「*五、集資淨障*

之理」，第六「供曼陀羅及作祈禱六者，如法源父子及堪欽上師所說為應理」，法源父子所說的都合理，就是這樣。加行六法即是上述六個，算法是這樣的。

口　　譯：法源父子是誰？

仁波切：是有提到法源父子，但我不知道是誰。「堪欽上師所說為應理」，就是會按先輩智者所講的那樣去解釋，《廣論》接著就會依次說明。

口　　譯：在字典中有沒有？

仁波切：沒有、沒有！

口　　譯：「如法源父子及堪欽上師所說為應理」。

仁波切：如同先輩所說的一般。

口　　譯：堪欽上師是？

仁波切：一位上師的稱呼。

法　　師：宗喀巴大師及法源父子和堪欽上師三個說法一致是嗎？

仁波切：堪欽上師、法源父子是這麼說，加行六法的算法就是這樣。

　　第一「灑掃處所而善安布身語意像」，原文說到：「**乃是金洲大師傳記。謂善灑掃所住處所，莊嚴安布身語意像**」，這是金洲大師的行持。之前在金洲這地方，佛陀教法極度衰微而沒有弘傳的時候，是靠著金洲大師，他在平原上獲得一尊佛陀的聖像。

口　　譯：在平原上獲得？

仁波切：對，在平原上獲得。以前佛教曾在金洲這個地方興盛過，
　　　　　但是金洲大師未降世前，佛教變得非常衰微，非常衰微。
　　　　　金洲大師他有一次在平原上獲得一尊佛像，他將那尊佛像
　　　　　取出，放在他住的房子裡，迎請作為供奉之處並獻上供
　　　　　養。因此，金洲這個地方的佛教便興盛起來，再度地興
　　　　　盛。

口　　譯：因為這個緣起？

仁波切：對，因為這個緣起。而金洲大師他的行誼是什麼呢？主要
　　　　　是為了讓他人生起恭敬，為了讓他人心生淨信，因此他都
　　　　　會打掃所有的房舍處所。這樣的作法，阿底峽父子也同樣
　　　　　在藏地弘傳。

口　　譯：主要的原因是為了讓他人歡喜？

仁波切：讓他人看了心生感動、自己要集聚資糧，是這樣的原因；
　　　　　還有能令教法長久住世，諸如此類的目的非常地多，後面

　　　　再說。

口　　譯：金洲是他出生的地方，還是他到過那個地方？

仁波切：金洲就是他駐錫的地方，金洲是一個地名。

　　「灑掃處所」，說到要善加灑掃處所。「處」就是他所在的地方，地方及周圍環境都要打掃；「所」（ཁང་པ，房子）就是自己所住的房子，即是自己修道、修法的房子。處所二者，這全部都要好好地打掃，要好好打掃。另外，灑掃處所的依據，在《般若八千頌》中常啼菩薩傳記[3]裡也說到，由於法湧菩薩要蒞臨的地方有很多塵土，但是魔要阻礙常啼菩薩，就讓水全部都不見了，他就灑血灑掃。為什麼這樣做呢？主要是在自己修行的地方能這樣做的話，透由累積資糧，善行會不可思議地增長，有這樣的一個緣起扼要。

　　所謂「掃除」也分兩個部分：「掃」是自己去打掃，然後將垃圾清「除」，比如在灑掃處所時，就提到很多種在心裡去執持、修行的方式。一般要「掃」自己心續中所有的煩惱，而「除」則是將垃圾丟出去，斷除這一切煩惱，是斷除的意思，要這樣理解。因此，處所與灑掃，「處」是指那個地區，要打掃整個地方，就是戶外這一切。「處所」包括房子的內、外兩邊，「掃除」也有打掃和清除兩個行為，要具備這兩個，有這樣的要點。

居　士：這髒東西是要丟棄的？

仁波切：就是不能把垃圾放在這裡，你打掃得很乾淨，卻把垃圾放到屋裡是不對的，應該要把垃圾扔掉，就是這個意思。

居　士：意樂要怎麼想？

仁波切：意樂就是在打掃的時候就掃掉自己的煩惱嘛！打掃自己的煩惱，然後斷除自己的煩惱，扔掉的時候要斷除自己的煩惱。打掃之後垃圾放在裡面不丟掉的話，緣起也不好。

口　譯：放裡面的話⋯⋯

仁波切：放裡面的話是不可以的，就不具備「掃除」的意涵了。

　　這裡所有的道次第引導都引用上座小路尊者[4]的傳記來說明，不論哪一本都一定會說這個故事。大家應該知道小路尊者，他是上座大路尊者的弟子。說小路尊者非常愚鈍，連一個詞都沒辦法背出來，是這樣的人！他跟著誰出家呢？他在大路尊者座前出家，是從他哥哥那裡剃度的。他記得住一四句偈嗎？一四句偈花三個月時間都記不得，一偈花三個月時間都背不了。後來見到佛陀，佛讓他領悟的方法，就是讓他擦比丘的鞋，擦拭所有比丘的鞋子、短靴。然後，釋迦牟尼佛讓他去打掃寺院所有的環境，讓他唸「掃塵除垢」、「掃塵除垢」，就透過這「掃塵」，小路尊者開悟了。所謂「掃塵」的這個塵，不是外面的塵，而是自己的煩惱塵，因此他就證得了阿羅漢果。

　　這裡無論是哪部道次第引導，都會結合這個故事。同樣地，我們在打掃時也要這樣做：「清掃」灰塵，就是清除自己所有的煩惱塵，「丟棄」灰塵的時候，就是將所有煩惱斷除，不再生起；就像把賊趕走、把小偷趕出門，然後把門關起來一樣。如果把小偷趕走了還開著門嗎？把門打開的話他就會再來嘛！「清掃」就是得到非擇滅[5]。如是把小偷趕出去，把門關上，他就無法進來了，就是指斷除了所有的煩惱，說「丟棄」的時候就要這樣做。

口　譯：佛陀時代有二位尊者，一位叫大路尊者，一位叫小路尊者，他的稱呼是？

真　師：周利槃陀伽。

　　以前所有的善知識，其清掃垃圾的掃把有很多被留作聖物，就是打掃的掃把用到不能再用之後，被當作聖物供人朝禮，即是因為修習加行六法而用禿了許多掃把，以前很多善知識就是這樣修持的。佛陀也一再宣說要灑掃住處，以前給孤獨長者[6]每天都會打掃佛陀的精舍，有一天他沒來掃，佛陀就親自打掃。打掃這件事有很大的意義。

　　打掃後，是「善安布身語意像」。身的所依，如果我們有很多佛像、唐卡，這些全都要善為布置。最好要有什麼呢？一尊教主佛陀的身像，然後至尊宗喀巴大師的身像，如果有這些身所依是很好的；還要自己所有的上師，最好都力所能及地完備這些。

　　然後語的所依，是佛經，像《般若經》或是《菩提道次第廣論》這方面的。然後意的所依，是佛塔，最下有擦擦也可以，就算是土製的擦擦這種意所依也很好。沒有這些的話，可以用鈴杵等等；有說密教的鈴杵是意所依的象徵，金剛鈴杵也能表徵意所依。

口　　譯：鈴和杵？

仁波切：對，鈴杵是意的象徵，沒佛塔的話，有鈴杵也可以。這些
　　　　　全部要善為布置，要乾淨地好好陳設。

　⑲第二者：由無諂誑求諸供具，端正陳設。

講記

　　現在，「由無諂誑⁷求諸」身語意像面前的「供具，端正陳設」，要在其面前陳設無諂的供具。有諂供具的「諂」分兩種：因的諂和動機的諂兩個。「因」是因果的因。因的諂是什麼呢？比如說透過做十不善產生的果、以十種不善的方式獲得的供養。比如他心裡想要供養，卻用宰殺牛羊等殺生的行為，用那些殺生的方式獲得利益，拿這錢來供養，這樣的話就是因不清淨，供養的來源不清淨，這樣的話就不是「無諂供具」，而是成為有諂供具。他心裡想要陳設供養而去買賣，不只買賣，還殺生，殺生之後，自己拿那些賣肉等等的錢來供養，這就是有諂的，

就是因的謟,供養的來源不清淨。同樣地,欺騙其他有情也好,偷盜而來的也好,拿偷來的錢供養佛陀,這也是因不清淨,因的謟就是這樣。主要是為了供養要買供品,因而去偷盜,這樣的話是不行的。

就出家人而言,五邪命是不行做的。所謂五邪命是什麼呢?虛談、現相、假利求利、詭詐、方便研求。拿五邪命成辦的東西來供養的話,就是供養的因不清淨,是不清淨的。一般而言,任何一位出家人都要提防五邪命,這是很容易犯的,以邪命過活的話罪過是很大的。

首先是「虛談」。什麼是虛談呢?比如在自己的施主來的時候,對他稱讚、說好話,心懷諂誑,想要獲得某個東西。有這樣的動機,用說好話、種種讚歎來獲得東西,就叫作「虛談」。

「現相」是這樣的:言談上講不用,而間接說要。比如說:「我今年東西都有、很充足,只是酥油有點少。」「你前天給了我一些好酥油,幫助很大!」這樣的話,在言談裡間接說我需要,就是「現相」。

現相後面是「詭詐」。「詭詐」就是他裝模作樣,裝得好像很殊勝的樣子,這就是詭詐啊!不論戒律守得好或不好,應當維持本來的狀態,但他卻不是這樣,裝成很高尚的樣子,這個也不吃、那個也不喝,這就是「詭詐」。前提必須是想用這樣的行為,將對方的東西得到手。

所謂「方便研求」,就是不管怎樣一定要,最近有很多這樣的。就是他一定要這個,對方不給也要,說這、說那,一定想辦法得到手,這就名為「方便研求」。「你不給的話會有過失的。」「你不好好做的話

你會有問題的。」「這樣的話你會生病的。」「你現在有大違緣、大障礙，有很大的壽難，你布施這個的話就有辦法迴避。」這樣就是方便研求，想辦法讓別人不得不給，就是方便研求。

再來「假利求利」，「利」是什麼呢？把自己小小的東西給出去，而換取他人的大東西。近代的上師們在這方面有很多教誡，比如寺院給出一些哈達，打算要回來更多，這是不行的，這就是「假利求利」。給出去少少的，心想：我給對方五塊錢，然後想要收回一百塊，這就是「假利求利」。動機就是哈達雖然給了，還想從他的手上得到更大的，以此動機而從對方手裡獲取很多財物，就是「假利求利」，沒有這動機就不是。但有寺院是這樣，給了哈達就直接了當跟施主說：「我們現在有這樣那樣的困難，請幫忙一下，請您當施主。」這樣直接老實表達的話就不是假利求利。

主要是看動機，出家人不可以用邪命維生，對五邪命要非常謹慎。因此這裡也說到「無諂供具」，在「因的諂」的情況下，而將得到的東西拿來供養，佛菩薩並不會歡喜。

那麼所謂「動機的諂」，是這樣的動機：把供品擺得很好，想的卻不是藉此集資淨障、利益有情，而是想著別人是否會稱讚我：「這人好棒！供杯擺得很好，供品陳設得盡善盡美，供香供得香氣滿室。」「這真是一個很好的修行人！」像這樣為了得到讚歎，把供品擺得很莊嚴而供養，就是動機的不清淨。

在所有的道次第引導中都會提到格西奔，就是奔公甲[8]，你們應該

也聽過。格西奔住在山上時，有一天施主要來，他聽到施主要來，就想：「今天要讓施主感覺不錯才好。」於是好好地陳設了供品。等到下來思惟、觀察動機時。就反省到：「為什麼擺這個供品呢？因為想到今天施主來的話，會説：『這供品擺得真好！』是為了這個、希求這個才布置的，這樣的動機不清淨！」於是站起來拿了一把灰，丟到供品裡。「格西奔！你要好好糾正動機！」他就對自己這樣説。因為動機下劣，所以在供品裡灑灰。

後來帕當巴⁹住在定日¹⁰的時候，聽到了這件事。他説：「現今全西藏的一切供養中，奔公甲的灰供養是很好的，一切供品都被奔公甲的灰供養比下去了。」這是為什麼？不是説灰供養好，是動機好，由這個動機直接攝持。同樣地，一般要好的動機。而動機也有差別，如果做得好能引生別人的信心，為了對三寶引生信心，把陳設弄好也沒有過失。如果動機是為自己，想著他是否會説我很好，為了自己的利益而做的話，就成了惡劣的動機。為了他利、為了別人相續能否生信、別人心續是否能生起好的動機而把供品擺好的話，這並不是惡劣的動機嘛！

另外有一些出家人會説：「我沒什麼可以供養的，沒有這種供養的錢財，出家人最重要的是正行供養，主要是依教奉行的供養，外在的供養並不重要。」有人會這樣，但是這並不正確，即使是出家人，有心的話，也不用擔心沒得供養，比如供養淨水，那也是供物。「我沒供品，我是出家人，我除了正行供養，其他東西都不供養。」那這樣會造成一切生中匱乏物資，沒供品可供。

　　反之，自己所擁有、所受用的任何東西都可以供養，比如珠康巴·格勒嘉措[11]，他住在山裡，只有一個碗，除此以外就沒有其他財物了。他吃飯的時候就用這個碗用齋，當要供養時就把它好好地洗乾淨，裡面盛水供養，除了供水，就沒有供養其他了，他是這樣做的。自己有得供卻不供的話，在緣起上會有很大的差別，會造成一切生中缺乏受用，有很多這種不好的緣起。因此，必須將自己任何能供養的拿來供養。

　　覺窩傑阿底峽曾說：「藏地所有的水，都是具備八支功德的，所以供品中很難有比水更好的供品。」供養淨水的話，西藏任何的水都是好水，現在雪山仍是水源，水很好，說是八功德水[12]。八功德水：澄淨、柔軟、不傷喉、不損腹、甘美等等。這八種功德每個都有很多代表的意思，比如說「清涼」，戒律能夠息除煩惱的熱惱，因為去除熱惱故名清涼，清涼的水。像這樣子，八功德水每個功德都有它所代表的意思，這裡不多講，太多了！用這樣的方式去供養，會有不可思議的勝利。不只這樣，還有那些長在草原上的花。阿底峽尊者說過，藏地有這種花，叫做「香香花」，如果印度有這種花，他會用黃金去買。就是這麼好的花，西藏的花。如果要拿這些來供養，就可以拿來供，不用花錢的。所謂「如果自己心裡會想，不用擔心沒得供養。」因此要在供養上精進，這樣就能成辦集資的極大扼要。

　　口　譯：水？

　　仁波切：藏地的水都是八功德水，所以說這一項供物就可以了。

口　譯：藏地草原上的花，阿底峽尊者說他在印度的話，會……？

仁波切：用金子來買你這些花！（仁波切笑）

「無諂供具」說的就是這些。無諂——遠離諂曲，以清淨的動機好好陳設，比如說供水杯也好，其他東西也好，好好打掃等等，每個都有目的，都有很大的目的！供水杯要很善妙、不能間距太遠，這樣的勝利、過患都講了很多。總之，以清淨的動機好好地陳設供品很重要！

🔸第三者：次如《聲聞地》中所說：從昏睡蓋淨治心時，須為經行；除此從餘貪欲等蓋淨治心時，應於床座，或小座等，結跏趺坐。故於安樂臥具，端正其身，🔹昔云：「此有五德：諸佛所許、能長穩住、非人不得侵害、身得安泰、心意清明。」結跏趺坐，或半跏趺，隨宜威儀，既安住已，皈依發心，決定令與相續和合。

講記

「第三者」，現在是第三：「以不放逸威儀處安樂座，皈依發心決定結合相續」。「次如《聲聞地》中說：從昏睡蓋淨治心時，須為經行」，在淨治沉掉中的昏睡蓋、昏睡心的時候，有提到如果產生昏睡，

要起身來回走動一下，走一走會比較好。「除此從餘貪欲等蓋淨治心時」，不是前面的那種狀況，是貪欲，為了淨治內心貪欲等蓋，「應於床座，或小座等」，在床座上也行，在小座上也行，在自己的坐墊上，「結跏趺坐」。接著，坐的地方是舒適的座位，這裡的「臥具」就是坐的地方。「故於安樂臥具，端正其身」，端正其身。「結跏趺坐，或半跏趺，隨宜威儀，既安住已，皈依發心，決定令與相續和合」，一定要和自心相續結合，這是第三科。

口　譯：「除此從餘貪欲」是什麼意思？

仁波切：並不是在修淨治昏睡的方法，而是從貪欲等種種蓋障淨治
　　　　內心的時候，這兩種不一樣。要淨除昏睡的話，站起來來
　　　　回走走就清醒了嘛！

口　譯：「昏睡」是兩個，還是一個？

仁波切：「昏沉」跟「睡眠」，是兩個。

口　譯：「從昏睡蓋淨治心時」是什麼意思？

仁波切：如果淨治心時產生昏睡，就要起身來回走走，便會消除。

　　上述就是這樣，如果是為了從昏睡蓋中清醒的話，須來回經行。而「貪欲」，這裡須指煩惱。「貪欲等」，心裡出現很多「我需要這個、

需要那個」的貪欲等煩惱蓋，要把這全部去除掉的話，就要在座墊上端身結跏趺坐，安住這種威儀而皈依、發心，這兩個稍有不同。淨治昏睡的話就要來回走，要淨治其他的煩惱蓋，就必須端坐在座墊上，而思惟該思惟的地方，向內思惟，修習對治。可以說是心掉散於煩惱品，應該是掉舉，有沉、掉二種。前面那是沉，後面這就是掉，應該是這樣。

重點是什麼呢？加行六法是從最初親近知識軌理到最後的止觀之間，每一種法類都要結合這加行六法，就算最後修止觀、修習生圓次第，方式也是一樣的，這很重要，非常重要！在下面修止時提到沉與掉，此處雖然沒有辨識沉與掉，但實際上是接近這個方面。因此，加行法非常重要。

口　　譯：剛才後面仁波切您說了什麼？

仁波切：這裡雖然沒有說到沉、掉，但實際上是這個方向。修止也
　　　　要結合六加行法，修觀也要結合六加行法。

「安樂臥具」，坐的地方很舒適。「端正其身」，身體坐正、打直。首先要知道的是什麼呢？有坐墊嘛！在墊子的下面用白土畫一個卐字[13]的圖案，右旋的卐字。為什麼呢？這有大悲導師在金剛座上成正等覺的緣起扼要。後來有用交杵金剛，然而交杵金剛是本尊的標幟，所以不能用，一般就畫卐字。

口　譯：什麼是本尊的標幟？

仁波切：交杵金剛是本尊的標幟，所以說不能用。原本也可以畫金剛杵，但現在不行。那要畫什麼呢？畫卐字，用白土畫卐字，在這之上要鋪一些白茅根和吉祥草，說是如以前導師成正等覺的時候鋪吉祥草而坐的緣起扼要。另外，白茅根在火供時很常用，是拿來做什麼呢？用來增長壽命、使壽無災障，而吉祥草還有能夠淨化的內涵。先鋪這些，這上面擺墊子，然後在上面端正其身，這是「安樂臥具」的內涵。

口　譯：吉祥草和白茅根是怎麼放在墊子下的？

仁波切：不要雜亂，好好地擺放，再把各自的坐墊放在上面，在上面擺坐墊。

口　譯：不雜亂地排列是嗎？

仁波切：對！沒有雜亂地排列，也不用多，只是個代表而已。

　　另外，也有在自己的背後、靠背的地方畫一棵菩提樹的傳規，但沒有也行，自己這樣觀修就可以了。雖然這裡沒有講，引導文沒講，但在閉關時每個都需要，這要注意。所有的修習都要注意這個，往昔導師成正等覺的時候是怎麼樣，就是這樣的緣起，要留心於此。

　　放在墊子下面的卐字，是不動、不變的意思，藏語稱做「雍仲」
（ གཡུང་དྲུང ）。以前有位大譯師叫公·貢波嘉[14]，他是《漢地佛教
史》[15]的作者，是藏族的譯師，是將漢文翻譯成藏文的大譯師。他說
「雍仲」是漢文，不知道這是否正確？就是「永長」，不變的意思，永
遠、長住，在《漢地佛教史》中認為是這樣的意思，不知是否有依據？
「雍仲」在漢文裡沒有這樣解釋吧？卐字沒這樣的解釋吧？

口　譯：「雍仲」這個詞義是「不壞」還是「不變」？

仁波切：不變的意思。不壞、不變一樣，就是不變、非常堅固的意
　　　　思。公·貢波嘉這麼講，有依據嗎？說是「永長」，實際
　　　　上把藏語當成漢語了，這應該沒有依據。

口　譯：藏文稱做「雍仲」。

仁波切：「雍仲」，音很相似的！總之，是不變的意思。「雍仲」
　　　　早期在苯教也有，叫「雍仲苯教」。所謂「雍仲苯教」就
　　　　是苯教，也叫「雍仲」，以前就有了！但他說是漢文「永
　　　　長」的意思，應該沒有根據吧？不太清楚。

　　苯教的「雍仲」是左旋，漢地佛教原來是右旋，後來看到希特勒的
國旗用右旋的卐字，於是說這樣不行，佛教應該左旋，便把右旋改成左
旋。這沒根據！而這個左旋的字呢，就成了藏地苯教的象徵了！所以藏

人一看漢地的佛像胸間畫的卐字是左旋的，就認為這是苯教的佛，實際上不是。

接下來，「端正其身」，什麼是端正其身呢？我們有脊椎嘛！脊椎必須要像硬幣疊起來一樣直直的，就要這樣端正。這樣端身有五種勝利、功德，這裡有語王尊者的箋註。「此有五德」，要說端正其身的功德。這五種功德是什麼呢？「諸佛所許」，佛陀有開許這樣端身而坐的方式，說要這樣坐。接著，「能長穩住」，長時間坐也坐得住，有這樣的功德。「非人不得侵害」，非人不作障礙。「身得安泰」，或許是指身體不會不適，能很好地安住，能坐得住。接著，「心意清明」，說了這五種功德。

上師們的教授有這樣提到，坐的時候要觀待各自的身界，對某些人而言前面高比較合適，對其他人而言後面高些、前面低些，身體才會端正。

口　　譯：是說坐墊嗎？

仁波切：嗯！坐墊是這樣。為何要端正身體？端正身體的目的是什麼呢？主要是要讓脈絡端正，讓體內的脈端正；脈正則氣正，氣正則心正，有這個好處。修氣脈時是這樣，在這裡並不需要修氣脈，但有這樣的目的。主要是根據自己身體的狀況，怎麼坐舒服、怎麼坐端正，有的人就是後面高一些好點，有的人則喜歡前面稍微高一些會好坐一些，要根

據自己的身體狀況。

口　譯：根據自己的身體狀況，盡量讓自己的身體保持端正。

仁波切：對的。

接著腳該怎麼樣呢？要結跏趺坐，跏趺坐。有說在修圓滿次第時必須要全跏趺，除此則不用全跏趺坐，半跏趺也行，我們平常的坐法也可以。

前面還有一個攝頌要講，就是平常有說毗盧七法或八法。毗盧佛的七支坐法，是一種跏趺坐。勝者溫薩巴[16]說了一個攝頌[17]：「足手腰為三」，足、手、腰三個。接著，「唇齒舌合四」，齒、唇、舌算為一個，這些加起來為四個。一腳、二手、三腰，然後齒、唇、舌為第四，這三個算一個，已經四個了。接下來，「頭、眼、肩」，這是三個對吧！這之上是「息」，出息、入息，加上這個就是八個，不加的話是七個，所謂的毗盧七法或八法就是這些，在坐姿的部分必須講解這個。

口　譯：說毗盧七法的人是誰？

仁波切：毗盧七法在密續中、在很多地方都有說，而現在這裡說此
　　　　根本攝頌的人是溫薩巴，勝者溫薩巴。

　　腳是跏趺坐，腳是這樣。手為定印，左手放下面，右手放在上面，二手姆指指尖相連，手是這樣。腰要挺直。

口　譯：跏趺坐有兩種坐姿對吧？全跏趺和……

仁波切：半跏趺。任何一種皆可。

　　接下來，齒及唇安置在各自本來的地方，嘴既不要張開也不要緊閉，唇、齒各安處本位。舌要往上抵著上顎、舌要往上抵住上顎。然後，頭擺正，鼻尖必須對著肚臍，要直線地對著肚臍，不能太下垂也不能太上仰，下巴略略內收，應該要這樣。

口　譯：是怎麼樣的？

仁波切：頭微微內收，稍稍向下。

　　雙肩不可以有高有低，要保持平正，肩膀不可以這樣有高有低，要平。坐姿是這樣的。然後氣息，是要調整動機，主要是為了調治動機。

口　譯：眼是怎樣？

仁波切：喔！眼睛！雙眼要看著鼻尖。兩眼看著鼻子這裡、要看這

裡（鼻尖）。

口　譯：這裡嗎？

仁波切：對，要看這裡，不能閉上也不能睜太開。閉著的話，說是
　　　　外道的修行方式。他們覺得閉著會專注，就瞌睡也打得很
　　　　高興，實際上不可以閉著。眼睛應看鼻尖兩邊。

　　好，身體這樣安住之後，接著要注意氣息的變換。這個主要是為了
什麼呢？是要觀察心；吐氣吸氣、吐氣吸氣（仁波切示範呼吸），心要
注意這個數息出入。這是為了讓心從散亂之中收攝回來，令心不散亂。
讓氣吐出、吸入，說是令心平緩、令心安住於無記——非善非惡的方
法。這裡並沒有結合密法作說明，只是粗作介紹。如果想看的話，以後
可以看密續，之後再講就行了。

　　在一些道次第引導有提到，吐氣時作意自己的一切罪障都消除，吸
氣時作意佛菩薩的一切加持進入，有這種說法，但一般在這裡一開始不
這樣修可能比較好。一開始是要令心安住於無記、令心安住於無記，用
什麼令心安住呢？數息，氣吐出去，現在吸進來，計算一、二……。這
樣讓心平和之後，就要調整動機：我是為了什麼目的修這個法、修這個
道？內心要從無記之上安置到善法方面。動機是最主要的，起初是什麼
動機，往下所有的修持都會跟著；一開始如果能調成好的意樂，往下所
有道的修持，都能成為成辦菩提之因。所以動機要轉成善心，先前無記
的動機要向此轉變。

　　然後相同地，去思惟：「無始以來直至現今，漂流在輪迴痛苦的大海當中，領受了無量的痛苦，而這次得到人的所依身，現在又值遇了大乘教法，實在具有善緣啊！在此之上，為了一切有情的利益，我要獲證圓滿佛陀大寶果位，因而修行此道。」最初必須這樣地明現動機。

　　所謂「一切皆依於動機」，是怎麼樣呢？假如以唸一遍《密集瑪》[18]發起的動機，例如有四個人，第一個人的動機是以菩提心攝持唸一遍《密集瑪》，第二位以出離心唸一遍，第三位想著後世的利益唸一遍，第四位想著現世利益唸一遍。透過四種不同的動機，雖然唸的內容一樣，多寡一樣，但會產生四種不同的勝利嘛！就是看那個動機。如果動機是以菩提心攝持唸一遍《密集瑪》，就是大乘法，便會成為獲得圓滿菩提的因；這是菩薩行、佛子行，會成為佛子行。動機是為出離心所攝持的話，就會成為輪迴的對治品、從輪迴解脫的因。如果是後世的動機，為了獲得後世增上生人天果位、脫離三惡趣，就算獲得了增上人天果位，仍是輪迴生死啊！還在輪迴中。會怎麼樣呢？不會成為解脫及一切遍智之因，會成為輪迴之因，成為輪迴中善趣之因。如果是希求此生的利益，則除了此生長壽、無病等等之外，並不會成為後世的利益。

　　就像這樣，因此我們要修這樣的法，無論如何都要以菩提心攝持，這是非常重要的！如果能用這樣的心攝持的話，就能成為獲得圓滿菩提之因，所以動機是絕對地重要！一切修持之中，宗喀巴大師說：在一切修行裡，如同起首的「梵語」一樣。我們經典中一開始會提到梵語對吧！「梵語云」等等，就像這個。一切修行裡的起首是什麼呢？說是觀察動機、觀察動機。不觀察動機的話，不論修什麼都不會有好結果的。

比如我們要修持《菩提道次第廣論》的話，首先要修持下士道，然後依次步入上士道。說：「既然首先是從修習下士道開始，卻要安立上士最勝菩提心的意樂，不就不對了嗎？」這也不對！修持下士道，也是為了攀登到上士，所以才修持下士道。如果從一開始由菩提心之門去修持下士的話，很容易獲證所有的道，能很快地依次攀登到高位，就像梯子的台階一樣，從下下層能往上走。因此，從一開始用菩提心攝持的話，將會產生不可思議的勝利，如果動機為菩提心所攝持，將會產生很大的勝利！這沒有生起的話，就不會成為大乘法。

看起來我們雖然想要行善，但是很多反而變成惡趣因，有很多。之前已經講很多了，主要是在動機，這非常重要！比如我們在這裡學習，開頭都會用「諸佛正法……[19]」來皈依發心，要去想：「是否能成為大乘法呢？」如果能夠成為大乘法，勝利是不可思議的、不可思議的！假如不這樣做，「現在又要學習了，看在老師的面子上才來學習，不聽也不行，但這根本沒有必要。」這樣想的話，就成為惡趣的因、成為惡趣的因，這對我們來說是很大的損失、很大的損失。在寺院裡也是如此，例如在寺院裡要上殿，今天要參加法會的話，如果想：「喔！如果不到場會被僧值罵，看在僧值的面上必須得去。」自己雖然去集資糧，如果不去想有情的利益，大概就會成為惡趣的因。反之不這樣做，心想：「喔！值遇了這樣的寺院！」用菩提心、以大乘菩提心的動機所攝持的方式，去到殿堂裡，即使只唸一句課誦，都會成為大乘的因，這樣的福德是無量的啊！福德是無量的！當我們不理解，或覺得不需要、不合理，我們沒感覺，就會吃很大的虧。心的執取方式是很細微、很細微

的！一個小小的執取就能成為很大的善業，一個小小的執取也能造下極大的罪惡，非常需要觀待意樂、憑藉動機，這很重要！宗喀巴大師說：「黑白業者，觀待意樂之善惡。」不論是白業還是黑業，觀待於意樂的善惡、意樂的好壞。所謂「意樂若善，地道亦善；意樂若惡，地道亦惡，一切皆依於意樂。」就是指這點，主要是觀待自己的動機或意樂，因此在修行之初，意樂的好壞非常重要。比如能修行菩提道次第，值遇這樣的大乘法是很希有的，不論下面任何的觀修次第，都想說：「現在能夠這樣修持，真是善妙的因緣啊！」要明現大乘心、菩提心的動機，而去修持後面的觀修次第。

明現動機之後，就是「皈依發心，決定令與相續和合」。前行四法中，第一法就是皈依吧！而這裡是一開始加行階段的皈依，還不是正行階段，提到需要明現皈依的資糧田。是這樣想：於自前方八大獅子擎舉寶座，其上有彩瓣蓮花，在這之上有月輪墊、日輪墊，上面有能王金剛持，體性是自己的上師，而外相是能王金剛持。這樣觀想之後，在這兩邊的虛空中，依序是廣行和深見兩派的諸尊上師。之後，導師的下方依次是諸佛、菩薩、勇士、空行、護法、守衛如雲層般團聚。要明現這樣的所緣依處、資糧田，接著在這面前，修習清淨的皈依。

在資糧田面前，首先就是「皈依上師」對吧！如果單純修習皈依，可以在「皈依上師」時，觀想在自己的前面及周圍，所有六道有情眾生，都跟自己一樣變成人身，安處在資糧田的前方。從上師能王金剛持以及廣行派、深見派一切上師的心間，對自己和其他一切有情放出五彩光明。在唸「皈依上師」的時候，思惟從前方資糧田一切上師的心間放

出光明，由此光明淨化自他一切有情身、語、意三，從無始輪迴生死以來所造的不恭敬上師與對上師生邪見，所有像這樣依著上師而發起的罪障、過失，而多次唸「皈依上師」。

口　　譯：這一句要唸很多次嗎？

仁波切：單純這一句，一開始要唸很多遍、要唸很多遍。

口　　譯：是「皈依上師」這句嗎？

仁波切：對！比如你今天在這一小時要修皈依的話，把它分成四段，第一段就是先修「皈依上師」！

口　　譯：五彩光明是從上師放出的，還是所有的？

仁波切：是從上師放光！是勝者金剛持，是自己的上師與勝者金剛持毫無分別的能王金剛持，以及兩邊的廣行派、深見派，也可以明現和自己有法緣的所有上師。從所有上師的心間放出光明，光明進入自他一切有情的身心，而作意：「這光明淨除了對上師做的一切惡行！」要以這個方式唸「皈依上師」。

口　　譯：這段就是「於前虛空明現觀想，廣大行派及深見派傳承諸師，復有無量諸佛菩薩、聲聞、獨覺及護法眾為資糧田」？

仁波切：不是！不是！是前面說的「皈依發心」，在講皈依的部
分；下文是資糧田，不是說那個。即在皈依的段落中，也
另外要明現資糧田。

口　　譯：還有另外一個嗎？

仁波切：是另外的。皈依發心的時候，沒有資糧田的話，修皈依發
心的方式就不對了，下文的資糧田則是另外不一樣的。在
正行的時候又有另外的資糧田，要修三個資糧田，正行時
又有不一樣的資糧田。

口　　譯：所以現在講的是「皈依發心，決定令與相續結合」這部分
的資糧田。

仁波切：皈依境，前面的這個皈依境。

　　唸圓滿時，觀想：「我獲得了前方這些上師所有的身語意一切功
德！」心裡明現這樣的所緣，而口中念誦「皈依上師」，要這樣修。

　　一般單純顯教的話，只有光明，並沒有提到甘露[20]。不管結合顯
教、密教，自己想要結合哪一種都行。結合密教的話，是從五彩光明的
光管之中降下甘露。觀想光明作為一個管道，甘露進入其中，而作甘露
淋治也是可以的，這是密法的。當這樣做，可以觀想自己相續中對上師
所造的一切罪障，透過甘露從梵穴[21]而下充滿全身，甘露便往下淋治。

口　譯：顯教的話只有光明嗎？

仁波切：只有光明。

　　皈依的時候，最主要的是要從內心殷重修，這非常重要，只是在自己嘴上唸「皈依上師」是很簡單的。一般而言，如果沒有發自內心至心皈依三寶的猛利欲求，皈依就只會成為文字上的，變得只是文字。「皈依三寶」的「皈依」在下面皈依的段落就會知道，主要必須有至心皈依三寶的意樂。

　　其次在「皈依佛」的時候，從世尊和一切諸佛身中放光或甘露淋治的方式是一樣的，這是皈依佛。在「皈依法」的時候，前方資糧田諸尊各自的一切教證法，化成經函的形相，就像這本書一樣（長函），在資糧田各自面前這樣安置著。從這些經函上放光，也淨化了對法出生邪見、造集謗法這一切的業。在「皈依僧」的時候，所有聲聞、獨覺、聖者菩薩，密教的勇父、空行、護法、守衛。哪些是密教的僧伽呢？勇父、空行、護法是密教的僧伽，顯教的僧伽則是聲聞、獨覺、菩薩這一切。又從這一切的心間、從身放光明，觀想由此淨除所有從無始以來依著僧伽所造集的奪僧信施、破和合僧等罪。

　　在面對三寶時，主要是要有至心皈依三寶的意樂。最初唸「皈依上師」時是如何呢？不是有唸「十方三世之諸佛如來，所有身語意功德事業[22]」嗎？然後往下一直到「具恩根本上師及傳承具德正量上師」，要思惟這一切上師，就是所有三寶——佛寶、法寶、僧寶的總聚體，由此

而唸「皈依上師」。然後是「皈依佛」、「皈依法」、「皈依僧」，在修皈依時，主要就是唸這四句。雖然這樣修，但是必須要有至心皈依三寶的強烈信心，沒有的話，就無法成為清淨的皈依，而只是文字而已。能不能入佛弟子之門是歸究於此，所以極須用心。

自己是否屬於佛教徒，是歸究於心續中有無清淨皈依；那有無清淨皈依又是歸究於什麼呢？是歸究於有無至心皈依三寶的意樂。而要皈依的話，必須皈依的原因是什麼？當思考這一切後，從心皈依三寶，這才是根本！沒有這個的話，後面所有的修持不管怎樣修，都沒辦法產生任何利益。在修持皈依的時候、在這最初的時候，至心地皈依，非常重要！

口　　譯：是否進入內道就是看這皈依的心嗎？

仁波切：對。

真　　師：師父，法的部分變成經函，由經函放出光明，那光明是五色的光明嗎？

仁波切：對、對！

真　　師：也是五色的光明。

仁波切：對，五色的。

真　　師：師父，那五色的光明，是五種顏色摻在一起，還是一種一

種都很分明？

口　譯：觀修的方式是，這五色光明是混在一起？還是分開著來？比如我們這樣看的時候，是像手指這樣：一、二、三、四……？

仁波切：喔！應該是一、二、三這樣，要各別不混雜而來，一層一層的。如果混合在一起，就不知道是不是五色了。

真　師：師父，那甘露的顏色呢？

仁波切：甘露主要是白色，淋治時主要是白色；為了生起體悟、證量的話，可以觀修是黃色。有說為了淨化惡業的話是白色，為了生起體悟、證量的話是黃色。

真　師：師父，剛剛說到光的一個管子，甘露順著那個管子進來，是那個光的管子裡面盛滿了甘露，是裝滿的？

仁波切：對、對！不是像我們這種有形體的體性，是光、是光！不管什麼都是光。但不用那樣想：「甘露降下來，這邊要有個管子，這裡面有洞，這裡有水……」主要是修力。不像我們有形的什麼固體那樣，就是很巧妙的、很容易的、很方便的。

這樣對上師、佛、法、僧至心皈依，由於皈依，淨化了依著他們所

造下的一切惡行，自己也要想：「已經得入三寶的庇護中了！」得至心地有這樣的想法，要想：「已經得入三寶的庇護中了！」

口　　譯：三寶的庇護？

仁波切：對，已經得入三寶的庇護中了！要想自己及一切有情都已經得入三寶的庇護中了！要生起那樣的心。

　　　一般另外有「前行四法」，也是含攝在加行六法裡。前行四法或是所謂的前行四大引導，其中一法就是皈依。為什麼必須修皈依呢？入不入內道之門就觀待皈依，因此第一個前行是皈依。然後是淨罪，淨除罪障。其次是集資。淨除違緣罪障、集聚順緣資糧，集聚順緣資糧是供曼達。然後速得加持之門是上師瑜伽，這四個即是前行四大引導，或稱做前行四種引導。如果修習前行四法，在皈依的時候，就要修誦十萬皈依、十萬皈依。

口　　譯：第四個是什麼？

仁波切：第四個是上師瑜伽，是速得加持之門。入內道佛弟子數的是皈依，能入內道佛弟子數、趣入內道佛弟子之門即是皈依。能淨化違緣不順品罪障的是金剛薩埵[23]的百字明咒，集聚順緣資糧的是供曼達，速得加持之門的是上師瑜伽，

是這四法。這些雖然可含攝在加行六法當中，而單獨修前行法的時候，每項都一定要做十萬遍。這之上還有禮拜，這樣的話有五個十萬：十萬皈依、十萬百字明、十萬曼達、十萬上師瑜伽就是密集瑪，然後十萬禮拜。

口　譯：除了六加行法之外，還有另外開出前行四法……

仁波切：前行四法基本上也包括在加行六法當中，有的人是單修這四法，實際上已經包括在這六法之中了。

口　譯：那皈依要怎麼唸？

仁波切：就是這四句：皈依上師、皈依佛、皈依法、皈依僧。

　　皈依之後要發心。我們唸：「諸佛正法眾中尊，直至菩提我皈依」是皈依，下面的兩句：「我以所行施等善，為利眾生願成佛。」我所修行布施等等，比如我們修下面所說的道等等，其所出生的一切善根，都是為了一切有情的利益、為了得到佛位而如是修行，要這樣思惟而發心，這是發心。要認識這偈頌中的兩個內涵，第一是由皈依進入內道佛門，第二則是由發心進入大乘之門。

　　所謂「決定令與相續和合」，是要觀察自己的相續和口中唸的，這兩者是否能真實相符。自己口中是唸「為利眾生願成佛」嘛！口中所唸的和心裡所想的，一定要至心與法相結合。宗喀巴大師在此說：「決定令與相續和合」，是有很多內涵的，首先要於此用心。不用心就會

想：為什麼要決定令與相續和合？這是為了讓我們知道皈依與發心是很慎重、很重要的意思。如果用這兩者攝持，下面我們修任何法，都能成為大乘法；修任何法，供個燈、供支香，全部都能成為大乘法，這樣的話，就會獲得很大的利益吧！

◉第四、資糧田者：於前虛空明現觀想，廣大行派及深見派傳承諸師，復有無量諸佛菩薩，聲聞獨覺及護法眾為資糧田。

講記

加行六法中已經介紹完三個加行，現在下面是觀想資糧田，主要從此要開始明現加行六法中的資糧田，要明現資糧田。

生起資糧田的方式有各式各樣的。大班智達一切遍智在《安樂道論》[24]中，雖然沒有按《上師薈供引導》[25]明現資糧田那樣去講解，但是怙主帕繃喀大師有說：如同上師薈供的資糧田去明現的話，緣起殊勝。想想的確是如此。為什麼呢？因為要修持道次第嘛！要修持這個的話，勝者溫薩巴大師就是修持這樣的無上的速道，在一生中即身成佛，不需要像至尊密勒日巴大師那般的苦行。為什麼呢？就是依靠著尊長瑜伽，不需要苦行，迅速、迅速地在一生中即身成佛了。這樣的話，勝者

溫薩巴大師或是任何人，都如同現今上師薈供儀軌那般去明現資糧田，因此想說此處明現資糧田，如同帕繃喀大師所說的那樣去做，緣起可能比較殊勝，我是這麼考慮的。

口　譯：一開始說的是大班智達一切遍智？

仁波切：嗯！大班智達善慧法幢，是《安樂道論》。

口　譯：溫薩巴和密勒日巴都是非常如理行持上師瑜伽，所以即身成佛……。

仁波切：不是、不是。是指勝者溫薩巴大師依靠這個上師瑜伽成了佛，沒有像密勒日巴大師那樣修苦行，不需要苦行。密勒日巴大師，是修了很多苦行而成佛的吧！勝者溫薩巴大師不需要苦行就成佛了，為什麼呢？因為修持上師薈供的修法，所以即身成了佛。

　　下面在修資糧田的時候，之前有先修一個皈依的資糧田嘛！而在《安樂道論》或其他本中都沒講、沒清楚說明，只說了要皈依發心，並沒有講到：「要修皈依的資糧田，要收攝資糧田。」所以必須清楚明白，否則會次第錯亂。那要如何呢？之前的資糧田，先前有個皈依的資糧田對吧！這皈依資糧田最後從能王金剛持的身中放出光明，普照資糧田的一切天尊，資糧田的一切天尊一併向內收攝，融入能王金剛持內。

接著，可以想能王金剛持融入自身之中，融入自身。這是什麼意思呢？是以果為道，所謂「密法的壇城海會」就是以果為道的文句。以果為道，就是現在積集資糧，未來獲得佛陀果位，果是佛果位吧！如同這樣，能王金剛持融入自身中，要想自己也獲得了能王的果位。同樣地，也如是融入一切有情之中，而想一切有情也獲得了能王金剛持的果位，說資糧田可以這樣收攝。而帕繃喀大師則有這樣說，整個資糧田以黃光的形相收入自己的眉間，以黃光的行相，整個資糧田往自身的眉間收攝。他是說這種，並沒說前面那種。在其他道次引導文中，有說以果為道的方式去修持的話，緣起很好，這樣的話，可能比較好。

下面主要按照《上師薈供》來講解資糧田。在自己的前方虛空、自己眉間的前方，一樣是八大獅子所擎舉的寶座，明現資糧田的內容大致是一樣的。主尊是什麼呢？主尊就有各式各樣的，如之前所講的，是自己的上師善慧能王金剛持。形相是什麼呢？是為宗喀巴大師的形相，應修為傑仁波切的形相，在修資糧田的時候要修宗喀巴大師的形相。這是如何呢？體性是自己的根本上師，形相則是勝者善慧名稱，身為比丘，一面二臂結說法印，頭上穿戴尖長班智達帽，其心間是能王金剛持。就如同《上師薈供》有說：「心間遍主，大金剛持，一面二臂藍色身。左鈴右杵，抱界王妃……。」

說要修自己的上師、勝者善慧名稱、能王金剛持體性無有差別，而外在的形相為宗喀巴大師的形相。之前皈依的資糧田，則是要修與自己上師無二的能王、勝者大悲導師[26]！這二者不同的地方主要是哪裡呢？雖然體性與能王無二，但形相是宗喀巴大師，主尊要這樣修，是在這地

方稍有不同。班禪大師的《安樂道論》裡，說以能王為主尊，沒有說是宗喀巴大師，是能王。但是如果修宗喀巴大師、依靠上師瑜伽的話，會有非常接近、快速的殊勝嘛，會非常快，修道會非常快，有這樣的緣起扼要，因此修宗喀巴大師的話更好。

然後，右方同樣地從勝者慈尊開始，所有廣行派的上師，層層依次安住。左方從至尊文殊、龍樹等深見派，也是一樣一一安住。然後後方從至尊文殊傳到寂天的偉大行派[27]，所謂修行加持派[28]，全部在上面。在前方所有與自己有法緣的上師，要觀成像以前一樣。往下可以觀修本尊，大威德金剛和密集金剛……。往下是佛陀，如三十五佛、千佛等所有諸佛。然後菩薩，其次聲聞、獨覺，一樣依序往下；然後所有勇士、空行、衛教護法，如雲團集聚。資糧田要修得非常廣大，不是單純明現唐卡所呈現的那樣而已，不是只化現出唐卡所呈現的那樣而已！資糧田要修得非常廣大。按照先輩上師的修持，資糧田好像遍滿虛空一般，有情則好似遍滿大地般，要有如周遍天地般而修，應這樣修。

口　譯：前面說要修千佛和什麼？

仁波切：佛陀。可以修三世一切諸佛、安住十方的一切諸佛。

口　譯：要安置在資糧田的哪裡？

仁波切：資糧田中上師的下面，依次有一切本尊，在密法當中有五部本尊[29]：大威德金剛等……。如果依照順序的話，依次

是無上瑜伽部，然後瑜伽部、行部、事部，然後佛陀。層層次第下來的話，會有十一或者是十二層、十三層的花瓣，有分很多層次。可以這麼修，可以觀修全部在一起。

口　譯：觀想佛陀的方式，是觀想千佛？還是三十五佛？

仁波切：三十五佛全要觀修，沒有所謂修這尊、不修那尊，必須觀想十方一切諸佛就在此處。你以為唐卡上只畫了十尊，但這不是一切諸佛。如果想觀修一切諸佛，可以觀修十方三世一切諸佛。

　　此處在正文裡提到：「第四、資糧田者：於前虛空明現觀想，廣大行派及深見派傳承諸師」，剛才說的就是這個。「復有無量諸佛菩薩，聲聞獨覺」，只提到諸聖者以及聲聞、獨覺而已，「及護法眾」。這裡有提到無量嘛！無量就是至極廣大、整個虛空都是，一切就像遍滿虛空界。「為資糧田」，明現資糧田，說到應該以這樣的方式明現資糧田。

　　一般所謂資糧田的「田」，就是田地的「田」，就像在田裡不論種什麼作物，到秋天時作物就會成熟；同樣地，自己在積集資糧，是依靠此田積集資糧的緣故，所以叫「資糧田」。一般的田地，不是春夏秋冬任何時候都能種植的嘛！如果不到時機的話是不能種的；而我們累積資糧的田呢，是在任何時間、一切晝夜，時無間斷，不分春夏秋冬的，要思惟這種累積資糧的田是不可思議的。

註釋

1 **緣佛等淨信** 引文出自《現觀莊嚴論·圓滿一切相現觀品》第33偈。

2 **說** 引文出自《莊嚴光明論》。見《丹珠爾》對勘本51冊,931頁。

3 **《般若八千頌》中常啼菩薩傳記** 漢譯可參考《大般若波羅密多經·第一會》398 - 400卷。

4 **小路尊者** 即十六大阿羅漢中的周利槃陀伽。由於往昔惡業導致今生學習有極大困難,幸蒙佛陀方便教化,透由承事僧眾、擦鞋掃地,淨化業障,終於證羅漢果。

5 **非擇滅** 完全障礙了自己的所遮法在未來出生,並為離繫以外的滅,即是非擇滅的性相。在生起所斷煩惱的正對治的當下,由於已經完全障礙所斷煩惱在未來出生,所以在此時會獲得該煩惱的滅盡,如同將小偷趕出門外一樣。在清掃的時候,即是表徵這個階段。

6 **給孤獨長者** 佛世的居士長者,為古印度憍薩羅國的富豪。由於宿具福緣,能夠看見各地伏藏,不缺財源。平時樂善好施,所以被尊稱為「給孤獨」。曾經為了迎請佛陀及聖眾到憍薩羅國,向太子祇陀以黃金鋪地的天價,想買下太子心愛的園林。由於長者的至誠,太子也供養林中的樹木,因而有「祇樹給孤獨園」這個精舍。

7 **斑** 藏文原文無。

8 **奔公甲** 法號戒勝。噶當派祖師,袞巴瓦大師的弟子。出家前是著名大盜,曾以一敵四十人,故號「敵四十」。後遇一老婦,助其過山,老婦感其相

助，詢問名字，一聞其名竟驚怖而亡。此事令奔公甲痛誓改悔，出家修道。此師執意對治煩惱，後證悟空性，為當時及後代諸多大德稱讚，留下眾多激勵修道人的公案。此處即為此師著名公案之一。

9 **帕當巴** 西藏希解派祖師，為連續七世投生為婆羅門種的大德，傳為彌勒菩薩之化身，為了饒益西藏佛法，曾多次進藏尋訪有緣弟子。最後在定日廣播佛法。弟子中最著名的是般若佛母化身的瑪吉拉準。

10 **定日** 西藏縣名，屬於日喀則市下屬行政區，位於西藏西南，南與尼泊爾接壤。珠穆朗瑪峰即在此縣內。

11 **珠康巴·格勒嘉措（妙善海）** 道次第傳承著名祖師，西藏阿里人。在達波札倉學習，承接仲巴·達普巴大師的傳承加持。在拉薩色拉山上宗喀巴大師閉關處專修，故名「珠康巴」，意即「住在修行關房的人」。後於普布覺這個地方建立專修院。弟子有普布覺昂旺蔣巴（語王慈）等殊勝弟子。

12 **八功德水** 參見《俱舍論·分別世品》卷十一：「八功德水：一甘、二冷、三軟、四輕、五清淨、六不臭、七飲時不損喉、八飲已不傷腸。」

13 **卐字** 音萬，為吉祥符號，表堅固永恆。

14 **公·貢波嘉（怙主依怙）** 清代乾隆年間蒙族譯師，精通漢、滿、蒙、藏四種語言。若依蒙語音譯其名，為工布查布，藏語音譯則是貢波嘉。

15 **《漢地佛教史》** 內容分三大部分，第一部分主要記述漢地地理、人口、行政區域、三皇五帝至清朝順治年間的中國簡史。第二部分為漢傳佛教高僧事蹟。第三部分以《至元錄》為主記載漢譯經目。

16 **勝者溫薩巴**　道次第傳承祖師，格魯派耳傳教授持有者，克主傑大師的轉世。一生以住山專修為主，弟子有佛智大師等殊勝弟子。

17 **攝頌**　此處指溫薩巴大師所傳的偈語：「足手腰為三，唇齒舌合四，頭眼肩息四，即毗盧八法。」

18 **《密集瑪》**　意譯為《緣悲頌》。原為宗喀巴大師供養自己的上師仁達瓦童慧大師的讚頌，內容中讚美師長具有如觀音、文殊的悲智功德。後由仁達瓦大師更改人名回贈給宗喀巴大師，是後世修習格魯派上師瑜伽最主要的祈請文，具有無比的加持力！

19 **諸佛正法**　即《皈依發心偈》：「諸佛正法眾中尊，直至菩提我皈依，我以所行施等善，為利眾生願成佛。」

20 **甘露**　梵語中甘露的字意是「不死」，是能令人超越死亡的神聖之物。觀修時多做液狀，隨不同儀軌要求，而有不同的色澤，產生細微的緣起作用。

21 **梵穴**　即中脈在頂門的開口處，約於頂骨正中。

22 **十方三世之諸佛如來，所有身語意功德事業**　此為常用《皈依文》之部分段落。全文為：「我與等同虛空一切有情今於十方三世之諸佛如來，所有身語意功德事業一切匯合為一之體性，彼為八萬四千法門生源處聖者僧伽一切之勝主，具恩根本上師及傳承具德正量上師諸尊至誠皈依，佛陀我敬皈依，法我敬皈依，僧伽我敬皈依。」

23 **金剛薩埵**　密教本尊，常見為身色純白，一面二臂結金剛跏趺坐，右手持金剛杵於心間，左手持金剛鈴於左邊腰腿之間，天衣莊嚴。由於往昔願力，能協助行者淨化種種罪障，是最具淨除罪惡業障的本尊。

24 **《安樂道論》**　著名道次第八大引導文之一，為四世班禪善慧法幢所造，是
　　觀修《菩提道次第廣論》的權威實修手冊。

25 **《上師薈供引導》**　泛指對四世班禪善慧法幢大師所著的《上師薈供》的解
　　釋。

26 **大悲導師**　釋迦牟尼佛的尊稱。

27 **偉大行派**　以自他換教授修習菩提心的派別。由文殊菩薩親傳寂天菩薩，師
　　師相承流傳至今的殊勝傳承。

28 **修行加持派**　此處仁波切所指即偉大行派。平時另有一說為不共證悟加持傳
　　承，由金剛持佛傳給帝洛巴、那洛巴尊者，師師相承流傳至今的殊勝傳承。

29 **五部本尊**　即密集金剛、勝樂金剛、大威德金剛、喜金剛、時輪金剛。

加行六法／第五法──
集資淨障

第五分三：一、須積資淨障之因相；二、別別解說積資淨障；三、總攝別別支分之理。今初：又自相續中，若無能生道之順緣積集資糧，及除逆緣淨治業障二助緣者，唯勵力修所緣行相之正因，亦難生起。是故次應修習七支以治身心，攝盡集淨諸扼要處。

講記

六加行法是這樣的：比如我們要迎請大人物、大國王的話，首先會整潔周邊環境，清掃道路，然後家裡面好好地打掃一下，好的資具都布置出來，擺出上好的坐墊，然後迎請大國王到家裡坐；迎請資糧田也是如此。國王來到家中，就要開始接待、供養、獻上美食。迎請資糧田後，接下來怎樣呢？「集淨」。我們需要什麼呢？是集資、淨障這兩個，這兩個必須靠他來做。就像對國王，我們首先依附國王，陳設美食、奉上供品，然後就可以稟報自己想說的什麼事情；所以這樣迎請資糧田之後，就要在資糧田面前勤修集淨。既然要集淨，那總攝集淨內涵扼要的是什麼呢？就是七支，要修這個，所以這就是六加行法的第五個——積資淨障。此處妙音笑大師開出科判：「第五分三：一、須積資淨障之因相；二、別別解說積資淨障；三、總攝別別支分之理。」

現在要講這裡面的第一科。「又」，「又」是指什麼呢？是指資糧田迎請來之後。「自相續中，若無能生道之順緣」，道要在自己相續中

生起。我們的主要目標是什麼呢？就是要在相續裡生起道。要在相續裡生起道的順緣是什麼呢？就是「**積集資糧**」，要積集資糧。道要在心續裡生起的話，必須要積集順緣資糧。「**及除逆緣**」，能障礙道、讓道無法在相續裡生起的違緣是什麼呢？是罪障，要「**淨治業障**」。要讓道生起的辦法要集資，順緣是集資；違緣要淨障。這兩個是什麼呢？就是在相續裡生起道的「**助緣**」，俱有緣。如果沒有這兩者，單單只有近取因；近取因即是將護所緣行相。他要修無常，如果什麼也沒有卻要修習無常，就像種子種下去，卻沒有水份一樣；如果種子沒有水份、溫度不夠的話是不會生長的。同樣地，修道只有近取因也無法在心續中生起。「**唯勵力修所緣行相之正因，亦難生起**」。因此，「**是故次應修習七支以治身心，攝盡集淨諸扼要處**」，統攝積資淨障的扼要即是七支，之所以要努力修習七支，而去淨治自己的相續、淨罪集資、令相續生起道，其原因即是如此。

要能修習任何的道，都必須具備三因：積集順緣資糧、淨除違緣障礙，以及修習所緣行相。要修空性也是這個，修菩提心也是這個，不管是什麼，如果都具備了這三者，任何道必然會在相續中生起。至於要快速地在心續裡生起的方法，就必須視本尊和上師無分別，而做祈禱啟白。如至尊文殊菩薩與宗喀巴大師所說的：「視本尊與上師無分別來祈禱，然後積集順緣資糧和淨除逆緣障礙，再好好地研閱教典的話，不久就能在相續中生起。」這些條件都具備的話，道必然會在相續中生起。不論修學什麼道，祈禱本尊和上師是至關切要的、至關重要，在緣起上很重要！

　　為了消除在心續裡生起道的障礙，也有對空行、護法供養朵瑪等等，這也是需要的，這樣的話就圓滿了。所以不管什麼道，單單自己去學習、自己去修持是不行的，要想辦法具備所有的順緣，這是非常重要的。把具備一切順緣的方式，都收攝在一起的即是這七支，所以接下來就要講七支！

真　師：師父，問一個問題。就是在上一個資糧田，講上一個資糧
　　　　　田收攝的時候，說是觀想能王金剛持放光，然後周圍的菩
　　　　　薩就融入了他。

仁波切：對。

真　師：然後說他再融入自己，那金剛持化不化光？還是不化光，
　　　　　就直接自己變成金剛持？

仁波切：他本身是光化的嘛！他本身也不是固體的啊！（仁波切
　　　　　笑）

真　師：是啊！我是說他是不是化成光，沒有形相？

仁波切：沒有！沒有！是說融入自己、能王融入自己。所以就要觀
　　　　　想融入自己，直接地滲入到自己身體裡。

真　師：然後自己不是變成金剛持了嗎？

仁波切：對、對！自己變成能王金剛持、能王。

真　師：然後所有的有情也都變成能王金剛持。

仁波切：所有的有情一樣的！要觀想同時間，所有一切有情也達到了佛的境界，這很殊勝的！

真　師：想一想就很高興。

仁波切：嗯！

法　師：《掌中解脫》[1] 裡有說到「上師、善慧、能王、金剛持四位一體」。

仁波切：對、對！四位一體！能王是釋迦牟尼佛，教主。

法　師：金剛持是金剛持佛？

仁波切：對！金剛持佛！實際上也是能王，能王和金剛持也是一樣的、一體的。

法　師：啊！能王跟金剛持是一樣的啊！

仁波切：對、對！

法　師：現出來是金剛持的樣子？

仁波切：喔！金剛持，他在講密法的時候就要用金剛持的形相來講密法。在能王金剛持的心間還要觀想一個吽字，有沒有？有！應該有的。這樣的話，三層嘛！三層勇識，也有這種

觀想，這個以後慢慢來。

法　師：師父！後方的加持派傳承是文殊菩薩傳給寂天菩薩這一
　　　　派？

仁波切：這是偉大行派、偉大行派。加持派不是這樣，加持的力
　　　　量，也是另外一種。偉大行派和修持加持派兩個不一樣，
　　　　說是不一樣的。修持加持派是怎樣呢？可以緣想自己得到
　　　　加持的所有上師，沒有明指是這位、是那位的。

口　譯：「偉大行派」呢？

仁波切：偉大行派就是從至尊文殊傳下來的。

口　譯：文殊菩薩傳寂天？

仁波切：是寂天。修持加持派的傳承說是在其上面，是從金剛持往
　　　　下傳的，要觀修從金剛持到傳承一切諸佛加持的上師。
　　　　（主尊）後面是分上下兩層，上面是修持加持派，下面是
　　　　偉大行派。到阿底峽尊者的時候就將三種教授匯流為一，
　　　　就是深見派、廣行派、偉大行派這三種教授匯流為一。噶
　　　　當派的話又有噶當教典派、噶當教授派、噶當道次第派三
　　　　者，到了宗喀巴大師時又將此三匯合為一。

　　　七支前後文的內容在《掌中解脫》中解釋地非常廣，如果能參閱的

話很好。其中主要講的是《文殊口授》和《安樂道論》。

法　師：五世法王的《文殊口授》？

仁波切：對、對、對！五世。《掌中解脫》主要講的是《文殊口
　　　　授》，而不是講《廣論》，所以這些加行六法講得很廣很
　　　　廣。

　　第二分二：一、別別解說；二、作意此等軌理之教授。初中
分為七支，其中初者：有云：懺罪由斷違緣之門增長善，餘
六由修順緣之門增長善。其禮敬支中三門總禮者：謂「所有」
等一頌。非緣一方世界及一時之佛，應緣十方過去當來及現在
所有一切諸佛，以至誠心，三業敬禮，非隨他轉。智軍阿闍黎
《釋》中云：「此復若僅頂禮一佛，所得福德且無限量，何況
緣禮爾許諸佛。」

講記

　　說到「須積資淨障之因相」是什麼呢？只有修所緣行相之正因，是
不夠的，因此需要集聚順緣資糧、淨除違緣障礙，然後祈禱上師本尊。
要迅速而無勞地在心中生起道，就必須這樣做。

　　那麼統攝淨罪集資的扼要，即是七支。第二、「別別解說積資淨障」，別說淨罪集資分二：「ⁱ、別別解說；²、作意此等軌理之教授」，這裡開出兩個科判。那麼「別別解說」裡，「初中分為七支」，依次宣說七支，就是禮敬、供養、懺悔、隨喜、勸請、請轉這些。「其中初者：有云：懺罪由斷違緣之門增長善」，在這七支中，懺悔罪業是斷除違緣；即是前面講的「淨除違緣障礙」，要由淨治違緣業障之門來增長善業。「餘六由修順緣之門增長善」，需要其餘六者集聚順緣資糧，用此來增長善。那麼在增長善之中，首先說的是禮敬支。這是語王尊者另外寫的箋註，而不是說第一個是懺悔支。語王尊者將七支分為兩個部分，一支是懺悔罪業，淨除違緣障礙，六支是集聚順緣資糧。

　　七支中的第一禮敬支，雖然沒有分科，但實際說了四種禮敬，第一種是身語意三合在一塊作禮。

　　口　譯：這裡有四種啊？

　　仁波切：這裡有四種，下面是總集的禮敬，這是一個；然後身禮、
　　　　　　語禮、意禮，有這四種，是依《普賢行願品》。這每一個
　　　　　　只有在《廣論》正文中說，箋註中沒有。

　　那麼，禮敬的境是什麼？就是剛才說的，將資糧田迎請到面前虛空，就在這裡（面前），要在他們面前獻上禮敬。第一個是總集身語意三門的禮敬，對這一切要以三門非常恭敬地禮敬、要三門恭敬地禮敬。

口　　譯：我的版本裡箋註中有分出兩科，三門總禮和別禮。

仁波切：有分兩個科判啊！我想這是需要的。我這個版本裡面沒
　　　　　有，應該要有，照你的版本是可以的。此處就是三門總
　　　　　禮。

　　這個文是《普賢行願品》的文句，它是將十萬種願匯集於一處的願
文，出自《大方廣》，是佛說的一部經典。就如此中所說：「『所有』
十方世界中，三世一切人獅子，我以清淨身語意，一切遍禮盡無餘。」
是這四句。「等一頌」，說了一個偈頌。要誦唸這尊與那尊、這尊與那
尊佛，執持禮敬的所緣。那是什麼呢？下面正文有說，我們看書。「非
緣一方世界及一時之佛」，所謂「所有十方世界中」就是這個意思，是
十方世界！「一方」，不是東方的佛、西方的佛這樣各別的，「非緣一
方世界及一時之佛」。「應緣十方」，就地方而言，是安住十方的佛
陀；就時間而言，是三世諸佛，「三世一切人獅子」中就有提到三世諸
佛。「過去當來及現在所有一切諸佛」，未來諸佛等等都攝入其中，要
緣想這一切。所謂「三世一切人獅子」的「人獅子」是佛陀的稱號。緣
想這一切諸佛，「非隨他轉」，不能想說別人在禮敬，我也得禮敬，正
文中指的「非隨他轉」就是這個意思。「以至誠心」，用至誠的意樂，
緣著前方的資糧田。資糧田裡要迎請這些佛陀，必須迎請，要觀想十方
三世的諸佛都在前方，用至誠、信心、敬意之門，以身、語、意「三業
敬禮」，這是禮敬支的三門總禮。

口　譯：什麼是「非隨他轉」？

仁波切：隨他轉就是：因為別人禮拜，所以你也要去禮拜，這是沒
　　　　有利益的。現在不是這樣，要從內心至誠，自己具足信心
　　　　和恭敬心而作禮敬。

　　一般而言，有很多種身禮敬的方式，《華嚴經》中所說的禮敬，是
舉身布地作禮。舉身布地，就是我們現在的大禮拜。在律典則說以五支
著地作禮，兩足、兩手和頭著地作禮。然後還有捉足作禮的方式、捉
足，比如上師在這裡，以頭觸足作禮，捉執其足而拜謁。有吧？中國有
這樣的做法，到皇帝跟前拜謁，表示恭敬，這也是一種禮敬。然後曲躬
俯首，俯首也是一種禮敬，隻手作禮也是禮敬，禮敬的類別有很多種。
無論哪一種，身禮敬要對所禮敬的對境，打從內心深處非常恭敬，而表
現出恭敬的儀態。意禮敬，要對他生起極大的信心；語禮敬，要對他歌
讚，這就是禮敬的差別。要對所禮敬的對境的最低處——足底、腳下，
用自己最高、最殊勝的部位——頭頂作禮，這就是禮敬的方式，要這樣
想。

　　「智軍阿闍黎《釋》中云」，這應該是《普賢行願品》的解釋。
「此復若僅頂禮一佛，所得福德且無限量，何況緣禮爾許諸佛」，那對
這麼多佛陀、對十方三世一切諸佛禮敬，會出生無量的福德，就更不用
說了！

　　雖然這裡沒有明講，但前面有提到要觀修資糧田，我覺得應該緣著

資糧田，而觀想這裡面聚集了十方三世一切諸佛。不要說佛陀，乃至上師、本尊、菩薩和下面的空行、護法等一切，不論哪一尊，我想都要緣著他們而作禮敬，但這裡並沒有明講。這就是三門恭敬作禮。

三門恭敬中，以身去禮拜即是身禮敬，口中要念誦「所有……」等偈頌，意要緣著一切禮敬的境、資糧田中的對境，至誠發起信心，具足這三者就是三門恭敬作禮。

三門別禮中，身禮敬者：「普賢行願」等一頌。謂以方時所攝一切諸佛，以意攀緣，如現前境。變化自身等諸佛剎極微塵數，而申敬禮。此復是於諸境所有普賢妙行，發淨信力，由此信力，發起禮敬。「一身頂禮其福尚大，況以爾許身業禮敬，其福尤大。」智軍阿闍黎所釋也。

意敬禮者：「於一塵中」等一頌。謂於一一微塵之上，皆有一切塵數諸佛安住菩薩圍繞會中，應發勝解，隨念諸佛所有功德。

語敬禮者：「各以一切」等一頌。謂於諸佛功德勝譽，不可窮盡，化一一身，有無量首，化一一首，有無量舌，以微妙音而稱讚之。此中音者，即是讚辭。其支分者謂因，即是舌根（此與漢文稍有出入）。海者，是繁多辭。

講記

其次「三門別禮中，身禮敬者」，下面要各別說明，第一個是身禮敬。身禮敬呢，「『普賢行願』威神力，普現一切如來前，一身復現剎塵身，一一遍禮剎塵佛」，就是這四句。「等一頌」，就是指這偈。「謂以方時所攝一切諸佛，以意攀緣，如現前境」，上面說的就是這個，在內心現前而明晰地緣想，安住於十方三世的一切諸佛聚集於資糧田中。在他們面前，要「變化自身」的數量，等同三千世界大地的微塵數一樣，而作等量的禮敬，這就是身禮敬的方式。「變化自身等諸佛剎極微塵數，而申禮敬」。

接下來會更清楚地講。「此復是於諸境所有普賢妙行」，「諸境」是指所要禮敬的諸境，於其「普賢妙行」，非常善妙的行為，「發淨信力」。「由此信力，發起禮敬」，要這樣禮敬。「普賢行願威神力，普現一切如來前，一身復現剎塵身，一一遍禮剎塵佛。」就是說這個。

口　　譯：「發淨信力」是什麼意思？

仁波切：在自己的相續中「發淨信力」。對前面資糧田的「普賢妙行」、資糧田的功德，發起自心的淨信力以後，「由此信力，發起禮敬」，要這樣修。

口　　譯：這邊提到的信心，並沒有特別區分是澄淨信或信解信，是指總體的信心嗎？

仁波切：是的，沒有特別分。一般而言，有收攝三種信心、收攝了
　　　　三種信心，即信解信、澄淨信、欲求信。沒有信解怎麼有
　　　　信？在漢文有「澄淨」嗎？

口　譯：有「淨信」。

仁波切：實際上就是發起信力、發起信力。這裡的意思是「於普賢
　　　　妙行發起信力」，但有將淨信及信心當作一樣的意思，所
　　　　以這樣也可以，主要就是指信心。

　　其次，「一身頂禮其福尚大」，僅僅以一身禮敬，尚且有這麼大的
福德。「況以爾許」，何況化現眾多身體來禮敬，是能出生無量福德，
就更不用說了。這是「智軍阿闍黎所釋也」，這樣就是「身禮敬」。

　　「意敬禮者：『「於一塵中」塵數佛，各處菩薩眾會中，無盡法界
塵亦然，深信諸佛皆充滿。』等一頌」，這在凡夫心中是沒法接受的，
無法在我們心中顯現，但是我們仍要勝解。要勝解在一個微塵之上，
「謂於一一微塵之上，皆有一切」大地「塵數諸佛安住菩薩」，諸佛的
眷屬——菩薩如大海般「圍繞」而安住。「應發勝解，隨念諸佛所有功
德」，由隨念諸佛之門，對他們心生淨信，以意禮敬。要對於他們的一
切功德生信、勝解，就是意禮敬。在一粒微塵所在的空間中，要變化出
與一切大地塵數相等的眾多佛土。

口　　譯：在一微塵之上？

仁波切：嗯，在一塵之上，變出量等大地塵數這樣多的淨土。同樣
　　　　地，要觀想在一粒微塵之上，有佛陀的眷屬無量菩薩遍
　　　　布。對於這樣的無量諸佛，由至心隨念他們的一切功德而
　　　　生起信心、發起勝解，這樣就是意禮敬。「無盡法界塵亦
　　　　然，深信諸佛遍充滿。」要勝解如來如是充滿，要這樣觀
　　　　想而作禮敬。

　　那麼，不管是身禮敬也好，語禮敬也好，意禮敬也好，都要執持這
個所緣：「悉以普賢行願力」，「一一遍禮剎塵佛」，有這兩句吧！於
一切諸佛菩薩的普賢妙行發淨信力，由此而禮敬一切諸佛。不管意禮敬
也好，其他也好，都要執持這樣的所緣。

　　其次是「語敬禮」。「『各以一切』音聲海，普出無盡妙言辭」，
以大海為喻，用一切音聲海。「盡於未來一切劫，讚佛甚深功德海」，
要宣揚一切佛勝者的功德。「等一頌」，這個偈頌。如果要宣說「諸
佛」菩薩他們的「功德」，由於功德沒有邊際，所以「勝譽」也沒有
窮盡。「不可窮盡」就是無窮無際。「各以一切音聲海，普出無盡妙言
辭」（藏文翻譯作「以一切音支分海，普出無盡讚譽海」，《廣論》下
文乃針對藏文解釋），如果對這一切要發出吟詠讚歎的音聲，那麼自身
也要變成無量身。「化一一身，有無量首，化一一首，有無量舌」，現
出這樣不可思議的變化之後，讚歎一切佛陀的功德。「以微妙音而稱讚

之」，要這樣修。「**此中**」所謂「**音者，即是讚辭。其支分者謂因，即是舌根**」，要發出美妙的音聲、言語，必須從舌頭生出。所謂「**海者**」，就是非常「**繁多**」、無邊的意思。

口　譯：「支分者謂因，即是舌根」，是在解釋偈頌嗎？

仁波切：嗯，偈頌裡有吧！這是解釋「以一切音支分海」的「支分」。這個「支分」，指舌頭和上顎。發聲音時，是從頸部的喉嚨出聲，此處是將舌頭稱為「支分」。

口　譯：是指依靠因——舌頭，而發出聲音嗎？

仁波切：嗯，會產生各種非常好聽的聲音。

　　這是身語意三者的禮敬方式。這樣的話，上面語王尊者的箋註中有說：「懺罪由斷違緣之門增長善」，用懺罪斷除違緣；由其餘支積集順緣資糧，是積資糧。那是不是禮敬支就不能懺悔惡業？

口　譯：禮敬支？

仁波切：對，禮敬支是否就不能懺悔惡業？上面語王尊者不是說，由懺罪斷違緣，其餘六支都是集聚順緣嗎？

口　譯：不能斷惡業？

仁波切：不能斷惡業。這是禮敬支，不是悔罪支，如果說禮敬支不
　　　　能斷惡業呢？從上文看會有這個疑問。

　　其實不是這樣。那是如何呢？這是就主要的部分而言，主要用那些
累積資糧，主要由悔罪斷除違緣，應該只是這樣而已，並不是禮敬支不
能懺悔罪業。一般而言，懺悔的方法，主要是依止金剛薩埵的《百字
明》，及持誦《墮懺》的主尊——三十五佛名號，對他們禮敬而悔罪。
宗喀巴大師曾經也是持誦《墮懺》中的佛名而大禮拜，由此懺悔惡業。
所以，禮拜怎麼不是懺罪？應該不僅是累積資糧而已。又比如下面的請
轉法輪支，說是造作謗法業等的對治，是造謗法業的對治。

口　　譯：哪個是對治？

仁波切：請轉法輪，勸請轉法輪是謗法的對治。這樣的話，應該說
　　　　其他支也可以懺罪。總之，這個禮敬支，主要是為了摧毀
　　　　自己的我慢。看到佛陀的功德，就知道自己沒有功德，更
　　　　不用說生起我慢了！因此身體的儀態就會對別人恭敬，所
　　　　以說到禮敬主要是我慢的對治。

　　🖌第二分二：有上供養及無上供養。第一、供養支中有上
供者：「以諸最勝」等兩頌。最勝華者，謂人天等處，所有眾

多希有散華，鬘謂配貫種種妙華。此二種中，皆有一切或實或假。伎樂者，謂諸樂具，若弦若吹，若打若擊。塗香者，謂妙香泥。勝傘蓋者，謂諸傘中諸勝妙者。燈燭者，謂香油等氣香光明，及摩尼寶有光明者。燒香者，謂配眾香，或唯一種所燒燃香。勝衣服者，謂一切衣中最勝妙者。最勝香者，謂妙香水供為飲水，以氛馥香遍三千界所熏水等。末香者，謂妙香末可撒可燒，或積為堆，或畫壇場支配顏色，形量高廣等妙高峰。聚者加於前文一切之後，有眾多義及莊飾義並種種義。

講記

接下來是供養支。「第二」供養，供養也「分二：有上供養及無上供養」。「第一」是有上供，所謂「有上」，是指在其上另有供養，「拉」（ཡ）就是上面，有在其上的供養和沒有在其上的供養，有在其上的供養與有上供是一樣的。「供養支中有上供者」，就是《普賢行願品》所說的：「以諸最勝妙花鬘，伎樂塗香及傘蓋，如是最勝莊嚴具，我以供養諸如來。最勝衣服最勝香，末香燒香與燈燭，一一皆如妙高聚，我悉供養諸如來。」有說到「『以諸最勝』等兩頌」，一共說了兩偈。

「最勝華者，謂人天等處，所有眾多希有散華」，在人間和天界中希有的散花，指一朵朵各自出生的散花，而散布這樣的鮮花。所謂

「鬘」是指花鬘，將花串在一起成為花鬘。「**鬘謂配貫種種妙華**」，就是用線將一朵一朵串連起來。像這樣的散花也好，花鬘也好，「**一切皆有或實或假**」兩種。所謂「**實**」就是真實長出來的花，另外人造的各種花，即是「**假**」，有這一切花。「**伎樂者，謂諸樂具**」，伎樂就是指樂器。有弦樂器，其中間的線稱為弦，這是「**若弦**」。此外，白法螺、海螺等等，是「**若吹**」。鼓等樂器，是「**若打**」。鐃等是「**若擊**」。這都是各種可演奏的樂器、伎樂。

口　　譯：或者是真的，或者是假的花……

仁波切：是「造的」（藏文原文為 ，意指造作，法尊法師譯作「假」，故有是討論）、「做的」，字面沒有用「假的」，而是「造的」，指人用手做的、人造。這樣翻得不合適，應是「或造」的意思。

真　　師：「此二種」是指天然的，或者人造的嗎？還是指散花和鬘？

口　　譯：「此二種」是指哪二種？

仁波切：「**此二種**」是散花和花鬘，有說「以諸最勝妙花鬘」嘛！應該是指這個。

「**塗香者，謂妙香泥**」，提到了「泥」，知道嗎？把妙香製成類似

於我們現在的牙膏，應叫做膏。用妙香做成的膏就是塗香，能夠塗抹的香泥。「以諸最勝妙花鬘，伎樂塗香及傘蓋」中有提到最勝傘，諸如寶傘等等。有說[2]：「金柄撐寶傘。」就是珍寶的傘，具有金柄。「勝傘蓋者，謂諸傘中諸勝妙者」。「燈燭」，就是光，實際上應理解為光明。「燈燭者，謂香油等氣香光明」，這裡就在講這點。一般來說，要理解為光，而它的材料是香油，很香，但主要是光明，諸如珍寶的光、寶物的光、陽光、燈光等一切的光，主要是供養這樣的光明。

口　譯：「摩尼寶有光明者」？

仁波切：「摩尼寶[3]有光明者」，就像這類。珍寶，有些寶物自己有光明吧！不管什麼光明，就是要供這光明，日光、月光一切都可以。

口　譯：是指可以供這些？

仁波切：可以！這是光明，像電燈等等燈的光明，就是光明，都可以供養。但是如果材料也有香氣的話比較好，如酥油、香油等等；有臭味的，如煤油、汽油，有臭味的不適合。

「燒香者」，就是香，「所燒燃香」。燒香中，「謂配眾香」，就是人工所製，將很多種香配在一起，這是配香。然後「或唯一種」，栴檀的香等等，就是單一種香。說有俱生香[4]和配製香[5]，單一種就是俱

生香，不是配製的嘛！不是人工製造、被配出來的香嘛！它本身就存在香味，這就是俱生香。用「燒燃」二字是錯的，不是指燃燒，這裡是薰的意思。

「勝衣服者，謂一切衣中最勝妙者」，指天衣等等。最殊勝的天衣，小如豆子，大覆山岳，可這樣纏繞，而且輕、柔、薄、暖。

口　譯：天衣小的像什麼？

仁波切：就像豆子，一個豌豆。「一切衣中最勝妙者」，就像這樣。

接下來，「最勝香」，就是供水中有香。「謂妙香水供為飲水」，在供水中加入香。「以氛馥香遍三千界」，將能遍滿三千界的香氣、妙香溶入水裡，這種具有殊勝香味的水，就叫最勝香。還有「等」字。

再來，「末香者」，所謂「末香燒香與燈燭，一一皆如妙高聚」，實際上就是香。「妙香末可撒可燒，或積為堆」，就是包起來。末香，香搗碎就成為末，像麵粉一樣。「可撒可燒」，放進火裡就可以薰。「或積為堆」，包起來，做成小小的一包一包。或這樣裝成一包一包的，要不然就是把香末做成「畫壇場」的色粉，將白色、黃色、紅色的香末，有層次地交疊。這樣的「廣」度，非常地廣大，上下的「高」度，則是非常地高聳。「等妙高峰」，末香必須供這麼多。前面說的是

氣味，而這裡的妙香末是指色。

口　　譯：「或積為堆」是什麼？聚集起來嗎？

仁波切：喔！末香可以撒，撒出去會很香，如果放火裡燒也挺香的。「或積為堆」，就是把它放在包包、布裡包在一塊。或者做成白色、黃色、紅色等各種顏色的壇場色粉，堆疊起來，有層次地將白色、黃色、紅色堆積起來，實際上都是妙香。

口　　譯：是可以將色粉倒進去嗎？

仁波切：不可以倒進去，是堆積、聚集起來，要像須彌一樣多。「末香燒香與燈燭，一一皆如妙高聚」。

口　　譯：「支配顏色」是什麼意思？

仁波切：「顏色」，就是白色、黃色、紅色，這是顏色啊！「支配」是什麼？一層白色、一層紅色、一層黑色、一層青色，就是支配，依次向上交疊。「廣」就是廣度，「高」就是上下，說要和須彌一樣多。

口　　譯：要這樣勝解嗎？

仁波切：要這樣勝解，必須如此勝解。

下面兩句有說到：「如是最勝莊嚴具，我以供養諸如來」（藏文翻譯為「一切最勝殊妙聚，我以供養諸如來」，藏文此二句置於有上供偈文之末，然漢譯則置於前面，語序不同。下依藏文解釋），其中所謂的「殊妙聚」，這裡說到：「**聚者加於前文一切之後**」，怎麼說呢？前面一切種種供品的「聚」是不可思議的。「聚」有「**眾多義及莊飾義並種種義**」，比如眾多傘、莊飾的傘、種種傘，要這樣結合。「一切最勝殊妙聚」的「殊妙聚」，就是這些供品都特別超勝、特別超勝。「一切最勝」，是指前面所講的一切，花也好、伎樂也好、傘蓋也好、燈燭也好，這一切都特別超勝、這種聚集最為殊勝，用這一切，「我以供養諸如來」，供養諸如來。

口　　譯：眾多和莊飾和……

仁波切：種種義，這是說到上面的一切各種供品，不可思議、特別超勝，偈頌裡有吧！「一切最勝殊妙聚」，偈頌裡很清楚。

口　　譯：「聚者加於前文一切之後」，要怎麼加？

仁波切：花供養聚不可思議、特別殊勝，傘聚也是這樣不可思議，這樣加就可以。

這一切供品，要怎麼解釋呢？「種種」，就像燈明有各式各樣的，

光明有各式各樣的很多種。「眾多」，就是很多。「莊飾」，就是用各種大小去莊飾、用各種顏色去莊飾、用各種形狀去莊飾，應該要這樣解釋。漢文是怎麼說？

口　　譯：莊飾。

仁波切：對，可以！莊飾是對的。用各式各樣的花莊嚴、莊飾，用各種大小莊飾，用各種珍寶莊飾，都是一樣。

　　例如，以供養花鬘而言，有說：「以諸最勝妙花鬘」，就應該要這樣結合：「一切最勝殊妙花鬘聚，我以供養諸如來」，「一切最勝殊妙伎樂聚，我以供養諸如來」，「一切最勝殊妙燒香聚，我以供養諸如來」。「加於前文一切之後」就是說這個，每個供品後面都要加上：「一切最勝殊妙聚，我以供養諸如來」。「一切最勝殊妙勝衣聚，我以供養諸如來」，「一切最勝殊妙燈燭聚，我以供養諸如來」，應該是說要這樣加吧！到此講完了有上供的部分。

　　🔮第二分二：一`正說；二`禮敬供養之等起。今初：無上供者：「我以廣大」等一頌。言有上者，謂世間供。此中乃是諸菩薩等神力所變微妙供具。🔮第二、等起者：頌後二句，於前一切不具足此二句義者悉應加之，是說敬禮及諸供養所有等起

及其境界（此與漢文稍有出入）。

講記

　　現在是無上供養。無上供養有「⌐、正說；⌐、禮敬供養之等起」，「等起」，這個等起即是一切禮敬及供養的等起；上面禮敬也需要這樣的等起，供養也需要這樣的等起，這在下面有說。現在是「今初：無上供」。所謂無上供是什麼呢？就是「我以廣大勝解心，深信一切三世佛」這兩句（藏文翻譯為：「無上廣大諸供物，亦復信解一切佛」，《廣論》原文主要解釋第一句），共有兩句。「『我以廣大』等一頌」，有說「等一頌」吧！這一偈主要分成兩部分：「正說」及「等起」，後兩句講等起，供養及禮敬都要這個等起。「有上者，謂世間供」，我們供的就是世間供養。那麼，「此中」無上供是什麼呢？「乃是諸菩薩等」，這一切的供品，是依靠菩薩的威神、能力，而變化出極為廣大又多樣化的供品。「是諸菩薩等神力所變」，變化出各式各樣美好的供品、「微妙供具」，這就是無上供，主要是菩薩們用神力變化出不可思議的供品，要緣想用這樣供養一切佛陀。

　　口　譯：「世間供」是指什麼？

　　仁波切：「世間供」就是我們凡夫所供的一切供品都是世間供。

　　口　譯：什麼是「微妙供具」？

仁波切：眾多微妙供具就是供品既廣大，然後體性全部都是珍寶，
　　　　成為各種珍寶。隨心所欲地對供養境化現出如此不可思議
　　　　的變化，即是微妙供具，也就是變化各種各樣的東西。

　　「第二、等起者」，主要是說要加在一切禮敬及供養上。這是指什
麼呢？就是這個句子：「悉以普賢行願力」（藏文翻譯為：「於普賢
行發信力」，下依藏文解釋），「普賢行」，自己對一切佛菩薩的普
賢妙行發起信心之力，依靠此力，來「普遍供養諸如來」（藏文翻譯
為：「禮敬供養諸如來」，下依藏文解釋），要禮敬、供養十方安住在
無邊剎土之中的上師與諸佛子。前文的禮敬要加上此二句，供養也要加
上這樣的等起。「於普賢行發信力，普遍禮敬諸如來」，「於普賢行發
信力，普遍供養諸如來」，要執持這樣的等起。這裡有說：「**頌後二
句**」，後二句是什麼呢？就是「於普賢行發信力，禮敬供養諸如來」這
二句，由信心力，禮敬、供養一切如來。「**於前一切不具足此二句義者
悉應加之**」，前面的文句，在禮敬及供養的一切句子後面，可以再加
上這個內涵，加的話要這樣加。「**是說敬禮及諸供養所有等起及其境
界**」，要執持這樣的等起。對境是什麼呢？要禮敬、供養一切如來。

口　　譯：加的方式是什麼？

仁波切：前面的禮敬：「所有十方世界中，三世一切人師子，我以
　　　　清淨身語意，一切遍禮盡無餘。於普賢行發信力，禮敬供

養諸如來」，可以加上這個。「以諸最勝妙花鬘，伎樂塗
香及傘蓋，如是最勝莊嚴具，我以供養諸如來。於普賢行
發信力，禮敬供養諸如來」，對每一偈都可以加上去。

口　譯：每一個偈頌都加？

仁波切：每一個偈頌。前面有提過供養也要加上，所以禮敬及供養
　　　　二者都要加。為什麼呢？因為這是一切的等起，這等起是
　　　　什麼呢？「於普賢行發信力」，於一切佛菩薩的妙行，由
　　　　自己的信心之門、以生信的這個力量，而做禮敬及供養。
　　　　供養處是誰呢？供養一切如來，這顯示了禮敬、供養的對
　　　　境。這裡所說的「頌後二句」，主要是顯示自己的等起，
　　　　以及禮敬、供養的對境這兩者，就是這樣而已。

口　譯：禮敬及供養。

仁波切：是的，禮敬及供養的境、所對境，就是一切如來，對吧？
　　　　此處有顯示自己的等起，以及要結合一切禮敬與供養。

　　　在《普賢行願品》偈頌的字句中，講到供養的體性與支分時，只有
講到七種供品；「以諸最勝妙花鬘，伎樂塗香及傘蓋」等等，共說了七
種供品。一般而言，供養是不可思議的，對吧？不可思議，要有很多
種供養方式，七政寶[6]、八勝處，以及六種資具，有很多。八吉祥[7]、
七政寶都是可以供養的，有很多不同的不可思議的供養方式。結合密法

時，說有內、外、秘密、真實性的四種供養方式。若要廣泛了解供養的方式，以及其中很多象徵的意涵，比如在永津智幢[8]大師的《上師薈供引導》中就有廣說，其中有結合密法，對每個供品象徵的意涵及目的都有詳細地解說。

就結合我們自己的修行來說，供養也是不可思議的集資之門，平時就要修持供養。不單只是自己陳設供養，將供品擺在桌上，然後上香，這才是供養。除此之外，還有什麼呢？比如行茶、奉茶，在喝之前也會供養，吃飯也會供養。是怎麼做呢？要先由隨念三寶功德之門而作供養。如果能結合到自己平時的修行之中，是既簡單，又殊勝的集資之門。如果結合密法的話，則是更為殊勝的。例如將自身明現為本尊，吃飯的時候加持這全部的食物變成甘露的體性，而供養本尊。

口　譯：加持？

仁波切：是，要唸嗡、啊、吽等加持這些食物等等以後，轉化為甘露而供養本尊天。自己不是現為本尊了嗎？有這樣做的。除此之外，如果在自己吃飯的時候注意到，身上住著千萬隻很多的蟲吧？這全部都滋養它們、布施它們，現在是用財物調伏，未來當以法調伏等等。這樣思惟的話，每吃一口都有不可思議的利益，吃飯也成為殊勝的修行方便。這既容易做，又簡單，福報又大。除了這些，比如今天不管到哪裡，或往來市場也好，那裡面有好看的花、好的物

資、寶物、金、銀等等，不管任何受用，將這一切都當作供品來供養，這樣既容易修持，又是能積集殊勝的福德之門。

特別是出家人或是上師，無論別人供養什麼東西，這些都拿來供養三寶是非常重要的。他人給我們的供養，或者經典，或者食物，或者物品；比如穿在裡面的各種衣服，乃至供養小小一件內衣、上衣、短袖，任何東西，這一切最初都要供養在三寶面前。

因為上師與出家人，完全是受用別人的供養，我們很少受用透過自己的手、自己勞動的成果。這點特別要注意，這特別重要！而任何他人供養的東西，比如我自己，他人供養的金錢等任何東西，最好的是要用於建造三寶的部分，建造身語意像；這是要供三寶的，不是供養我自己的，最好的要這樣。如果不是這樣，一定要在接受別人的任何各式的供養之後，首先要用心念也好，或是直接在三寶像前供養，然後觀想三寶賜予自己悉地一般地再賜予自己，再去受用，說這樣能夠淨除信財的罪障。知道信財的罪障吧？信財的罪障對出家眾來說，是很重的罪，這很重要。這是淨除信財罪障的方便中最殊勝的方法。信財就是別人施與我們受用的東西，如果放逸地受用信財，不去懺悔的話，過失是非常大的。

口　譯：信財是信心的物資嗎？

仁波切：是！信心的物資。供養你的信心的物質，就是信財。這些
　　　　要先供養在三所依面前，然後自己受用，這樣的話，自他
　　　　二者都能成辦資糧，先賢正士都是這麼做的。班禪善慧法
　　　　幢、章嘉・若必多吉[9]、至尊昂旺蔣巴[10]等等都是這樣非
　　　　常認真地做的，他們都是非常有名的。

口　譯：第三位是誰？

仁波切：至尊昂旺蔣巴仁波切，拉薩的一位大上師。

　　這樣做的勝利，比如說，比丘是不可以有很多東西的，不可以貪著
很多東西。自己任何的身財受用，每天都要供養三寶，這也是密咒的誓
言，要每日六時供養三寶，白天三時、夜晚三時供養。供養曼達也是這
個的表徵，必須供養。這樣的話，就能遮除自己對各種受用的貪著。不
然的話，老想著：「這是我的受用。」「要享用什麼呢？」心將會越來
越困難，這樣就會增長貪著受用的貪心。每天都要想：「這些全部不是
我的，都是三寶的。」而向上供養，這樣供養的話，貪心也就能遮除，
這就是它的殊勝。

　　一般來說，供養是什麼呢？是吝嗇的對治，供養是慳吝的對治，我
們要從這個上面了解。我們的任何受用的差別，要想：「這全部都已經
上供三寶了，不是我的。」自己受用時，要想：「這是三寶賜予的。」
這樣的話，對這些受用的貪著、貪心就能夠遮除一些。否則當你看到少
少的受用損失了，「啊！這浪費了！」心中就會生起無法忍受的苦惱。

如果不這樣想，一般而言，你自己不執為己有，對這些受用就不會有這麼強烈的貪愛，這是非常重要的，非常關鍵的！慢慢地去留意的話，這是非常關鍵的。

自己在供養的時候，比如所供的物品只有一碗清水、一杯清水，或者只有一支香，在供養的時候，要唸《供養雲陀羅尼》，然後要唸《諦實力文》。如果這樣做，依靠這些皈依境，依靠皈處三寶悲心之力，實際陳設的供物即使非常微少，也能變成如虛空一般廣大，不管什麼東西，都能成為無盡的受用、成為這樣的供品體性。這是為什麼呢？是因為依著一切佛菩薩悲心的力量。因此所供養的境——資糧田的相續中，這一切佛菩薩的心續，也就能生出無漏的殊勝安樂；依靠著這個，自己也能積聚廣大的資糧，在一剎那中也能積聚廣大的資糧，然後所有道的證德能夠在相續中生起，這是迅速生起的方法。我們主要是為了什麼而供養？是為了在相續中生起後面的一切道，主要是為了這個。要如是發願：「在《廣論》後面所說的一切法類，其各各章節的一切證德，祈願都能快速、順利地在自心中生起！」

有說「引進福田的力量」吧！所謂引進福田的力量，就是依著所有佛菩薩的勢力，讓所供的物品變得不可思議。依靠他的力量，依靠他，所皈境的心續中都生起了無漏的殊勝安樂。因此，自己所有的資糧容易成辦；也因由累積一切資糧的力量，自身相續中就能容易地生起一切的道。就像這樣，一個一個因果相循，所謂「依福田力，是要教授」就是指這個。所謂「依福田力」，就是依靠一切佛菩薩的威勢、能力，然後要執持想讓道在心續中生起等等的意樂，要這樣執持。

口　譯：福田力？

仁波切：對！福田力，依靠資糧田的力量。

口　譯：我們要唸的咒語是什麼？是《供養雲陀羅尼》嗎？

仁波切：《供養雲陀羅尼》。這個咒語很重要，如果依靠這個咒的
　　　　力量，即使這個供品只有一碗，甚至只是一杯清水或一支
　　　　香，也會變得十分廣大，所以必須唸《供養雲陀羅尼》！

口　譯：那麼，另一個是？

仁波切：然後要唸《諦實力文》。這兩個在這裡面沒有，要另外
　　　　學。我們用餐時會唸吧！有一點供品就會唸：「南牟跋嘎
　　　　哇得　班雜薩日阿乍瑪日達尼　大他嘎大雅　阿日哈得桑ㄇ雅桑
　　　　ㄇ布達雅　大ㄒ雅他　嗡班則ㄒ班則ㄒ……」，就是這個。

　　任何的供物，比如八供[11]，陳設之後如果不加持的話會有魔障，這
些在《上師薈供引導》中有說明。譬如水，如果水沒有加持的話，那裡
會出現所謂「波動魔」的魔；如果是燈的話，不加持也會出現魔，每個
供品裡面都會有魔。

口　譯：「格」（བགེགས）是什麼？

仁波切：鬼、魔！

　　這裡面會出現魔。有魔障的話，譬如水沒有被加持，讓「波動魔」作祟的話，如水波動，令心動搖、不堅固，就是被他傷害了，因此就會生病，有這樣的狀況。任何供養都一定要加持，用上述的《供養雲陀羅尼》加持時，那些魔就被趕走、消失。那些魔被趕走、消失後，對於供品要念誦前面說的《諦實力文》。《諦實力文》是：祈願依靠三寶諦實力、一切諸佛菩薩加持力。圓滿二種資糧，他們圓滿了二種資糧，以此大威神力。以及法性清淨，法性清淨指思惟空性的意涵，思惟供養三輪體空的意涵；以此不可思議之力，觀想供品、普賢供雲轉化成真如本性！唸《諦實力文》就是像這樣。

口　譯：轉化成真如本性？

仁波切：嗯！祈願轉化成真如本性。應當思惟：祈願普賢供雲聚轉
　　　　化成真如本性。為什麼呢？加持供品是很重要的，不加持
　　　　的話會有魔障，這些在《上師薈供引導》中有清楚的說
　　　　明。書中對每個供品的魔都有說明，我這裡就不一一說
　　　　了，僅僅以此為例。

　　比如加持供品呢，最簡單的，就用三字真言加持就可以了，如果不會《供養雲陀羅尼》的話，就以三字加持，就是唸「嗡、啊、吽」加持即可。比如明天我們要拋朵瑪，密乘中咒語的力量特別重要！明天要修，今天準備好明天的朵瑪、供品，今天就要加持，不加持的話，魔會

進去。怎麼加持呢？唸「嗡、啊、吽」加持，用薰香淨化、清淨供品，要唸「嗡、啊、吽」加持。

真　師：師父！可不可以給我們講《供養雲咒》和《諦實力祈願文》？

仁波切：「祈願三寶諦實力，與一切佛陀菩薩摩訶薩之加持力，圓具二種資糧大威神力，並願以法界清淨不可思議大勢力，令成真如本性。」諦實力文就是這個。

還有《供養雲陀羅尼》呢，是「南牟跋嘎哇得 班雜薩日阿乍瑪日達尼 大他嘎大雅 阿日哈得桑木雅桑木布達雅 大欸雅他 嗡班則欸班則欸 瑪哈班則欸 瑪哈得雜班則欸 瑪哈比雅班則欸 瑪哈缽帝吉達班則欸 瑪哈缽帝曼卓巴桑乍瑪拿班則欸 薩日瓦嘎日瑪阿哇日阿拿比修達拿班則欸娑哈」。這是供養咒，在《唸誦集》裡面應該有，在這之後唸《諦實力文》加持，功德利益很大！

供養中，主要就是所謂的普賢供雲。聖普賢供養雲是在無上供裡提到的，要像普賢供雲一樣。普賢菩薩供養雲是如何呢？普賢菩薩為了供養佛陀，雙手合十，其中捧持如意寶。

口　譯：什麼寶物？

仁波切：如意寶！從這寶物中出生不可思議的供品，變現出各種各
樣的供品，遍滿虛空，如同虛空遍布著雲團一般。這是一
種供養的方式。

另一種是什麼呢？從普賢菩薩手中的寶物中，不是有寶物嗎？從此
中放出百俱胝光明。有說贍部洲有百俱胝，百俱胝就是一億，放射百俱
胝光明。在每束光明的前端，都各能出現一位普賢菩薩，那些普賢菩薩
手中的寶物，也能變出不可思議的供養雲。變出不可思議的供雲以後，
觀想一切廣博剎海 12 的剎土遍滿供物，遍布七寶等不可思議的供品，就
要這樣變現。我們意所化現的供品，就可以這樣變現。「種種悅意妙供
姝麗花，馥郁薰香燈明香水等，如是實設意化 13 ……」有說到「實設意
化」吧？直接陳設和意所化現等等。這樣變現以後，就如同不可思議的
聖普賢供雲聚一般，自己也觀想變出如是的一切供物，而觀想供雲、
七寶等遍滿一切廣博剎海的剎土，以及七政寶，八吉祥等。這樣觀想之
後，供養資糧田天眾與十方一切諸佛佛子，要這樣想、這樣將護所緣行
相。這樣修持的話，是非常宏偉的積資方式。

一般所謂的「供養」，在梵語中是「布雜」，叫作「布雜」。所謂
的「布雜」是什麼呢？是指歡喜、心喜，要理解為內心歡喜。心歡喜指
什麼呢？讓被供養的供養境的天眾內心歡喜。因此，所謂供養上師中最
主要的是正行供養，也就是這個意思，正行供養的話上師的心就會歡
喜，因此我們用正行供養的方式，經中說到要執持正法。

口　譯：執持正法？

仁波切：對的！唸一次「瑪尼」也是執持正法，也成為正行的供
　　　　養。同樣地，自己在聞、思、修三者所做的一切，都是執
　　　　持正法、依教奉行，正行供養、修行供養。還有對於最勝
　　　　菩提發心，修持所聽聞的義理，將所聽聞的一切專心一意
　　　　地修持以後而修道；最好的是修習生起、圓滿次第等的體
　　　　性。將這其中一切的善根，變化成這樣不可思議的種種供
　　　　品以後，也是可以供養的。

口　譯：修道？

仁波切：不是有修道的善根嗎？修道當中所有的善根。供品是有很
　　　　多種的。雖然不是自己修，他人修的也可以，將他人所做
　　　　的一切善根也取來；不僅如此，還可以將一切佛菩薩的無
　　　　量福德取來，化為供品，這也是可以供養的。所謂「自
　　　　他身語意三受用三世善資糧[14]」，就是這個意思，供養曼
　　　　達就要這樣。不僅僅是自己，還有他人；不僅是自他的凡
　　　　夫，還有聲聞、緣覺、一切諸佛菩薩的一切功德。「身
　　　　語意三受用」，自己身語意三的一切受用。「三世善資
　　　　糧」，在三世中所積集的，在過去、未來、現在所集的一
　　　　切善根，都可以變化為供品而供養的。這樣做的話，尤其
　　　　會有不可思議的利益及福德。

　　禮敬及供養這兩者中無論是哪一種，對於這些皈依處生起信解的信心是很重要的。如果這樣做，由清淨信心之門而去禮敬，合一個掌，供一支香，福報也是無量的。而在之前講到禮敬的段落，合掌方式你們應該都懂吧？外道的合掌是實心合掌，不是中空，即指有我之義；我們內道佛教徒合掌的方式，是裡面中空，是無我之義。這樣合掌以後，放在頂門上，是有成辦佛陀頂髻相的作用。置於頂門之上，是能成辦圓滿佛陀的三十二相中頂髻相的能力。接下來，放在喉嚨是成辦六十韻音語的緣起，或是習氣，要放在這裡，具足六十韻音語。在心中成辦無分別智、遍知一切的智慧，就要合掌於心間。

　　也有人說結合四處的。在這裡合一次掌（頂上），在這裡合一次（眉間）；有說眉間是成辦佛陀的白毫的緣起。總之就是有結合四處的，有結合三處的。總攝起來是什麼呢？就是淨化自己身語意三所有的罪障，得到前方資糧田一切諸佛佛子身語意三門的一切加持。這樣緣想以後，就算只是禮一拜，供一支香，也是如前所說不可思議。如果不這樣做，一開始就緣著自己的美名、受用等，為了此生而做的話，無論怎麼做都不能產生如實的利益，這主要就是由於等起之門。要有好的等起，要對諸佛佛子生起清淨的信心，這是很重要的。不管是禮拜，還是供養，都是一樣的。

　　✿第三、悔罪支者：「我昔所作」等一頌。依三毒因，身等三事，其罪自性謂我所作，此復具有親自所作，及教他作，

或於他作而發隨喜。總攝一切說「諸惡業」。應念此等所有過患，悔先防後，至心懺除，則昔已作，斷其增長，諸未來者，堵其相續。

講記

「第三」，是懺悔支。「悔罪支者」：「我昔所作諸惡業，皆由無始貪瞋癡，從身語意之所生，一切我今皆懺悔」，就是這四句偈。重點是，凡所做的一切惡業都是由於煩惱、三毒所導致，因為發起貪欲、瞋恚、愚癡三者，造集許多罪惡不善，這懺悔支就是說這個。「『我昔所作』等一頌。依三毒因，身等」，事──身、語、意「三事，其罪自性謂我所作」，自性就是自己做的。「此復具有親自所做」，親自趣入不善的行為。「及教他作，或於他作而發隨喜」，不管是做了哪一種，都是罪惡。首先必須辨識罪惡吧！

口　譯：「自性」是什麼？

仁波切：有說「自性謂我所作」，就是自己造下的罪惡。

口　譯：是這個罪惡的自性？

仁波切：對的。

自己做了什麼罪惡自己要觀察，觀察。很多人會這樣想：「殺人越貨，要做了這些才算造罪，除此之外沒做什麼大罪。」這是不認識造了罪嘛！並不認識造了罪！造了罪自己必須認得。我們不只不認得、不記得自己現在這一生所做的罪惡，前生從無始以來到現在所造的一切罪惡、不善現在也無法回憶吧！已經造集了無邊罪業。比如現在這個時候，看起來沒在造惡，看起來還不錯，穿著披肩、下裙，執持沙彌、比丘的形象，如果慢慢地去觀察，內心在剎那之間，也難以把持，難以把持，難以把持啊！觀察晝夜的所有行為，去各別分辨其中有何善行、有何罪惡的話，內心除了趣入不善，全都走向煩惱、三毒之中，心趣向善品是非常少、非常少的。比如我們現在有的出家人守護比丘的戒律，這之上也有菩薩的戒，還有密乘的戒，僅僅要把戒律一個個數出來，都很困難，何況要持守學處。如果問到比丘戒二百五十三條一條條具體是什麼的話，我們是難以舉出來的嘛！不要說持守，就連數出來都很難。

並不是說已經犯了他勝罪 [15]，因為一旦生起他勝罪，就不是僧人了。除此之外，所謂的罪惡，就像下雨一樣，罪墮就像下雨一樣！慢慢觀察的話，善惡二者中何者較多，將一天分成一百分的話，一天中百分之八十、九十應該都是罪惡。一天之中所要做的事情，以我自己為例的話，這之中有百分之十的善，就是第一名了！連這樣也很難、很難。有的話就第一名了，但這很難！

之前提到帕繃喀大師在這裡說，要數出自己的上師有多少很難。問說你有多少上師？你就拿起唸珠，只說出一兩位上師，然後就數不清了。但是問到你錢包裡有多少零錢、鈔票？你心裡全部能想起來，就

像這樣子。錢包裡面有多少錢，你是記得很清楚的，帕繃喀大師有這麼說。

必須慢慢地去觀察，慢慢觀察的話，會發現是很難的。因此，下輩子是去惡趣還是善趣？這很難說的。造下了許多走向惡趣的因，那解脫及一切遍智的果位就不必談了；單單能去善趣的因，你又造集的怎樣呢？這大概是很困難的，很困難。要這樣子去觀察！如果不這樣觀察的話，乍看下是如法的好比丘，一般人看的是，可能是一天就在修行、一天就在唸經。但自己要觀察一下，一天當中真正做的善事，你做了多少？別人一看的話，你是一個出家人、你是一個活佛，一天就在打坐、一天都在修行吧！可是你真正修行的，到底有多少分？你量量，你量一量。你不觀察的話，你就覺察不到。啊！有什麼罪啊？我是沒有罪的啊！我這從來沒做過，今天一直在這坐得好好的。但是你在這坐著，你的心裡，一剎那之間也控制不住的，一直不斷地在造業啊！不斷地造業。所以人們的雜念是很繁重的。如果了解這點，你有沒有造惡業，一觀察就知道了。

口　　譯：就一個人而言，一天之中有百分之九十都在造惡。

仁波切：是我！我是說我自己，不是別人。怎麼會是別人？要說其他人很困難吧！

帕繃喀仁波切說的這個譬喻，實際上是他在親近上師的章節講的。

他講的是：我們對上師的概念，你有多少個上師？我們就算不清楚。用自己的這個手指頭開始算，「這是我的上師、那是我的上師……」開始算。但是你的錢包裡有多少錢，你都記得一清二楚，就是這樣。所以我們現在也是一樣的，在這個過程當中、一天當中，我們做了多少惡業、多少善業，在這方面觀察的話，其實是造了很多罪惡啊！

　　凡是所造下的那一切罪惡，怎麼說呢？如果每一天、每一天都能懺悔自己有的那些罪；罪惡有什麼功德呢？「透過懺悔即可淨除」，這就是罪惡的功德。善為瞋恚所毀壞，惡為懺悔所毀壞，一樣的。能被懺悔，說這就是罪惡的功德。那麼認識了這些罪惡、認識自己前後的這一切罪過之後，就要懺悔這個。最主要的重點是什麼呢？為什麼不去觀察這些罪惡，因為對業果還沒有強大的信解。所謂對業果沒有強大信解，就是凡造下罪惡，而不去思惟它的結果會產生嚴重的異熟，那就對罪惡不會在意了！不會在意罪惡。

　　這樣的話，不管以前我們做了什麼罪惡，透由懺悔沒有不能淨化的，透由懺悔無法淨除的罪惡是不存在的。當然在這點上，也有相同或不同的說法，而究竟來說，在中觀應成派[16]裡，不論是經典或任何地方，都說沒有透由懺悔無法淨除的罪惡；造下五無間罪也是這樣，縱使造下五無間罪，如果以強烈的悔心懺悔的話也可以清淨。不論任何的學處、戒律虧損，這一切如果去懺悔，用猛利的防護、追悔心去懺悔的話就會清淨。學處、戒律虧損等等，去追悔的話就能清淨，去追悔就能清淨。追悔是怎樣懺罪呢？就是依靠四力對治之門就能懺悔，主要得依靠四力對治來懺悔，這是很重要的！四力對治。

口　　譯：沒有什麼罪是不能懺除的。

仁波切：除了一切有部說罪惡透過懺悔不能清淨以外，其他就沒有
　　　　說透過懺悔不能清淨罪惡的。所謂有很多種說法就是這
　　　　樣。

口　　譯：一切有部說罪惡沒法清淨？

仁波切：是，有說無法清淨。

　　宗喀巴大師說 [17]：「淨治業障尤切要，故重恆時依四力。」就是指
這個內涵，說要恆常具足四力、依止四力來懺悔一切罪惡。以依止力
為例，比如我們造作任何罪惡，大多是依著佛陀、有情二者而造罪、
造惡的，那麼懺悔也就要依著他們來懺悔，必須要懺悔。對佛陀的話要
皈依，皈依佛之後，由於皈依佛、依循佛語奉行的原因，依此而來懺悔
這一切的罪惡。對有情的話，則要依靠有情，要思惟：「為了有情的利
益要獲得佛陀的果位，我成佛時，要安置一切有情於解脫、一切遍智的
果位，這樣的擔子由我來擔！」「我來！」要荷一切擔，生起這樣的心
力，生起這樣的發心。如果有這樣的意樂，所謂的依止力，就像這樣要
依靠佛陀以及有情來懺悔罪惡、懺悔！依止力得要這樣說明的。

　　接下來，之前所造的一切罪惡，無論是性罪，特別是遮罪，不守護
學處、戒律，這在罪惡之中是尤其嚴重的。無論是哪一種，對於以前造
的所有的罪惡，要生起如毒入腹的追悔心，如毒入腹一樣，這叫破壞

力。所謂「破壞」，必須從心裡認識而想到：「這根本不對！」對於罪惡認識到真的是罪惡，對於不對的事認知到是不對的，必須認識！不認識的話，就不會有懺悔心，要有追悔心。就好比喝毒，以喝毒的人作比喻嘛！說如果有三個人喝了毒，因為喝了毒，有一個死了，一個病倒了，一個還沒病的話，當想到：「哦！我也會像他一樣。」就會生起非常強猛的悔心。有強烈的悔心的話，那解毒的方法是怎麼樣比較好，就會奮力去做，會勤奮地做，就能精勤。有破壞力的話，遍行對治力及遮止罪惡力就能夠生起。然後從此就會有「即使要命，也不喝毒」的想法。因為這樣，所以說到這個破壞力，在四力之中是很重要的。

口　　譯：現在說的這個四力，有依止力、破壞力……

仁波切：破壞力，現在就在說這個——破壞力。

口　　譯：其他兩個是什麼？

仁波切：遮止罪惡力，遍行對治力。

　　如果有了這個破壞力，在將罪惡認識為罪惡之後，對於進入自己肚子裡的這個毒，視為猶如奪取自己生命的劊子手一般，有中毒的話自己就會死去嘛！所以，那能消除這個毒的方法在哪裡呢？就是遍行對治力，遍行對治力。這個「對治」就是方法，要找這個！要尋找解毒的藥。那麼解毒的藥是什麼呢？主要是懺悔淨罪，或是淨罪集資也好，就

是要淨化，淨化這個毒的方法。

淨化毒的方法很多，有依靠佛陀的名號而淨化罪惡的方式，比如稱唸《墮懺》的三十五佛的名號，宗喀巴大師主要就修持這個，依靠如來名號。在自己前方明現這三十五尊佛，然後對每一尊稱念佛號，稱念名號，在其尊前懺悔罪惡而禮拜，這樣做而淨化罪障。這就是依如來的名號淨化罪障的方式。除此以外的佛號還有非常多，《聖大解脫經》[18]中也有很多的佛號嘛！《大解脫經》、《解脫經》。

在《墮懺》之中，一般要具足四力。而在修持的時候，說可以單唸名號而行禮拜，也可以從頭唸到尾，也可以每個名號唸很多遍來完成這三十五尊的名號。不管哪一種，都要依靠如來名號。

口　　譯：要唸完這三十五尊的名號？

仁波切：嗯，有三十五個名號嘛！每尊佛名唸很多遍，然後第二尊也唸很多次，然後第三尊也唸很多次，這樣唸也可以。除此，從頭唸到尾也可以。宗喀巴大師淨罪集資的時候就是修持此法。依靠如來名號而淨化罪惡的方式就是這個。

接下來是依靠陀羅尼咒而懺悔罪惡的方式，陀羅尼咒。依靠陀羅尼咒淨化罪障是特別超勝的。主要是什麼呢？是《金剛薩埵修誦法》對吧！《金剛薩埵修誦法》在懺悔罪惡上，是被眾多佛菩薩極度讚歎的陀

羅尼。依靠金剛薩埵，修持金剛薩埵的觀修法，然後修百字明。

口　　譯：金剛薩埵的觀修法？

仁波切：就是儀軌，關於金剛薩埵有個短的儀軌。這在無上密也有，在瑜伽部的也有，主要無上密是最好的，用無上密部的金剛薩埵的方式淨化罪障；修甘露淋治，主要是念誦百字明。說如果念誦十萬遍百字明，所有罪惡都會清淨。我們在相續中，功德沒有向上生長，縱使以前有一些，但修道時證德不增進、不生起，反而被一切不善削弱，這是為什麼呢？就是罪障未淨化，就會被它障礙。讓相續不生一切道的障緣，主要就是罪障，如果不淨化，是無法在相續中生起證德的。金剛薩埵、如來名號，這是極為重要的，大家都需要唸十萬遍百字明，不唸十萬百字明是完全不可以的。

口　　譯：一開始是金剛薩埵儀軌……

仁波切：觀修法。自己要照著觀修法那般修持，然後主要就是念誦百字明。這是一種陀羅尼，除此還有很多陀羅尼咒，在《淨惡趣續 [19]》裡面有各種陀羅尼咒，所謂五部大陀羅尼 [20]，還有大悲觀音的名稱咒。不論哪一種，都是依靠陀羅尼咒淨化罪惡的方式，現在主要是要讚歎百字明。

口　譯：這個甘露淋治是怎麼修？是從金剛薩埵降下？

仁波切：是的，這個在觀修法裡有，就按照觀修法修。

　　另外，將任何各自所做的聞、思、修，當作罪障的對治來修持，依此扼要也可以淨化罪障。不論是做聞、思、修三者中任何一者，將它成為滅除罪障的對治方法，用這樣的動機去做，就能淨化罪障。那不論讀誦、研閱、講授經典，把這一切的功德都當作罪障的對治來修持的話，就能成為對治吧！最好的，則是修持空性等等，修持生、圓次第等，在這之上淨罪。而上面提到的禮拜、供養，不論做什麼都是，也都能夠成為罪障的對治。然後也可以透由塑造佛陀的身、語、意像等等方式淨除罪障。如上述般有很多種對治，在了解這一切之後，要依之而行，破壞一切罪惡，令其滅盡，這很重要！

　　不論是任何的罪惡，要將過去所有的罪惡認識為罪惡。而遮止它的方法是什麼呢？前面依靠遍行對治力將這一切消除以後，當再次面對那些罪惡、那樣的毒，要想：「就算捨命，絕對不做！即使沒命，絕不喝毒！」而生起強烈的防護心，這就叫遮止罪惡力。

　　這裡下面有一句：「總攝一切說『諸惡業』」，就是所謂「我昔所作諸惡業」的「諸惡業」，指所做的一切、所有的罪惡。「應念此等所有過患」，剛才說的就是這個，將罪惡認識為罪惡；知道是罪惡以後，「悔先防後」，要有「我從此不再做這個」的防護心，而「至心懺除」。這樣懺悔的話，「則昔已作，斷其增長，諸未來者，堵其相

續」，淨除以前所造的那一切，不令罪障增長，否則罪障每天都會增長的。由於以後不再做這些罪障，故能截斷。

口　譯：「諸惡業」是？

仁波切：「我昔所作諸惡業」，指所做的一切罪惡，一切造作的身、語、意三種惡業，一切惡業。

口　譯：什麼是「諸未來者，堵其相續」？

仁波切：不是之後不再做這些罪惡了嗎？就有防護心，截斷往後造惡的相續，截斷相續。

真　師：師父，為什麼惡業會不停增長？

仁波切：不知道為什麼，它就是會長，它自然地要增長。

真　師：那為什麼所做的善不增長？

仁波切：善也一樣增長啊！你有善行的話，一樣要增長。

真　師：可是善長得比較慢，惡長得比較快。

仁波切：惡長得快嗎？一樣的。

法　師：如果我今天做了一個惡業，我不去對治的話，它會越長越大？

仁波切：對、對！那當然。

法　　師：可是我只對這個境造一次惡業……

仁波切：在《掌中解脫》裡面說，你殺死一個虱子，過了十五天的話，你就像是殺了幾千個生命啊！相當於殺一個人。

法　　師：業果是這樣算的。

仁波切：對。沒有懺悔的心就不行，有懺悔的心也就不一定是這樣。有懺悔的心，「哎呀！我殺生的這條就不對了啊！哎呀！」懺悔的心就是這樣。我們很多是沒有懺悔心，反而還有一個歡喜的心啊！為什麼罪惡會增長？不清楚，就說會增長。這是隱蔽分的法，除了佛陀，沒人會知道的。

　　對於懺悔罪惡，比如在《金剛薩埵修誦法》之上，要具足所有懺悔的條件，就是四力對治。如果真正具足四力對治，說修十萬百字明等就能懺除一切重罪，造無間業的罪惡也能夠懺除，主要是要具足條件——四力對治。例如以犯戒為例，這罪惡都是能夠懺除的，但是無法恢復學處。要將學處恢復的話，一定要布薩對吧！布薩的意思，就是將以前衰損的學處恢復起來的方法。如果學處衰損了，這罪惡要用什麼去懺除呢？是由百字明等等的方式而懺悔罪惡。

　　同樣地，像產生了菩薩和密咒戒的根本墮的話，這個罪惡可以透由金剛薩埵來懺悔罪惡。而將戒體恢復起來的方法，菩薩戒的話就是發

心；若是密戒，主要是自入法²¹受灌頂，自己為自己受灌頂。知道自入法吧？自入法儀軌，就是自己進入壇城受灌頂，要用這個方式將密乘戒恢復起來。別解脫戒要靠布薩恢復，菩薩則要由發心來恢復戒律。雖然說要懺除罪惡，用金剛薩埵的方法懺悔就能懺除，但是要將戒律恢復起來，就必須具足這一切，這是有差別的。

如果像這樣具足四力對治，比如惡人指鬘殺了九百九十九人，未生怨王殺了自己的父親，他們後來全都獲得見諦了。為什麼呢？有說就是透由四力對治的方式懺悔，因此清淨了罪惡，獲得了見諦。

如果每天念誦二十一遍百字明的話，不論是什麼罪惡，都能截斷罪惡的增長，罪惡無法向上增長。「諸未來者，堵其相續」就是這個，能夠截斷惡業的增長。

🌸第四、隨喜支者：「十方一切」等一頌。隨念此五補特伽羅所有善利修習歡喜，猶如貧者獲得寶藏。

講記

「第四、隨喜支」，隨喜。「『十方一切』諸眾生，二乘有學及無學」（藏文此偈為：「十方一切佛佛子，獨覺眾與學無學，一切眾生諸福德，於彼一切我隨喜。」與漢譯稍有不同，今依藏文解釋），說到五種補特伽羅：十方一切佛、佛子、獨覺、有學無學聖者，還有凡夫，

共有五種。

「十方一切佛佛子，獨覺眾與學無學」，即十方一切佛陀和一切佛子菩薩、一切獨覺、一切有學及無學的聖者，對於他們的善行利益修隨喜。「一切眾生諸福德」，不僅如此，還有「一切眾生」，對於凡夫的一切眾生的一切善行修隨喜。「於彼一切我隨喜」，對這一切都應心生隨喜，要修隨喜。所謂「等一頌」就是這個。「隨念此五補特伽羅所有善利」，憶念這五種補特伽羅的善行利益，「修習歡喜，猶如貧者獲得寶藏」，要修強烈的歡喜心，對於他人造善要修極度的歡喜心，這就叫隨喜。

口　譯：「善利」是指什麼？

仁波切：這些所有補特伽羅所做的善業，其利益是無量的嘛！這利
　　　　益應該知道吧？獲得佛陀的果位、獲得菩薩的果位、獲得
　　　　獨覺的果位……。這些所有的利益，即是獲得、生起各自
　　　　相續中的所有證德，要對這一切利益去思惟、隨喜。

隨喜是這樣的：隨喜善業的話就有善業，如果隨喜惡業的話就生惡業。前面說懺悔罪惡的部分也是這樣，提到三種：自己造作惡業、教他人造作惡業、隨喜他人造作惡業；那麼善業也是這樣，自己造作、教他人去做、隨喜他人行善，這道理是一樣的，主要是要去隨喜他人的善業。貢唐教法炬大師說：「若欲臥時行大善，則自須修隨喜法[22]。」如

果修隨喜,自己躺著就行了,不需要另外造善業,一點也不需要造善行,單單躺著隨喜就可以了。因此,想令善行增長得非常廣大的話,就要修隨喜。

隨喜的依據是這樣:佛陀對波斯匿王[23]說:「因為你是國王,國政事務繁重,無法行布施等六度的修持,所以你要怎麼辦?要對一切佛菩薩的善行修習隨喜,以此獲得的一切善根,好好發願、迴向給其他眾生,這樣子發起菩提心的話,不經久時你就能解脫。」這是修隨喜的依據。佛陀要波斯匿王用隨喜、迴向、於勝菩提發心三者之門成熟善根。

口　譯:可以再講一次嗎?隨喜、迴向、發菩提心。

仁波切:發菩提心,是的。「這樣做的話,你不需要很久的時間就可以解脫了!你很快就能解脫。」國王每天根本沒空修行嘛!所以佛陀說:「你應該這樣修行,因為你沒辦法去修施等六波羅蜜多等法。你是國王,國政的事情很多的!」波斯匿王是印度的一個國王,佛陀是對他說的。

口　譯:所以他主要是修隨喜,迴向善業?

仁波切:然後發菩提心。「你不用很久就可以見諦。」說波斯匿王這樣做,少力就可以獲得見諦。

口　譯:是依迴向而速發菩提心嗎?

仁波切：是的，如果希求無上菩提，後面就要迴向。

　　如果我們時常去思惟隨喜的話，一般來說會有很大的幫助，會有很大的幫助！對任何事，我們因為煩惱力量強大的關係，內心的嫉妒是非常非常容易生起的。乃至當他人去讚美別人，當他人對自己所討厭的人即使只稱讚了一句，自己也會不高興，心裡就想要去批評。他被稱讚了，就說：「啊！他沒有功德。」我們會這樣貶抑別人。別人稱讚我們所不喜歡的人的話，就會說：「不是的！應該是這樣。他一點功德也沒有、他上次發脾氣……。」說很多、很多。「他很愛財……」會講很多，這一切都是我們未修隨喜的表現。不必談隨喜他人的善業了，我們連別人對他人的一句讚美都無法忍受，像這樣就是所謂的嫉妒。對他人的福報、受用等等任何的差別，會露出不歡喜的狀態，就是沒有修隨喜的表現。

　　不論是佛法上的也好，世間上的也好，別人都是由於他自己有這福報才成就這樣，這是他的福報。所以你因為嫉妒而去貶抑也好，不貶抑也好，這在《入行論》中提到很多，這是不會傷害到他，是自己折損自己，終究是令自己受損。就算對自己討厭的人，做了很多很多去貶低他的功德、阻礙他的財富受用、對他生很大的瞋心，他也不會怎樣，終究是因為自己煩惱太強盛，而讓自己傷害自己罷了，不會傷害到他。

　　他人住一棟好房子也會嫉妒，對方穿了一件好衣服也不高興，在平常生活之中這些是非常容易出現的。由於自己無法忍受他人的福報、他

人的美好圓滿，而睡不著的人是很多的，要睡也睡不著、睡也沒法睡好。「今天怎樣讓他這個福報、圓滿衰敗下去比較好呢？」自己就拼命去做，處處都朝向惡法。自己所討厭的人如果得到圓滿，由於對他不歡喜的緣故，即使睡覺也會想著這個嘛！會去思考怎樣讓他名聲不再變大的方法、怎麼去破壞，很多人是這樣的。相反的，不論對方怎樣，這都是他的福報所感的，這一切圓滿是他自己的福報所感得的。如果隨喜這一切，自己內心也安穩，自己的煩惱勢頭也會被壓伏。所以主要就是必須練習隨喜，這很重要，不這樣做的話，嫉妒的力量會很強大。

　　不論是什麼煩惱，比如嫉妒，如果不壓伏，別人的家裡擁有受用、吉運，就會想：「用什麼方法能夠傷害他比較好？」而去傷害。由於嫉妒而無法忍受，做諸惡行。當嫉妒增長以後，最後連自己的生命也保不住，在我們的社會中有很多這類的事情。說：「煩惱壞自、壞他、壞淨戒[24]。」任何煩惱如果一開頭不去壓伏，當它漸漸變大之後，最後就會去傷害別人；看是否能危及他的生命、看能不能殺害他，但最後也危及了自己的生命，沒辦法保護自己，反被殺害了。因此，「煩惱壞自」，摧壞自己，終究會傷害自己；「壞他、壞淨戒」，摧壞自己相續的戒律，也摧壞其他有情。

口　譯：摧壞戒律？

仁波切：摧壞自己相續所守護的戒律。不論什麼煩惱都是一樣的，瞋恚也是、嫉妒也是，由於嫉妒而不能忍受，去傷害他

人，他人又來殺害我而送命，這在我們的社會裡發生的太多了。這些都是因為嫉妒導致的、瞋心導致的。

上面七支供養中的任何一支，乃至任何法類，如果慢慢思惟，並不需要另外安立，想說：「這才是法、這才是修行人的修行。」結合自己跟世間相關的事也是很多的！如果在人群中要做一個好人，不長時這樣修行的話，是無法變好的。同樣地，例如七支，不是非得打坐那樣才能修行，不是只有這樣，在我們平時的生活中，在世間當中，無論站著、坐著、任何行為，都可以結合修行。如果這樣，無論禮拜、供養、懺悔、隨喜，任何修持，都不只打坐修行一種而已，我們在平常中修行的話，什麼都是修行啊！無論去哪邊，或任何事。就禮拜而言，不論在任何一個地方，比如對塔、上師善知識隻手作禮，這也是禮拜。就供養而言，將今天自己得到的任何東西，全都供養佛菩薩，就是供養。如果懺悔罪障，當自己的心中現在起了個惡念，就想：「這不行！這不對！這不可以！」就是懺悔。看到其他人無論是造什麼善業就去隨喜，也是一樣的。這才是主要的，必須在平常中修持。

我們不能只想在正修當中、在打坐的時候才這樣，平時的生活中卻毫無關係，不能這樣想。我們就在平時的生活上要結合修行，要與世間結合，在世間當中修行，這是很重要的，很重要！不是說我們在打坐才要觀想，然後一出門的時候就不觀想。前面的七支全都是可以做的，跟自己相續結合起來，這就是修行。修行就是我們在世間中結合修行，這是很有力量的。我們有的人會認為，這個七支就是我們在做功課的時

候、上殿的時候才能做，出了這個殿堂、除了打坐以外就什麼都不管，那是不對的！在日常生活中，我們就要將修行與自己的生活結合起來，養成這樣的習慣，這個功德就很大。即使平時在我們的生活當中，也會看到一些寺廟、看到一些塔，這是很容易看得到吧？在這個過程當中，你就算隻手作禮，這也是禮拜。

這裡說，當看見別人造了善，就「修習歡喜，猶如貧者獲得寶藏」，像窮人見到寶藏一樣。修歡喜之後，將這所有善根迴向給一切有情的話，那就會產生很大的利益。而在「所依」的方面則有差別，比如說：隨喜菩薩對其他眾生做的善業，你要獲得跟他一樣多的善業，這是很困難的！但是有說可以得十分之一。就算不是這樣，也一定會獲得宏偉的善業。如果自己對普通人造的善業修隨喜的話，說會增長十倍，會得十倍乃至比他更多的善業。

口　譯：比普通人造的多十倍？

仁波切：如果看到一般人在修習佛法，指比自己的所依低下的。比如我是比丘，如果隨喜沙彌作而增長的善業的話，會獲得多於他十倍的善根；如果是隨喜菩薩們的善業的話，有說可以獲得十分之一；有說對於跟自己平等的，可以獲得一樣多。不論怎樣，即便獲得十分之一也是非常稀奇的！佛菩薩善根的十分之一。就算不到一分，得到一點邊，乃至是微少的，也是不可思議的。

　　總之，這一切最主要是要有信心，對佛語沒有信心的話，也不會這樣獲得善根。而會成為罪惡，也是佛陀說的。前面說到惡業會增長，惡業增長是如何呢？這並非現前，是極隱蔽法。對於極隱蔽法要如何呢？要靠對佛陀的信心、聖言量。聖言是什麼？就是要依佛薄伽梵所說的，除此並不是用現量證得極隱蔽法。會成為罪惡，也是要佛陀說；造了惡業要懺悔，也是佛陀說的；隨喜會有如是的善業，也是佛陀說的。要對此生起信許之量、信心！相信而絕不懷疑地這樣去做，就會出生如是的結果。如果心裡想：「是有這麼說，雖是事實，但是為什麼？」心有懷疑的話，是很難生出利益的。任何法都是如此，修行人就該這麼做；而就世間人而言，不這樣做的話，也無法成為一個好的世間人，無法成為好人。

　　有人這樣說，譬如對五戒所要守護的沒辦法持守。有這樣的吧？沒辦法持守。這是沒有在思考嘛！無論能持還是不能持，你是不能不持守的！例如殺生，主要是指殺人。同樣地，殺微細的蟲子，這算殺生大小的差別；犯根本是要殺了人或是人相。就算你要殺人，不知你真的能殺嗎？要殺人，叫你殺那個人，一個是有沒有殺的勇氣？第二是就算有勇氣，國家、法律會告訴你不可以殺啊！就算你不守，這也是要守的，沒有人不守的，沒有辦法不守的。如果加上自己受戒而去守護，利益會比前面還大。偷盜也是如此，雖然要去偷盜，其他人叫你去偷，你是沒有膽量的，你不敢偷。就算敢，也是會違犯國家法律，警察就會把你抓進監牢裡。所以是沒有在思考，不是說能不能守，而是不守就沒辦法，沒法做人了！如果持守戒律的話，會比前者超勝的；有「防護之思」的

話，就會有利益。我們受戒的時候都這樣說：「世界上所有的人我都不殺。」會心想不殺世上任何一個人，在受戒時必須要有這種意樂。如果你沒有這個，叫你去殺，你就有辦法殺嗎？叫你殺全世界的人，怎麼可能！你沒這種力量。

口　譯：世上所有人？

仁波切：叫他殺全世界的人的話。

　　他在持戒的時候，要想到一個人也不殺害、世上任何一個人都不殺害，要持守這樣的誓言，這是有持守它的功德的。不這樣做的話，叫你去殺，你也沒有能力殺。就像這樣。所以是沒有慢慢思考，不論是什麼，覺得自己沒有辦法持守佛法裡所有的內涵，但幾乎所有的根本墮都是不得不守的！比如比丘戒中的妄語戒，妄語是指什麼？他還未登地，說他已經證得大地，獲得初地、獲得二地，心續中沒有生起證量，卻說已經生起很高的證量。如果一個公正的人去看，就會知道這個人是說法還是說謊。說謊就成為下劣的人，不能算是正常人，會做出無恥的行為。你將世間任何事都這樣結合一下，就世間法律而言，不這樣做也是不行的，沒辦法。

第五、勸請轉法輪支者：「十方所有」等一頌。謂於十

方剎土之中，現證菩提，獲得無著無障礙智，未經久時，變爾許身，勸請說法。智軍阿闍黎作「現證菩提」而為解釋。

講記

　　「第五」請轉法輪，「『勸請轉法輪支者：十方所有』世間燈，最初成就菩提者，我今一切皆勸請，轉於無上妙法輪。」明現資糧田，而在一切十方諸佛前，對他們勸請轉法輪。所謂「勸請」就是：要向上祈請、向上啟白。「謂於十方剎土之中，現證菩提」，「現證菩提」，是指獲得圓滿佛位。「無著無障礙」，「無著」就是指無障礙的意思，是不久就會解脫，沒有任何阻礙的意思。獲得了這樣的佛陀果位、佛陀的智慧等等之後，「未經久時」，是指剛成佛。對這些剛成佛不久者，「變爾許身，勸請說法」，有很多佛陀剛成佛不久，必須在這一切面前，將自己的身體也變成這麼多，勸請說法。

　　如果不勸請轉法輪，佛是不會說法的；沒有勸請者就不說法，是緣起的緣故。佛薄伽梵成正等覺以後四十九天不說法，然後梵天供養了千幅金輪而勸請轉法輪。勸請以後，佛薄伽梵就轉四諦法輪，五比丘每個人的心中都生起證法輪，證得四諦的意涵，那時便獲得了見諦，因為證得意涵了嘛！

　　簡單地說的話，了知痛苦是苦，了知集是應斷，了知滅是應證，了知道是應修，因此獲得了見諦。他們依靠什麼方法而在心中生起證法輪

呢？是依靠教法輪，而獲得證法輪；依著證法輪，而獲得見諦。證法輪
要依靠教法輪，如果不宣說教法，他們心續是不會出生那些的。而轉教
法輪呢，要依靠勸請轉法輪才會轉教法輪。如果沒有勸請，要說法也是
沒有可說之處啊！勸請轉法輪，就是說這個，在此必須解釋。

口　　譯：證法輪是指什麼？

仁波切：依靠教法輪而在心續裡證得其中所有的意涵，這就是證法
　　　　　輪。

口　　譯：證得了所有意涵。

仁波切：如實地證達，了達其中所有意涵以後將它現起。這和證法
　　　　　輪的意思是一樣的。

　　所謂轉法輪，一般即是依靠轉教法輪，成為相續中生起證法輪的方
便，就叫轉法輪。這樣的話，就不是只對一尊佛，我們要勸請轉法輪的
話，就要變化很多身體，勸請所有新成佛、成佛沒有經過很久的，就如
同梵天對佛陀的祈請一般，應該如是請轉法輪。這是什麼意義呢？在自
己的上師、善知識面前，不論請什麼法，都要再再地勸請轉法輪、祈請
說法，必須這麼做。其次，主要由於造了謗法等業，造集了謗法的業，
如果對正法造了這樣的業，心中就要至誠地對正法起信心，說依靠這樣
就不造謗法的業，就會成為謗法業的對治。

　　然後在修的時候，要觀想對這些剛成佛不久的所有佛陀，變化出很多自己的身體，勸請轉法輪以後，所有佛陀也親口答應了！對上師、善知識請法，也要觀想所有的上師、善知識都親口允許了，承許說：「好的！好的！」，答應了，要這樣想。請轉法輪和請佛住世兩個一定要這樣做，要觀修親口允許。

　　這當中說：「智軍阿闍黎作『現證菩提』而為解釋」，就是在前面《普賢行願品》的根本頌文。他將「最初成就菩提者」唸為「現證菩提」，換個詞作解釋，但意思是一樣的。所謂「最初成就菩提者」，就是無礙地獲得佛果的意思。而智軍阿闍黎是這樣解釋的。

　　口　譯：這兩個有什麼差別？

　　仁波切：只是字詞上用法不同而已，但是是同義的。一個是「現證菩提」，一個是「最初成就菩提者」，就是獲得佛陀果位的意思。只是用詞上有差別。

　　口　譯：用詞上有什麼差別？

　　仁波切：在開頭的《普賢行願品》中不是有「最初成就菩提者」嗎？就是這一句。漢文裡面有沒有這偈頌？就是「最初成就菩提者」這一句，「智軍阿闍黎作『現證菩提』而為解釋」。

　　口　譯：現證菩提是什麼意思？

仁波切：即是成正等覺的意思！

🌸第六、請住世支者：「諸佛若欲」等一頌。謂於十方剎土之中，諸欲示現般涅槃者，為令發起一切眾生究竟利益、現前安樂，故變無量身，勸住佛剎微塵數劫，不般涅槃。

🌸第七、迴向支者：「所有禮讚」等一頌。以上六支善，表舉所有一切善根，悉與一切有情共同，以猛利欲樂迴向令成大菩提因，永無罄盡。

講記

「第六」是「請住世支」，「請住世」，就是祈請不般涅槃支。必須對所有將想要示現涅槃的諸佛菩薩，祈請不要涅槃，不要涅槃，而在多劫中安住世間，成辦一切有情利益，要這樣祈請。

「『諸佛若欲』示涅槃，我悉至誠而勸請，唯願久住剎塵劫，利樂一切諸眾生」，就是這個。「示涅槃」，指不論是佛還是菩薩，對一切示現將入涅槃者。「利樂一切諸眾生」，總的來說，為了一切眾生的利益及安樂，「唯願久住剎塵劫」，在如同大地微塵數一般的劫數中，不般涅槃久住世間，要這樣祈請。

「謂於十方剎土之中，諸欲示現般涅槃者」，是示現。對於這些示

現者，「為令發起一切眾生究竟利益」，廣大成辦究竟獲得一切遍智果位等利益，及「現前安樂，故變無量身，勸住佛剎微塵數劫，不般涅槃」，要在即將示現涅槃的這一切佛陀前，變化無量個自己的身體，而這樣祈請。

請師住世呢，上師將示寂時，有很多弟子會在自己的上師面前禮拜，然後祈請住世不要涅槃，我們會辦長壽法會，辦長壽法會主要就是這個目的，這樣做就能成為擾亂上師心意等等的對治。我們做惡行的話，會擾亂上師心意吧？一切諸佛菩薩的內心不會歡喜吧？不管我們做什麼，如果總是在造惡業的話，上師是不會歡喜的，會擾亂他們的心，而這個的對治法，就是祈請住世。要想：「祈願所有的上師、善知識都住世無量劫！」我們現在也要這樣想，心中要這樣想。不論何時都要發願、祈請所有現在為了聖教與眾生而堅固住世的勝上士夫、吉祥怙主、善知識、持教士夫的壽命乃至有際恆久住世。這樣我想應該就會成為請住世支，必須這樣去祈請。

我們在課誦或者是任何善行之後，都可以如是祈請：「利樂唯一生源處」，利益與快樂唯一的生源處是什麼呢？就是大寶佛教。「教法長久住世間」，教法長久住世。以及「所有持教勝士夫，祈願壽幢堅久住。」願所有執持教法的這些士夫，壽命在多劫之中都能堅住。要這樣發願，這就是祈請，一樣的。不論是什麼時候都要這樣祈請，能這樣祈請的話，會種下殊勝的習氣。而依靠這樣的祈請，要想：不論是哪位將示現涅槃的佛菩薩、上師、善知識，他們都親口答應不般涅槃以後，而內心歡喜地廣大成辦了聖教以及眾生的義利！應這樣執持所緣。

　　最後是「第七、迴向支」。迴向支呢，「『所有禮讚』供養佛」，說到前面的六支全部，禮拜以及供養、懺悔、隨喜、請轉、請住，「迴向眾生及佛道」，這一切都為了獲得無上圓滿菩提的果位、為了有情的義利而迴向。「以上六支善，表舉」自己「所有一切善根」，乃至可以如是迴向自他的一切善根。「悉與一切有情共同，以猛利欲樂迴向令成大菩提因，永無罄盡」，不論何時都不會窮盡，善根不會窮盡。如同大海中倒進一滴水滴，在大海未竭盡之前，水滴就不會竭盡一樣；如是在一切諸佛菩薩的福善大海中，也將自己的善融入其中，要這樣修。

口　　譯：「一切善根，悉與一切有情共同」？

仁波切：為了一切有情的義利，將自己的一切善根共同地迴向獲得圓滿佛陀的果位。

口　　譯：是為了一切有情的義利嗎？

仁波切：對、對！是為了一切有情的義利。自己「所有一切善根，悉與一切有情共同」，迴向成為大菩提因，「以猛利欲樂迴向令成大菩提因」。如果這樣迴向的話，那麼這個善根無論何時都不會窮盡，不是有說「永無罄盡」嗎？

口　　譯：「悉與一切有情共同」的「共同」是和「為了一切有情的義利」一樣嗎？還是「共同」有其他特別的意思？

仁波切：沒什麼特別的意思，說為了一切有情義利是可以的，一樣

的。自己的善根共同地迴向給一切有情的話，就是你的善根與一切有情共同嘛！每一位有情就得到你的善根對吧？共同就是這樣。

口　　譯：「以上六支善表舉」是什麼意思？

仁波切：在上面有啊！「所有禮讚供養佛」，就是七支中，除了迴向以外的六支。

口　　譯：此所表舉的所有善。

仁波切：嗯，這所代表的所有善根，就是六支所造的善根或其他任何善根。

法　　師：「悉與一切有情共同」在原文中好像是說善根與有情一起迴向？

仁波切：就是把自己的善根分給每個眾生的意思，共同的。

法　　師：然後希望大家都能速速成佛。

仁波切：對、對！就是這樣。

　　迴向呢，要有被迴向的善根。迴向是自己造作了善根，而用這個善根迴向；發願則不需如此，迴向與發願的差別就是這個。迴向周遍是發願，而發願不遍是迴向。迴向是什麼呢？依靠這個善的力量而想獲得那

個果；自己造作善根，然後依這個善根想要獲得其果的欲求，這樣就是迴向。發願只是想獲得那個果，並沒有說要依靠善根的力量。此二的差別就是有沒有所迴向的善根。那迴向的體性是什麼呢？讓所做的一切善根不窮盡，沒有窮盡。透由想要不令窮盡的欲求所攝持，而將所迴向的善根轉成圓滿菩提的思心所，就是迴向的體性。

口　譯：是為了圓滿菩提嗎？

仁波切：對，為了圓滿菩提而迴向。

以什麼迴向呢？自己的善根，要以善根迴向。為了什麼需求迴向呢？是為了讓這個善根永不窮盡而要迴向。要迴向到何處呢？要為了獲得無上圓滿菩提果位而迴向，要迴向到圓滿菩提。所謂「為了什麼需求」和「為了什麼義利」二者稍有不同；為了什麼義利迴向呢？是為了一切有情的義利而迴向，稍有不同。迴向的方式是如何呢？一般是這樣：無論供養也好，迴向也好，要三輪無所得。就是能迴向、所迴向、迴向者一切自性不成立，要由智慧方便雙運之門，破除將所迴向的物質執為諦實之門而迴向。

口　譯：能迴向、所迴向……還有什麼？

仁波切：可以指能迴向、所迴向、迴向者三個吧！就是能迴向的

心、所迴向的物、迴向者。這三者任何一者，要透由三輪清淨，以破除、遠離實執之門而迴向。三輪就是這個。

真　師：三輪體空。

仁波切：對、對！三輪體空。

上面的供養，也可以這樣做對吧？用三輪無所得。那麼現在七支結束了。

　㊐第二、作意此等軌理之口訣者：如是了解此諸文義，意不餘散，具如文中所說徐徐而行，則能攝持無量德聚。㊐第三、總攝別別支分者：此中禮敬、供養、勸請、請住、隨喜五者，是為順緣積集資糧；悔者，是除違緣淨治罪障。隨喜支中一分，於自造善修歡喜者，亦是增長自所作善。其迴向者，是使積集、淨治、長養諸善，雖極微少令增廣多，又使現前諸已感果將罄盡者，終無窮盡。總之攝於積集、淨治、增長無盡三事之中。㊒昔諸先輩上師語教中云：「此復所為義者，謂是造惡、不造福德、造作匪正法業或障他正法、善根罄盡四者對治。初者謂禮敬及懺悔；第二者謂供養及隨喜；第三者謂勸請及請住；第四者謂迴向，等如密咒作業添補。彼密咒業者，未

受其究竟利益，反有當前患害之虞。此則盡為大利、無患之業，故為除障、圓滿資糧最勝方便。由是昔諸耆宿，多以之為修持核心，吾輩亦當唯以此作主要善行。」

講記

「第二、作意此等軌理」，說到作意這七支的「口訣」，這個科判說了「作意此等軌理之口訣」。下面就是原文。「如是了解此諸文義」，首先去了解《普賢行願品》中這些七支的文，然後「意不餘散」、一心專注地「具如文中所說徐徐而行」，要慢慢地念誦那些願文，如文中所說的那般在心裡作意。如果這樣去念誦、供養七支的話，「則能攝持無量德聚」，是無量福德之聚。

口　譯：「聚」是什麼？

仁波切：福德之聚，把福德安立成蘊聚。「則能攝持無量德聚」。

「第三、總攝別別支分者」，要說別別開出了七支以後，收攝回來的道理。「此中禮敬、供養、勸請、請住、隨喜五者，是為順緣積集資糧」，這五個是順緣積集資糧，與前面語王尊者說法稍有不同[25]。「悔者，是除違緣淨治罪障」，是除違緣淨治罪障，前面語王尊者的箋與這裡沒有什麼不同。「隨喜支中一分」，隨喜之中的一部分——「於自造

善修歡喜者，亦是增長自所作善」，隨喜是要隨喜自他的善；隨喜別人的善，也能增長善，對於自己的善行修隨喜，也是向上增長自己的善行的方法。順緣與違緣二者，最主要的就是這個，是從順緣和違緣的角度來說明。

接著是迴向。「其迴向者」，「是使」前面的「積集」資糧、「淨治」罪障、「長養諸善」，主要是說能令增長。「雖極微少令增廣多，又使現前諸已感果將罄盡者，終無窮盡」，令其永無窮盡。如果造了善因，在善果現前之後，那善果是要窮盡的，要不讓它竭盡，而讓它增長，就是迴向。

「總之」，別別分開是那樣，如果把七支收攝在一起的話，就是「攝於積集、淨治、增長無盡三事之中」，積集和淨治兩個，以及令一切善根向上增長無盡，就收攝在這三者當中。前面所說「攝盡集淨諸扼要處」，就是這個。將集淨的扼要攝盡一處的殊勝方便，就是七支，非常地重要！

往下有一段語王尊者的箋註吧？有一段箋註。上面七支當中，一條箋註也沒有。為什麼沒箋註呢？在七支中並沒有什麼諍論處、難點，因此沒有放箋註。此後有個語王尊者總攝的箋註。「昔諸先輩上師語教中云」，這是出自過去諸多先輩上師的言教。「此復所為義者」，有寫到「所為義」吧？總之，第一「造惡」；第二「不造福德」，指不積福、不集資糧；第三「造作匪正法業或障他正法」；第四「善根罄盡」，被收攝到這些之中了。造惡、不造福德……，安立七支就是這些的對

治。「匱乏正法」，不轉法輪就匱乏正法；「造作匱乏正法業或障他正法」，這兩個合在一起。然後是「善根罄盡」，安立這「四者」的「對治」就是七支。

口　譯：「障他正法」，是指在他人行持正法的時候去障礙他嗎？

仁波切：就是這個、就是這個。

造惡的對治是「禮敬及懺悔」二者；不造福德的對治是「供養及隨喜」；「第三者」，造作匱正法業或障他正法的對治是「勸請」轉法輪「及請住」不般涅槃二者；善根罄盡的對治是「迴向」，第四是迴向。「等如密咒作業添補」，說到密咒作業，這我不知道。

「彼密咒業者，未受其究竟利益，反有當前患害之虞」，這裡說到，應當依照次第，不能隨意修習密法，否則是很危險的。我們如果不具器，要修密是很難的，比起利益虧損還更大，有這樣的危險，有可能沒得到利益，反而成為眼前的災害。那上面講的七支都是怎樣呢？「此則盡為大利」，沒有任何危險，是「無患之業」。對行持正法而言，是去除成辦正法順緣的障礙，「故為除障」，不論有什麼障礙都能去除。「圓滿資糧最勝方便」，是最殊勝、最超勝的方便。「由是昔諸耆宿」，以前的勝上士夫；所謂耆宿就是長老，也「多以之為修持核心」，作為各自修持中主要的修持。因此，「吾輩亦當唯以此作主要善行」，行持這個主要的善行——七支，是最重要的。

　　一般而言，傳道次第引導的時候，就是往下一句句唸過去，不會作廣泛地解釋；我們是希望能夠稍作實踐，所以對七支就稍微廣泛地解釋了一下。主要是什麼呢？前面說過的，禮敬是我慢的對治，供養是慳吝的對治，懺悔是罪障的對治、一切罪惡的對治。隨喜是嫉妒的對治，轉法輪是誹謗正法的對治，請住世是擾亂上師心意的對治，迴向是邪見的對治。迴向為什麼是對邪見呢？因由信解業果而作迴向，令所有的善根不窮盡而且增長，所以是邪見的對治。這即是七支作為對治之理。

　　產生功效之理又是什麼呢？這裡指究竟的成果、究竟的果。因由禮敬獲得佛陀的頂髻、無見頂髻；說它是成辦佛陀頂髻的順緣，或說是它的功效。因由供養能於虛空藏的受用獲得自在，成佛之時便於虛空藏的受用獲得自在。虛空藏的受用，並不是我會缺少受用，而是可以從手掌中出現任何想要的東西。供養能於虛空藏的受用獲得自在，能產生這樣的功效。因由懺悔能獲得無住涅槃之果位，由於懺悔罪障產生這樣的功效。

　　因由隨喜，令佛陀的諸多身、語、意、功德、事業五者，見者無不順心，會產生這樣的功效，就是見者無不順心、心生悅意。因由勸請轉法輪，產生六十支韻音語的功效。因由請住世，成佛之後報身莊嚴。有報身吧？報身莊嚴，在虛空未盡之間不收攝報身莊嚴，產生這樣的功效，不收攝就是不會變的意思。因由迴向，隨順所化機的界、意樂而進行事業任運不間斷，產生事業任運無間的功效。佛陀的事業任運無間地利益有情，產生這樣的功效。

法　　師：不間斷是指什麼不間斷？

仁波切：是指佛陀的事業任運無間，任運。不需要功用，任運而成、相續不斷。佛陀的事業不間斷地趣入於所化機。

　　前面我們已經稍微廣說了七支。主要是什麼呢？我們對下面的所緣行相，不管是親近善知識軌理也好，暇滿難得也好，死無常也好；下士道法類、中士道法類、上士道法類任何一種，在那之前，六加行法的前行都是非常重要的！六加行法。所謂必須精勤淨罪集資就是指這個。宗喀巴大師說：「依福田力是要教授。」就是指這個。只是修習道、只將護所緣行相、只修習近取因，就如同只種種子無法成熟作物一樣，在此之上一定要有俱有緣。所以要生起道的證德，主要以將護所緣行相為近取因，接著能以淨罪集資輔助的話，道就容易在相續中生起。這點一再地說，就像這裡語王尊者的箋註說：「吾輩亦當唯以此作主要善行。」就是指這個，這非常地重要。

　　關於最後的迴向，至尊宗喀巴大師有一本著作叫《正見引導‧具足四念》，其中有講到最後的發願，很多教授都說如果能用這段願文的話，是非常好的。這也是很多先輩正士的行誼，即使供養一盞燈，如果能念誦這個的話是很好的。

　　那八句是這樣：「願以此善所表徵」，以此善行作為表徵，比如供養一盞燈、一支香，做任何善，在最後將這個善行所表徵的三世──過去、未來、現在所屬的一切自他的善根，「三世自他諸善根」，攝集一

切善根，這在之前隨喜支時解釋過了。這一切善根，「悉於生生世世中」，在生生世世、任何一生、一切生當中，「悖於最勝菩提因」，與成辦最勝菩提、佛果位、菩提心不隨順的。哪些是不隨順的呢？「借法牟利」，比如他想靠佛法被別人知道、獲取利益。然後「名聞」，想著是否能有美好的名聲，這些都不隨順最勝菩提嘛！不相順。「借法牟利與名聞」。「眷屬受用」，做任何善根，這些都是為了希望攝受很多眷屬、為了自己的受用等等的利益。接著是利養，「利養敬」，為了自己能得到他人的利養、恭敬。「願雖剎那終不」成「熟」為這些的因，即使是一點點也不要成為那樣的因、即使是一剎那也不要成為那樣的因；不管造下任何善根，但願這善根不要成熟為那樣的因。那要怎樣呢？祈願都能成為隨順最勝菩提的因，「唯成無上菩提因」，願所做的一切任何善根，全都只是成為獲得無上最勝菩提果位的因，要如是迴向發願。如果這樣去修，是非常好的。

口　　譯：願以此善所代表的三世一切善……

仁波切：以此善作表徵，做了任何的善行，後面要這樣迴向。不管我們修行也好，打坐也好，任何的善，哪怕只供一盞燈、供一支香，後面都可以唸著這個迴向文。「願以此善所表徵」就是指這個。

口　　譯：「願以此善所表徵」？

仁波切：嗯，「願以此善所表徵」，不管現在造下了什麼善，迴向

一定要有善根嘛！就是在說這點。即使是供養一支香，如果按照這個文念誦，就能成為最勝菩提之因。以這樣的善行代表三世所屬的各別一切善行，不僅如此，「自他」，自己和他人所造的一切善根，都要攝集在一起。這樣將所做的一切善根只迴向於無上菩提之因，是很重要的。如果能這樣的話，就像之前我們講的，即使只唸一次「瑪尼」（六字大明咒），也能成為無上菩提之因。應該這樣迴向。

註釋

1　**《掌中解脫》**　道次第十八大教授之一。公元1921年7月，帕繃喀大師在拉薩曲桑茅棚傳授道次第教授二十四天，由第三世赤江仁波切記錄，遂成此論。是近代著名的道次第教授。

2　**有說**　此文出自《入行論·懺悔罪業品》第19偈。

3　**摩尼寶**　又名如意寶，能隨所願，出生一切所欲。

4　**俱生香**　指天然具有香氣，非人工合成的芬芳氣味或物品。

5　**配製香**　指經由人工配製而成的芬芳氣味或物品。

6　**七政寶**　佛經中記載轉輪聖王所擁有的七種寶貝：1金輪寶、2如意寶、3玉女寶、4大臣寶、5大象寶、6駿馬寶、7將軍寶。

7　**八吉祥**　八種吉祥物：1傘蓋、2金魚、3寶瓶、4蓮花、5白螺、6吉祥結、7勝利幢、8法輪。

8　**永津智幢**　格魯派傳承祖師之一。出生於公元1713年，10歲至後藏札什倫布寺，依止班禪洛桑益西出家。師曾依止普布覺·昂旺蔣巴等多位具量大德，廣學顯密教法。23歲至41歲期間大多住山專修，後依師教廣傳教法，並任八世達賴經師，故獲名「永津」（意為總持，即經師的尊稱）；又為乾隆封為班智達（意為通達五明者），所以人稱為永津班智達。於公元1793年示寂。

9　**章嘉·若必多吉**　出生於公元1717年安多地區，蒙古氏族。4歲為二世妙音笑大師認證為二世章嘉·洛桑曲登的轉世。師廣學經論，精通漢、滿、蒙、

藏四種語言。後為清朝雍正皇帝迎請至北京弘法。除廣開法筵外，並將《甘珠爾》譯為滿文，《丹珠爾》譯為蒙文。於公元1786年4月2日午後，於五台山圓寂。

10 **至尊昂旺蔣巴**　畢生弘揚道次第的祖師。出生於公元1682年。幼時於昌都出家，稍長至拉薩色拉寺聞思，如法依止珠康巴等多位上師，常年於春秋二季傳授道次第，並曾任達賴、班禪大師的經師。依師指示，終身住山專修，誨人不倦，利生事業極為廣大。

11 **八供**　指濯足水、飲用水、鮮花、熏香、燈明、塗香、果食、音樂。這是古印度招待最尊貴的客人時必備的供養方式，後來成為佛教修持上的一種常見的供品。

12 **廣博剎海**　一種計算世間數量的量詞。詳見講記正文147頁。

13 **如是實設意化**　此文出自《兜率眾神頌》。該頌全文為：「種種悅意妙供姝麗花，馥郁薰香燈明香水等，如是實設意化供雲海，供養最勝福田上師尊。」

14 **自他身語意三受用三世善資糧**　此文出自《六座瑜伽》。該頌全文為：「自他身語意三受用三世善資糧，善妙珠寶曼達殊勝普賢供養聚，誠心攝取奉獻上師本尊與三寶，願由大悲力故享已攝受加持我。」

15 **他勝罪**　律學專有名詞。完成與近圓戒相違之正行罪墮，而且比僧殘等罪墮更嚴重的根本墮。由於煩惱他方，勝過自己的善品，故名他勝。

16 **中觀應成派**　就連名言中也不承許自相成立的說無自性師。屬於四部宗義中的中觀宗，見解為究竟的龍樹正見。

17 **宗喀巴大師說** 此文出自《菩提道次第略義》第18偈，宗喀巴大師造。

18 **《聖大解脫經》** 此經是由漢譯藏的經典。全名為《大通方廣懺悔滅罪莊嚴成佛經》，藏文名為《聖大解脫方廣滅罪成佛莊嚴大乘經》，藏人慣稱為《聖大解脫經》。南北朝時，陳文帝曾依此經著出《大通方廣懺文》。後世遺失漢譯的譯師名號，且在漢地逐漸式微。藏傳佛教以此經乃懺悔奇效的經典，而為諸教派傳誦。近代從敦煌古卷、《續藏經》、知恩院藏古卷中，也只能綴出殘卷，待《房山石經》出土後，剛好有他本遺失的部分，終於合璧全文！近代有法護譯師就漢藏典籍校勘整理重新出版。

19 **淨惡趣續** 全名《如來摧敵者清淨圓滿佛陀圓滿淨治一切惡趣威王觀察續》，瑜伽部續典。由印度堪布香帝嘎巴和西藏譯師雜雅熱克依達共同翻譯。此經講述的緣起為，往昔世尊在三十三天尊勝宮北方一切喜園中說法，由帝釋天請問寶無垢光天子來世因緣？世尊授記該天子命終將墮惡趣──無間地獄，於是帝釋等眾神祈請世尊宣說脫離惡趣之法。於是佛陀慈悲宣說此續。後依此續寶無垢光天子淨化惡業，並得生更高層的兜率天中。此續典收錄在《甘珠爾》對勘本第85冊164頁。

20 **五部大陀羅尼** 有多種說法，此處指《佛頂尊勝陀羅尼》、《無垢頂髻陀羅尼》（漢文無）、《一切如來正法秘密篋印心陀羅尼》、《菩提莊嚴陀羅尼》、《緣起藏陀羅尼》。

21 **自入法** 密乘修法，自行進行灌頂的修法。此法必須在獲得密乘灌頂後，完成該本尊堪能作業的閉關，才能修持。這是在淨化誓言、律儀，以及為弟子傳授灌頂時常用的修法。

22 **若欲臥時行大善，則自須修隨喜法** 引文出自三世貢唐大師所造《教誡──趣入寶洲之地圖》。

23 **波斯匿王** 意為勝光王，佛世時中印度憍薩羅國的國王，是和釋迦牟尼佛一起出生的印度四王之一。極為擁護佛法，佛陀即在此國示現大神變降伏六師外道。晚年被人篡權，在逃亡的路上不幸橫死。

24 **煩惱壞自壞他壞淨戒** 引文出自《經莊嚴論》，彌勒菩薩造。漢譯本《大乘莊嚴經論‧梵住品第二十》作：「如是諸煩惱，起則有三害，自害亦害彼，及以尸羅害。」

25 **與前面語王尊者說法稍有不同** 指前面語王尊者的箋註：「有云：懺罪由斷違緣之門增長善，餘六由修順緣之門增長善。」

加行六法／第六法——
供曼陀羅及祈禱

🙏 第六、供曼陀羅及祈禱者：次令所緣明了顯現，供曼陀
羅。

講記

接著是第六個加行法，最後一個。「第六、供曼陀羅及祈禱」，第
六供曼達而祈禱。「次令所緣明了顯現」，要明現所緣而思惟，心裡不
是粗略地顯現，然後「供曼陀羅」，說到要供曼達。這裡只提到要供曼
達，下面就是祈禱，到此是第六。

一般來說，曼達的引導文有很多種，有很廣的。怎麼說呢？我們在
前行四法裡面，積集資糧是曼達，淨治罪障是金剛薩埵修誦法，然後是
皈依，速得加持是上師瑜伽。曼達就是四加行其中之一。而供曼達，就
要稍微了解曼達的體性，如果不了解曼達的內容，不會有太大的利益，
稍微了解的話，供一次曼達就有無量的福德。

口　譯：前行四法的第一個是哪個？

仁波切：是皈依。

一般而言，供曼達主要是供什麼呢？是自己的觀想，透由觀想來變
化，實際上這跟前面提的供養方式是一樣的，就像無上供的方式。在三

寶尊前也好，或在上師面前供養須彌山王、四大洲、八小洲等等，以及日輪、月輪。主要就是這樣。

曼達的依據，主要是《寶雲經》，在《寶雲經》裡面有提到。經中是怎麼說的呢？花、果實、如意寶樹等無主物；無主物就是沒人主宰、沒有被人掌管，大地上長滿這些沒人掌管的。像我們的公園就是有人管、有主人的，對吧？要沒有主人的，無主物。在《寶雲經》說，將這一切不被主宰的各種物品，晝三夜三供養佛菩薩，這就是依據。在《入行論》裡也有講，實際上有很多的。要白天三次、夜晚三次供養。

然後是我們剛講完的《普賢行願品》：「無上廣大諸供物，亦復信解一切佛。」就是無上供養，要用心意化現來供養，無上供養。這是出自《普賢行願品》的依據。

接下來是在前面隨喜的時候說到的，對波斯匿王開示的《教授勝光大王經》。其中也講到三種淨除罪障的方法，在這裡也有引用。世尊對波斯匿王說：隨喜自他的善聚，將這樣的善根安立成供品的行相而供養諸佛，供養之後迴向成辦有情的義利。為什麼說這個？雖然經文沒直接講，但內涵就是將自他一切身、受用、三世所有善聚供養佛菩薩。這是《教授勝光大王經》的依據。

再來，特別有一本《大曼荼羅經》，其中有廣泛解說曼達，這也是依據。

然後，在密教中《密集金剛根本續》的第八品講得很清楚。講了什

麼呢？主要是一個四句偈：「此土以七種妙寶」，此土。「土」，是指
世界對吧！這個世界以七種妙寶，「諸智者令遍充滿」，全部的智者用
七種妙寶充滿一切世界。「希求悉地賜予故，具智慧者日供養」，要希
求悉地。所希求的是什麼呢？為了獲得佛果的悉地，每天供養所有的佛
菩薩。下面會廣泛解釋。

口　　譯：為了得悉地？

仁波切：是，「希求悉地賜予故」，為了獲得悉地。

口　　譯：這個偈頌出自哪裡？

仁波切：在《密集根本續》中。「此土以七種妙寶，諸智者令遍充
　　　　　滿……」我們的很多儀軌裡都有。「希求悉地賜予故，具
　　　　　智慧者日供養」，具智慧的人每天都供養。

　　　所謂「此土」的「土」，釋論中說不僅僅是各自的地區而已，不是
此地、此域，不是只有某個地區而已。比如我們的導師，就有百俱胝和
我們的導師同一心續的最勝化身同時出現。有百俱胝贍部洲、百俱胝太
陽、百俱胝月亮、百俱胝釋迦能仁，這是一個化身的佛土莊嚴。

口　　譯：一個化身？

仁波切：是，一個最勝化身的化土中要有好幾個百俱胝：百俱胝釋
　　　　迦能仁、百俱胝提婆達多、百俱胝舍利子，有這樣的！在
　　　　這些百俱胝的一個剎土中，這樣的贍部洲就有百俱胝。

所以「此土」不是指一個世界，最好的，可以把這樣的百俱胝全部放入自己的所緣當中，執為所緣。不行的話，也要觀想百俱胝當中的一個贍部洲，觀想須彌山王、四大洲、八小洲。一般而言，所謂的三千大千世界，在《俱舍論》[1]中說：「四大洲日月，蘇迷盧欲天，梵世各一千，名一小千界。此小千千倍，說名一中千，此千倍大千，皆同一成壞。」四大洲、八小洲、日、月、須彌山以及欲界天，一直到梵天，用這樣的一個世界，計算到一千個，就變成一千世界。以這個為基準，這樣的一、二、三算到一千是「二千」，再以此為基準算到三千就是「三千」，所謂三千大千就是這樣子。

另外還有一種叫「廣博剎海」的算法，將三千大千世界作為一，乘以一億，是第一層；以這個為基準，乘以一億，是第二層；再以這樣為基準，乘以一億，是第三層，也就是所謂「廣博剎海」的世界。

平時我們都唸的是大千世界。這也符合我們現在所說的科學的這個道理，很接近的。說在星空、在宇宙之間，星星數都數不清，這些都在說宇宙之間的世界是無數的，所以佛講的這個大千世界也是對的，過去就是大千世界。

那這裡所講的是什麼呢？一位最勝化身的化土，要說是贍部洲嘛！

包含須彌山王、四大洲、八小洲、日、月、欲天、梵天算一個,把這一切都算入世界中,然後要觀想這全部充滿了七種妙寶,主要是七政寶。

有人安立七寶是七政寶,除此之外,還有說是一般世間的七寶。《明炬論》[2]有說七寶是指世間的七寶:紅寶石、藍寶石(帝青)、琉璃、翡翠、金剛(鑽石)、珍珠、珊瑚七種。

這樣的話,所有世界充滿七種妙寶,「此土以七種妙寶,諸智者令遍充滿,希求悉地賜予故,具智慧者日供養」,這裡主要是指一切各類寶石、所需受用的大寶藏,以及七寶。所以接下來是大藏寶瓶。大藏寶瓶是什麼呢?就是出生一切各類寶石、所需受用的大藏寶瓶。須彌山王、四大洲、八小洲、日、月,就是十五吧?在這之上加七種妙寶,是二十二。二十二之上加大藏寶瓶,這樣就是二十三,具備二十三種,首先要觀想這個。供養這樣的二十三堆曼達,是大班智達那洛巴[3]和阿闍黎阿跋雅嘎惹[4]等,很多印度大成就者的行誼。從宗喀巴大師到溫薩巴父子等所有耳傳的教授、大成就者,也都將這二十三堆曼達配合密咒來念誦、修持。

口　譯:配合密咒?

仁波切:配合密咒:「嗡 班雜補米啊吽,大威黃金地基,嗡 班雜惹喀啊吽」,有這個吧!這在供曼達文裡全部都有,四大洲、八小洲全部都有咒語,配合密咒念誦。

口　譯：是印度的那洛巴跟誰？

仁波切：大成就者阿跋雅嘎惹、那洛巴等，有很多成就者。

七政寶也好，那些也好，這一切直接充遍所有世界、所有土地。比如說，不是只有一個輪寶而已，輪寶就充滿輪寶、馬寶就充滿馬寶、象寶就充滿象寶，說要這樣勝解，要用心化現。這就是簡略的緣想方式。

一般而言，必須解釋曼達的意涵。「曼達」，如果翻成藏文就叫「根因闊惹」（དཀྱིལ་འཁོར）。「根因」是什麼呢？就是心要；「闊惹」是什麼？受取，「根因闊惹」就是受取心要，要這樣理解。也可以解釋為「斷除」，斷除一切罪障；受取並斷除。這就是所謂「根因闊惹」的意涵。心要是什麼？用勝義菩提心來受取這大樂的心要。簡單而言就是如此。所謂「曼達」，主要就是透過供養來受取心要之義。我們供養曼達的目的是什麼呢？為了獲得悉地。

提到「曼達」的支分，有許多要講，這裡不講太多。有外曼達、內曼達、秘密曼達、真實性曼達四種。如果跟密法結合的話，會有這麼多支分。

供養曼達時，要好好地認識《俱舍論》裡提到的世界形成方式。根據《俱舍論》，來依序認識一開始風輪的形成方式，然後這之上水輪的形成方式，以及這之上地輪的形成方式。如果了知整個世界形成的方式，就能在心境之中現起整個世界，然後把這樣的世界轉變成淨土，在

此之上一切充滿珍寶而堅固地陳設，這是根本。

口　　譯：風輪上是火輪？

仁波切：風輪上面是水輪，水。

口　　譯：沒有火輪？

仁波切：沒有。

　　一般而言，所謂的世間是由有情的共業所成，而這當中自己也有一分，要與此結合將整個世界供養上去，因為自己也有其中一部分，是吧？

　　我們現在供曼達時，主要的傳規是什麼呢？是三十七堆的曼達。一開始是二十三堆，是吧？二十三之上，還要什麼呢？就是加上美女等八供養天女，放進來是三十一吧？在這裡面，還有各自表徵四洲的四物，有四個四大洲各自特殊的寶物，將這些放進來的話是三十五，再加上珍異寶傘和制伏十方一切寶幢兩個，加起來就是三十七吧？我們現在主要就是要修持三十七堆，這是眾生怙主法王聖者所增加的，因為是和密法有關聯。

口　　譯：誰增加的？

仁波切：眾生怙主法王聖者，薩迦派的八思巴[5]！

　　供養的時候，對於須彌山王等等，自己要觀想：「這真的就是那個東西！」最好的，觀百俱胝瞻部洲、三千大千世界等，全部都要觀想為真的。以前，阿育王的前生，在佛陀的鉢裡親自供上一捧白土，作意為金子而供養佛陀，這與供養金子的勝利相等。後來於釋迦牟尼佛的教法當中，在一夜之間興建了百俱胝佛塔，有說建了俱胝佛塔，也有說八萬四千佛塔，就是由此成辦的。總之，重要的是自己要這樣執持所緣。我們在供曼達時也是這樣，要觀想所緣須彌山王、四洲、八小洲等，以及日、月而供養，要有堅固的所緣。如果這樣，就會出生如實的利益。

口　　譯：在阿育王前世的時候，那時佛陀的名號是什麼？

仁波切：印象中，在《賢愚經》裡說[6]阿育王前世是供養釋迦牟尼佛。

口　　譯：釋迦牟尼佛？

仁波切：是在釋迦牟尼佛出世的時候，他在釋迦牟尼佛出世時受生為童子。在《賢愚經》裡佛陀有授記他：「未來於我的教法中，建立眾多佛塔。」

　　關於曼達的材質，最上是金、銀；沒有這些，中等用青銅、紅銅、

響銅。下等也可以用一般的石頭、石板、木頭等等。像現在還能看到宗喀巴大師在沃卡曲龍[7]淨罪集資時，在一平坦的大石頭上供曼達，用手臂擦拭以致流血的聖跡。這裡說到宗喀巴大師在沃卡曲龍供曼達時，是在大石頭上供的。

先講供物堆。最好的，用各種寶物，混合各類寶物。中等則是海裡的貝殼，乾淨穀物也可以。如果財力不足的話，白脂石粉也可以，白石頭粉就可以。如果有財力卻不供的話，就會成為損福的因吧！如果有就要供那些。

講大小：有的一肘、一肘以上，大的應該是這樣；小的則說不可小於自己的碗，這在文裡沒有提到。再來形狀：圓形、四方形、三角形，半圓也可以；半圓，這樣一半也行（仁波切在圓盤上畫一半），主要最多的是圓形和四方形兩種。

一開始用乾淨的水擦拭曼達盤，裡面用牛淨物及塗香等等來擦拭（仁波切在示範），我們這裡沒有牛淨物。在其他曼達的引導文當中說到底盤上面也要塗香，有說其上的圓環裡要塗香；上面比如要這樣塗香（仁波切塗底盤上的周邊），說拇指放中間，要這樣塗香（以拇指為軸，中指沾香順著圓周塗香）。

口　譯：用這中指？

仁波切：沒有說是哪一根手指，我想應該任何一隻都可以，這樣塗

（以拇指為軸，以中指往外畫圓而塗），然後這樣塗（以食指為軸，以拇指往內畫圓而塗，並且用拇指塗中間內部）。用香擦拭就是這樣做，總之就是要塗香。

口　　譯：今天我們沒有……

仁波切：牛淨物。這也要塗（塗圓環）。

口　　譯：要用哪支手指？有差別嗎？

仁波切：就這樣做（以拇指為軸，食指為腳往外畫圓，以及以食指為軸，拇指為腳往內畫圓）。有說要塗，但是在這個引導文裡沒有說。

口　　譯：往內是把食指放中間，用拇指轉？

仁波切：說用拇指轉。

口　　譯：那底盤中間怎麼塗？

仁波切：中間，這樣塗（用拇指直接塗中間內部），全都塗。

　　平常曼達不可以空的，不能空著放，上面一定要放一兩堆供物。

口　　譯：塗香時也要放嗎？

仁波切：塗完再放，沒塗完怎麼放！平時就不能空著放，要不然就收起來。放的時候（指擺出供盤時），你還是要（做放寶物堆的動作），不要空著放。

　　一般而言，供的時候左手握一點供物，把底盤放在左手，再來右手抓一小把供物，這樣擦拭（伸出右手臂腕擦拭底盤）。一開始往外（順時針）擦三次，往內（逆時針）擦三次，往外是去除自己三門的罪障，向內擦時得到身語意的成就，說要表徵這個內涵。並且要觀想清淨的剎土。是如何呢？說這樣做的時候（指用手腕擦拭時），要勝解淨除這個世間上的一切不淨、垢穢，加持成為如同佛的淨土一般。而塗香這個動作，每個月一次，或一兩個月內塗一次，或者一年兩、三次就可以，平時不用常常塗。

　　再來，一開始是這樣：唸「嗡 班雜補米啊吽」，中間要這樣（底盤放一堆供物，然後放上第一層圓環）。「嗡 班雜補米啊吽，大威黃金地基」，要觀想世界最初形成地基的方式，要緣想這個底盤是贍部洲地底下的風輪到地基。

口　譯：風輪？

仁波切：能夠觀想整個世界形成的方式當然可以，不行的話，就想這個底盤是大威黃金地基。

口　　譯：風輪下也有地基？

仁波切：風輪下怎麼會有地基！是觀想風輪、水輪上面的地基。

口　　譯：風輪上有水輪，水輪上有地輪，地輪上有大威黃金地基？

仁波切：地輪就是大威黃金地基本身，怎麼會有另外的！要去緣想
　　　　　整個地基都是金子形成的。

　　再來「嗡 班雜惹喀啊吽，外鐵輪圍山」，要這樣繞（再握一把供堆順時針放一圈），「嗡班雜惹客啊吽」。自己如果能觀想的話，這時可以觀想三千大千所有的世間，都被一個輪圍山圍繞起來。如果不能那樣觀想的話，就觀想百俱胝贍部洲也可以，或者觀想一個贍部洲、一個世間。這有不同說法，能怎樣觀就那樣想，能觀大的就觀大的，能觀小的就觀小的，一個贍部洲或者世間皆可。而這兩堆，不管是三十七堆或是二十三堆，都沒有算進去，如果在二十三堆裡再算這兩堆，就要說是二十五堆了。

　　接下來有「中央須彌山王」，須彌山王是在中間放一堆。如同有百俱胝贍部洲一般，中央也有百俱胝須彌山王；三千大千世界也一樣，就要觀想有與其數量相同的須彌山王、與三千大千世界數量相等的須彌山王。

　　再來是供養方式。供養方式也有很多種，所謂辨識東方之理。要供養的話，說東方要在這裡（離自己最外那方），東方對著前方；如果為

了自己生起成就而供曼達的話，東方要安立這裡（最靠近自己這方），安立自己這方。又有人說，自己是南贍部洲，自己的右邊當東方，自己這邊當南方，也有很殊勝的緣起扼要，有很多的作法。

現在是供養的時候，東勝身洲就是安立這裡（前方放一堆），南贍部洲（右方放一堆）、西牛貨洲（自己這方放一堆）、北俱盧洲（左方放一堆），這是四大洲。八小洲是什麼呢？身洲及勝身洲（放的順序：先東南，再東北），身洲及勝身洲放兩堆，貓牛洲及勝貓牛洲（先西南，再東南），諂洲及勝道行洲（先西北，再西南），聲不美洲及聲不美對洲[8]（先東北，再西北）。再來四洲各別的殊勝寶物：珍異眾寶山（東方放一堆）、如意寶樹（南方放一堆）、滿願寶牛（西方放一堆）、天生香稻穗（北方放一堆，然後放上第二層圓環），這四個是各自的殊勝寶物。再來七寶，七政寶是這樣，首先放在四方，這裡是金輪寶（東方放一堆）、如意寶（南方放一堆）、王后寶（西方放一堆）、大臣寶（北方放一堆）；白象寶是在這邊，要放在東南方（放一堆）。這邊放駿馬寶（西南方放一堆）、將軍寶（西北方放一堆）。本來是不能這樣放著（放一個東西墊著曼達盤），原本是要用自己的手拿著，但這太重了。這是大藏寶瓶（東北方放一堆），知道吧！這四個懂了吧！

接著，美女（東方放一堆）、花鬘女（南方放一堆）、歌女（西方放一堆）、舞女（北方放一堆）、鮮花女（東南方放一堆）、末香女（西南方放一堆）、燈明女（西北方放一堆）、塗香女（東北方放一堆）。如果要裝滿，這上面可以再放（放了一堆，然後放上第三層圓環）。

　　這日輪在東方（東方放一堆），月輪（西方放一堆），東方跟西方。珍異寶傘，這珍異寶傘要放這裡（北方放一堆）。制伏十方一切寶幢如果立在南方（南方放一堆），會有很殊勝的緣起扼要。一般在曼達引導文說，寶傘放在南方、寶幢放在北方也是對的。要裝滿（放一堆盛滿），供的時候要注意裝滿（又放一堆，然後放上頂端法輪）。「此清淨田一切人天悅意珍異富饒資財圓滿盈聚其中，我等以是恭敬供奉具恩根本上師與諸傳承具德正量上師以及本尊壇城眷屬天眾，惟願諸尊為利生而哀憫受享，願諸尊享此供已以深深大悲心加持我等及量同虛空無邊之一切如母有情，祈求賜予一切共與不共諸悉地」（唸此段時雙手端起曼達），下面就唸了全部。

　　再來是「妙香遍塗花散之大地」（左手持曼達，右手拿下頂端法輪），是七堆吧！「妙香遍塗花散之大地，須彌四洲日月所莊嚴」，這七堆曼達是聖者常啼菩薩供奉法湧菩薩的。

　　「妙香遍塗花散之大地，須彌四洲」，須彌（中間放一堆）、四洲（東、南、西、北依次放一堆），日和月（東、西各放一堆），「日月所莊嚴」（放回頂端法輪，雙手端著曼達）。七堆：中間一個，四洲、日、月，就一共是七堆。「意當木咕汝惹那曼遮那岡木尼雅達雅眛」，向上稍微舉起來供一下，然後就可以放在桌上。

　　口　譯：這七堆曼達要怎麼擺放？

　　仁波切：把它拿下來（頂端法輪拿下來），這七堆擺上去。須彌

（中間）、四洲（四方）、日、月（東、西）這些。

口　譯：這（頂端法輪）要拿下來嗎？

仁波切：這要（頂端法輪）拿下來，然後再放上去。供養方式就是
　　　　這樣，懂了吧？

　　簡要的供養方式是這樣，你們應該了解了。你們也有圖片吧！瞻部
洲的四方，也可以按照各方位的顏色觀修，東白、南藍、西紅、北黃，
可以將北方當作黃色而修，說要這樣修。像這樣（拿起曼達的圖），這
是東方、南方、西方、北方（一一依圖指出方位），各方顏色按照這個
顏色比較好。藍色是南方。

　　四洲各自特殊的寶物，比如珍異眾寶山，東方是珍異眾寶山，對
吧？南方是如意寶樹，如意寶樹是什麼呢？跟如意寶相同，所有的欲求
都能從如意寶樹出生，就是這樣的。滿願寶牛，是西方的特別寶物。滿
願寶牛，應該要知道吧！凡是這個母牛所排放的草跟水、排泄物都是
金子，會變成金子，所有擠出來的牛奶也都是珍寶，滿願寶牛是這樣
的，是母牛。北方是天生香稻穗，比如早晨下種，晚上這作物就可以收
成了；晚上種下作物，早晨也可以收成作物，是這樣的一種沒有殼的稻
穀。

　　再來須彌山王。一般而言，在須彌山的頂端是三十三天。其中央高
處有座尊勝宮，是帝釋的宮殿，綻放如同千日般的威光，周邊有圓生如

意寶樹、浴池、珍寶無量宮，天界的甘露以及天的各種寶物説之不盡，要這樣化現。這是天界的，充滿天界的各種寶物。

口　譯：三十三天的上面？

仁波切：在三十三天的上面、高處是帝釋的宮殿，綻放有如千日般的威光，周圍有圓生如意樹，有生長很多如意寶樹。還有很多浴池、珍寶無量宮、天甘露、細薄天衣、寶鬘等説之不盡，還有從天鼓中發出法音。

口　譯：從哪裡發出法音？

仁波切：天鼓，鼓知道嗎？打擊的大鼓，金光明鼓的音聲就是這個，從鼓中自然發出法音。要這樣化現無量供品。

口　譯：如意寶樹、甘露、水池，還有什麼？

仁波切：珍寶無量宮，珍寶無量的宮殿。天甘露、天衣、寶鬘、天鼓……，要緣想充滿無量供品。

口　譯：這些都在須彌山頂？

仁波切：在須彌山頂上、天空。

　　一般而言，須彌山王也是珍寶的體性，在《瑜伽師地論》以及《施

設論》等對此有很多種説法。《施設論》説：東方水晶，白水晶；南方琉璃、西方銀、北方黃金所成，説要這樣修。《俱舍論》則説：北方黃金、東方白銀、南方琉璃、西方水晶，《慶氏俱舍釋》裡説，水晶就是紅寶石。有很多種講法，主要是這樣。

再來東勝身洲的形狀是像半圓形，半月形。大地與天空全是白色，東方是白色吧！人們相貌美好、心性柔順、受用豐饒，充滿諸多珍寶，對於東勝身洲要這樣觀想。

南贍部洲的形狀就像馬車，實際上就是三角形。大地與虛空全是藍色，要想成藍色。有許多成就之地，充滿許多供品，要這樣觀想。

口　譯：有很多供品和什麼？

仁波切：成就之地，有許多獲得成就的處所。

西牛貨州的形狀像曼達一樣是圓形的，要觀想大地與虛空的顏色全都是紅色，具足無量的受用，要這樣觀想。

北俱盧洲的形狀是四方形，觀想大地與虛空所有的顏色都是黃色。受用等同天人，供品特別超勝，要觀想充滿整個大地與虛空。

而左右的小洲都和自己鄰近的大洲相似，要這樣觀想。像東勝身洲的話有兩小洲吧，不論哪個小洲，顏色、珍寶、功德、作用大部分跟自

己的大洲相似，不管任何一方面都和各自的大洲相似，要這樣觀想。

口　譯：跟各自的大洲相似？

仁波切：東勝身洲的話，有身洲與勝身洲，大洲左右各有兩個小
　　　　洲，對吧？這其中的顏色、形狀、功德，全都觀想成自己
　　　　的大洲那般。

　　一般而言，只是辨識了主要的小洲，其實有眾多俱胝的小洲，從中
提出兩個只是主要的而已，要這樣修。

口　譯：是一個大洲有多俱胝小洲嗎？

仁波切：對，有多俱胝。

　　剛才說的須彌山，半山腰以下在海中，四周充滿海水，要這樣緣
想。

口　譯：一半在海裡？

仁波切：對，一半在海裡。

　　各處也說了關於七政寶的承許，但太繁複了、太多了，這樣就可以了。須彌山周圍為日月等等所環繞，要這樣觀想。供的方法就是這樣。

　　供這樣的曼達有什麼勝利呢？曼達的勝利主要是從經中說的。經說：「牛淨水為施」，牛糞是牛淨物對吧！用牛淨物和水擦拭，是表徵布施的意涵，代表六度中的布施。未來的結果是能圓滿布施波羅蜜多。「善塗香為戒」，這善妙的香氣四方飄散，表徵戒律。這塗上去是布施，香味飄散四方代表戒律，這就是淨戒波羅蜜多的緣起。

　　再來，把曼達堆中的蟲、灰塵等等，所有不乾淨的東西、污垢去除掉，這是代表忍辱的意涵。「趣行是精進」，精勤供曼達這個行為即是精進。「剎那一心定」，專注思惟此功德和果報，心不散逸，即是靜慮；對供曼達的功德、曼達的所有內涵，自己去思惟而供養即是靜慮。「慧即紋分明」，「紋路」，就是指安住三輪體空的智慧。而「紋路分明」是指什麼呢？是指相續安住、明現三輪體空的狀態。

　　了解這樣的表法以後，「修能仁曼達」，說透過修習這曼達的法，而得到六波羅蜜多。釋迦牟尼佛在過去還沒成佛前，透由修持這樣的曼達而圓滿了六波羅蜜多。「成就身金色」，由此之門成就了金色身，就是成佛了。佛陀得到無住涅槃的果位，就現證正等正覺了。

口　　譯：什麼是「成就金色」？

仁波切：成就金色，當獲得妙相的時候，會成就金色。

口　譯：身色金色？

仁波切：是，皮膚成金色。獲得三十二相、八十隨形好等，就是現
　　　　證正等正覺、成佛了。

口　譯：是修什麼而獲得的？

仁波切：供曼達而圓滿六波羅蜜多，因此現證正等正覺。

　　在現前、此生中，「遠離一切病」，沒有疾病。「皎好如　亮，生
人天勝士」，現前得到人天果位。得到這果位時，「投生具　貴，富饒
王種姓」，比如投生在王族中，寶物和黃金，受用非常廣　、現前利益
是這樣的。沒有一點損害、所求如意成辦，有這樣的目　　得到天人果
位、受用無有匱乏、沒有任何損惱、所欲悉皆成辦　　　樣的目的。因
由這樣而獲得增上生——人天果位；及究竟決定勝　　解脫和一切遍智
的果位，所以有殊勝的目的。

　　主要是什麼呢？不僅僅只是希求成就　　　生和決定勝的方便，發願
的主要所緣是什麼呢？要緣著我們要　　　主要果報——利他與無上菩
提。要發願為了得到利他和無上　　　的果位，依著供養曼達，任何道次
第的修持、法類、所緣行相、　　證德都能順利地在相續中生起。

　　在貢唐大師的《　　　導文》裡面雖然講了很多，我們就只講這
些。其中還有講　　嵩山的量、左右小洲的量等等內容，但是就　　說
了，我們能　　起這樣的心、內心是否能容受這些大小？　　　種狀

況，所以就不講了。主要的是瞻部洲、須彌山、四大洲、八小洲等全部充滿珍寶而作供養，能這樣修就可以了。

一般而言，自己專修供曼達法的話，方式就是：首先供一次廣曼達，接下來上面這幾層都不用。一般供曼達時不用這些層次，就只有這個曼達而已（底盤）。那是我們供養時在上面放供堆用的，除了鏡面這盤（底盤），其他不需要。供曼達的時候，是要累積「妙香遍塗……」這七堆曼達；光是這七堆，如果能夠累積十萬，就是最好的。

口　譯：除此以外都不需要（指底盤）？

仁波切：除此之外都不需要！

口　譯：不用這三層（指三層圓環）？

仁波切：不用！

口　譯：這個也不要（指頂端法輪）？

仁波切：不用！一般曼達沒有這樣，只是為了想讓我們在眼裡能有
　　　　個向上堆砌的樣子，為了能現出須彌山有層次的樣子，一
　　　　般是不需要的。

口　譯：一般不需要嗎？

仁波切：不用！

在加行法章節中的這個曼達主要是做什麼呢？是祈禱的曼達。總體而言，就是為了在相續中生起後面的一切道。前面說到「根因闊慧」就是取心要，怎麼取心要呢？為了後面這一切法類的證德如實在相續中生起的方便，而供養這個。主要就要這樣緣想，執持這個所緣是很重要的。

如同曼達後面的祈禱，在後面的文上有吧！有這祈禱。比如我們現在是親近善知識的階段，不論是意樂依止知識軌理或加行依止知識軌理；在意樂依止軌理是心中對善知識修習德本信心、隨念恩德而祈禱等，要思惟是為了生起這樣的證德而供養曼達，我們也必須修持這樣的意涵。

不管後面任何一個所緣法類，當在那個階段供曼達的時候，就要思惟在心中生起那樣的證德。比如在依師軌理的階段，就要在心中生起一切依師的證德；暇滿難得的話，就要如《廣論》所說那般在心中生起暇滿難得的證德；下士道、中士道也是一樣。當在修持任何各自所緣法類的階段，也要緣念證德在相續中生起。

在撒曼達時，收的時候，向內朝向自己的話緣起很好，要想著：「得到一切悉地了！」撒的話要這樣撒。

法　師：師父可否講解專修曼達時怎麼供的？

仁波切：喔，好。撒的時候要向內撒，要想：「我得到一切悉地

了！」倒的時候往內、往自己方向倒。「妙香遍塗花散之大地，須彌四洲日月所莊嚴，淨如佛土我樂敬供養，願諸有情共享此淨土。意當ㅅ古汝惹那曼遮那岡尼雅達雅昧」（仁波切示範：在唸偈頌的過程中，次第中間放一堆、東、南、西、北各放一堆，東、西各放一堆，然後唸咒語時往內收。以下連續示範兩次），這是一次；再一次「妙香遍塗花散之大地，須彌四洲日月所莊嚴，淨如佛土我樂敬供養，願諸有情共享此淨土。意當ㅅ古汝惹那曼遮那岡尼雅達雅昧」，要往內收；「妙香遍塗花散之大地，須彌四洲日月所莊嚴，淨如佛土我樂敬供養，願諸有情共享此淨土。意當ㅅ古汝惹那曼遮那岡尼雅達雅昧」，就像這樣。

法　　師：手腕要不要磨？

仁波切：這個不用了！剛才已經做過一次了嘛！每次都要磨啊？不是的，不用！

法　　師：宗喀巴大師傳記怎麼說，大師磨曼達盤磨到……

仁波切：磨的就是第一次磨，是很多次的意思。不是每一次都要磨，不用、不用。

仁波切：對、對。「妙香遍塗……須彌」，須彌山是一堆（中間加

一堆），四洲這樣（依次東、南、西、北各放一堆），
日、月（東、西各放一堆）。

真　師：日、月。

仁波切：日、月。要往內收（向著自己倒）。然後如果你們有事
　　　　要離開，需要放一下的話，一定要這樣（在底盤上放一
　　　　堆），不能空空地放著，不能空著放！

真　師：師父，唸那個供養咒的時候不用再舉起來，直接就倒進去
　　　　就好了？不用供單個的時候抬起來？

仁波切：嗯！不用，不用。「意當ᴍ古汝惹那」，在供養咒的時候
　　　　稍微舉著也可以，你快的時候，越來越快的時候就不行
　　　　嘛，剛開始的時候可以。

真　師：十萬曼達就是這麼供的啊！

仁波切：對！這很簡單、很簡單！

真　師：舉十萬次就舉不動了。

法　師：聽說在修供曼達的時候，第一次和最後一次一定要供廣
　　　　的？

仁波切：對！這個好，對的。剛開始的時候要供一次廣的，然後結
　　　　束的時候也供一次廣的，就供在佛前。對，是這樣的。

應以猛利欲樂，多返祈禱，謂「維願加持，從不恭敬善知識起，乃至執著二種我相，所有一切顛倒分別，速當滅除。從敬知識，乃至通達無我真實，所有一切無顛倒心，速當發起。及其內外一切障緣，悉當寂滅。」

講記

供完曼陀羅後，接著就是祈禱。例如我們迎請一位國王，先是禮敬、供養、問候等，獻上美食、妙香。開頭先進供，供養完後，接著才稟告自己所求，啟白所求之事。而當我們對資糧田的本尊等供養曼達後，所求事是什麼呢？就是下面這個祈禱。「次令所緣明了顯現，供曼陀羅」，供養曼達之後，就是：「維願加持，從不恭敬善知識起，乃至執著二種我相，所有一切顛倒分別，速當滅除」，這是不順品、道的不順品。祈願從不敬善知識起，直到執著二種我相之間所有的顛倒心都能滅除。「從敬知識，乃至通達無我真實，所有一切無顛倒心」，在心續中「速當發起。及其內外一切障緣，悉當寂滅」，這就是祈禱。這裡已經含攝圓滿道次第的法類，匯集所有道次法類的扼要。無論是哪個法類，都祈願速疾地在相續中順利生起其證量。這裡沒有結合密法，如果結合密法的話要再加上。主要是「應以猛利欲樂，多返」一心專注地「祈禱」。

在修道的時候，有很多各式各樣的障礙：外障像病障和魔障等等；

內障則如自心的妄想、煩惱等等，凡是像沉掉等等修行的障礙都是內在的障礙。「維願加持一切障緣悉當寂滅」，在修道的時候息除障礙是至關重要的吧！結合密法的話，有內障、外障、秘密障，是結合「一切內、外、秘密三種障緣悉當寂滅」，要說這個。而修道的方式也有很多不同差別，也都要加上去，但在這邊沒有說，就不解釋了。

障礙，比如以秘密障而言，像我們學經論的人應該先好好聞思，但是在中間卻又覺得，學學其他明處滿好的，就去學漢文、學英文、學醫術、學曆算……，這樣的話就會障礙聞思修。歸究起來，雖然是想要學習，實際上成了障礙，這種故事應該很多。

之前有個人叫「博東」，博東應該可以一生就成佛，布敦也是這樣的，原本是這一生就要成佛的。博東的手用了魔的筆，著作用的筆被魔加持，博東就下筆著述。布敦的手則是用鐵箸畫曆算的粉板，用在此處，這樣畫著畫著用完了好多鐵箸在卜算上，總之是筆很大的計算。由於這樣被迷惑、被障礙，所以無法在當生成佛。

他們二人，一個是用手動筆，博東著作了一百一十二函的書，是三十二相、八十隨好的數量。把三十二相、八十隨好的數量合在一起是一百一十二吧？一生之中就寫了一百一十二函。布敦則是用鐵箸寫粉板字，用盡了十二還是十三支筆，用掉很多。寫粉板字要鐵箸對吧！在曆算時，在算板上灑粉，然後用鐵箸來寫。還有佛子無著賢，這三位應是同時代的，佛子無著賢因為有菩提心，所以魔無法加持。前二位如果沒障礙的話，應該當生就成佛了，結果沒有。這種不知道的障礙有非常

多！所以說一切障緣悉當寂滅。

口　譯：無著賢尊者即身成佛了？

仁波切：有說即身成佛了。

　　這三位都在宗喀巴大師之前。布敦大師寫粉板字計算以後，知道了宗喀巴大師會降世，有這樣的說法。布敦大師算著、算著，算錯了！把六年當成六十年，他覺得年紀等不到，就示寂了。布敦是個大智者！在六年與六十年上弄錯了。原本宗喀巴大師是六年之後降世的，但他計算成六十年，這出錯了，因此沒能親見宗喀巴大師。他雖然算出了宗喀巴大師要出世，但是他算、算、算，最後有魔障，把六的數字和六十弄錯了，認為是六十年以後才來，他就沒辦法等了，就圓寂了。這是相當有名的故事。

居　士：是不是《布敦佛教史》[9]那個布敦大師。

仁波切：對、對！是啊！他一生算曆算，算、算、算。宗喀巴大師
　　　　要來時，他知道已經快要出生，但是最後他弄錯了六年和
　　　　六十年，就認為再也沒辦法等了。他年紀也大了嘛！六十
　　　　年再也等不了，他就圓寂了，可是那時候基本上宗喀巴大
　　　　師已經出生了。有這種各式各樣的障礙，所以要祈禱不要
　　　　產生那些障礙。

註釋

1 **《俱舍論》** 全名《阿毘達磨俱舍論》，世親菩薩造。內容主要闡述小乘宗義的對法。引文出自《俱舍論·分別世界品》第73、74偈。

2 **《明炬論》** 為《密集根本續》的釋論，月稱菩薩造。

3 **那洛巴** 印度八十四大成就者之一，加持派傳承祖師，帝洛巴的親傳弟子，及為阿底峽尊者和西藏瑪爾巴譯師的上師。出生於11世紀孟加拉婆羅門種，法號法幢。父名香提瓦曼，母名西里馬堪。師曾為那爛陀寺守護北門的班智達，後經空行母指點，追隨帝洛巴尊者，經歷十二大苦行，十二小苦行，最終獲得密乘的極致成就。其教授為勝樂及那洛六法等密法的主要依據。

4 **阿跋雅嘎惹** 意譯為無畏生源。約11世紀人，為古印度著名佛學家。曾任那爛陀寺、金剛座大菩提寺與止迦摩囉室囉寺住持，廣弘大乘、小乘、密乘教法，普利眾生，時人尊為當代教主。傳稱在六莊嚴之後，僅此師與那爛陀寺六賢門的寶生寂論師二人利生事業堪比六莊嚴。獲得本尊金剛瑜伽母開許著有眾多密法釋論，顯教釋論則有《能仁密意論》等。

5 **八思巴** 為薩迦派第五代祖師，本名聖慧幢。出生於公元1235年，父親為薩迦班智達之弟，幼賦異秉，8歲就開始為大眾講經。10歲隨薩迦班智達遠赴內地，並依之出家受沙彌戒。19歲時薩迦班智達示寂，承接薩迦法統，當年即為忽必烈君臣二十五人傳授灌頂。21歲回到西藏，依止薩迦派大德欽·名稱獅子等受比丘戒，並廣學經論。後回內地大都，按忽必烈旨意與道教辯論，令轉信佛教。又依藏文創製蒙古文（即八思巴文），往返內地西藏多次，廣演聖教。於公元1280年示寂。

6 **《賢愚經》裡說** 見《賢愚經·阿輸迦施土品》。

7 **沃卡曲龍** 寺名,位於西藏自治區山南市桑日縣增期鄉,今名曲龍寺,寺內收藏有大師拜懺及供曼達所使用的石頭。大師在此閉關後,由於沃卡宗宗本的祈請,修了一座長十四肘,寬十一肘的經堂。

8 **聲不美對洲** 聲不美對洲其中的「對」字,是指此洲和聲不美洲是同為一對附屬於北俱盧洲的小洲。

9 **《布敦佛教史》** 全名為《佛教史大寶藏論》,為一代高僧夏魯寺布敦大師的代表作。內容主要為印藏佛教史和藏譯經典的目錄,大師也在其中開示許多顯密法理的扼要。

正行・完結

第二、正行時應如何修，分二：一、總共修法；二、此處修法。今初分三：一、辨識修及其所為義；二、不善修之過患；三、善修之理。今初：

今所言修者，謂即其數數於善所緣，令心安住，將護修習所緣行相。所為義者，蓋從無始，自為彼心所自在，心則不為此自所自在。此主宰自身之心，復無自主，隨向煩惱等障所自在，而為發起一切罪惡。此修即是為令其心從今隨自自在，堪如所欲，住善所緣。

講記

往下，看文：「第二」，加行六法已經結束，到了加行、正行、結行的正行。「正行時應如何修，分二：一、總共修法；二、此處修法」，提到兩種修習軌理。第一科總共修法中，妙音笑大師又分了三科：「一、辨識修及其所為義」，要辨識修，辨識所謂的修是什麼。「及其所為義」，修的所為。然後「二、不善修之過患；三、善修之理」，分成了三科。那麼「今初」，是總共修法中的「辨識修」。要辨識所謂的「修」是什麼，然後「及其所為義」，是講它的目的。

「今所言修者」，所謂的修，就是心的執取方式。「謂其數數於善所緣，令心安住」，心捨離不善品後，要再再修持善所緣，再再修持，熟習、串習，守護心所投注的這個所緣行相，這即是所謂的「修」。必

須像這樣守護、修習所緣行相的原因，「所為義」是什麼？目的是什麼呢？「蓋從無始」，從無始以來，「自為彼心所自在」，自己沒有自主權，被心所主宰。「心則不為此自所自在」，把自己和心分開，自己被心控制，而心不被自己控制。「此主宰自身之心」，自己被什麼控制呢？被心所控制。這樣的心「復無自主」，心本身也沒有自主權，沒有自主權。「隨向煩惱等障」，被煩惱控制，心也是他「所自在」，被他操控。我自己沒有主宰權，是被心控制，而心也沒有自主權，是被煩惱操控。歸根究柢，就是被煩惱所自在、隨順著它。看煩惱的命令是什麼？煩惱像元帥一樣，它規定什麼，我們就得聽它的、向著它。因此，「發起一切罪惡」，發起一切罪惡過失，就因為它而造集很多罪惡。

「其心從今」應如何呢？要讓心不被煩惱操控、不為煩惱自在；自己也得不被心控制，要「隨自自在」，必須固守此心。是為了讓這顆心從今以後隨自自在，受自己控制，不受煩惱控制，而「堪如所欲，住善所緣」，修行就是這個意義。這個很重要，在這裡面都含攝了。所謂的修是什麼？讓心趣入於善所緣，去串習它、再再地投注於它，就是這樣。

口　　譯：「安住」是指什麼？

仁波切：再再地投注於善所緣，再再地讓心不逾越、讓心不要走出這個善所緣，固守在這裡。如果嫻熟了就不會辛苦，自然就能趣入善所緣。所謂的修就是去串習、一再地去熟悉。

口　譯：「謂其數數於善所緣，令心安住」的「安住」，是朝向的
　　　　意思嗎？

仁波切：不是朝向，是心要投注於它，心要投注於所緣那裡。比如
　　　　說修上師法，心就要投注在所緣上，不要讓心超出範圍、
　　　　走出界限，心要投注。要讓心不被牽引到其他地方，不被
　　　　牽引，必須執持在所緣上！

口　譯：是心安住在那之上？

仁波切：有的用安住，也有的用投注。「投注」，是與施動者相關
　　　　聯的動詞，「安住」，是動作與施動者不相關聯的動詞。
　　　　單單「安住」是不行的，心要用力而投注於它，不令逾越
　　　　範圍。比如要開槍射擊的話，槍口要對準那裡，所謂投注
　　　　就是這個意思；要射擊哪裡，就要對準那裡。「安住」的
　　　　話，好像是很自然的樣子，好像不用什麼力；「對準」的
　　　　話，用力啊！用力，自己一心一意對準這個，就是把自己
　　　　的心對準到所修的內容……

口　譯：「將護修習所緣行相」。

仁波切：對！「將護修習所緣行相」，要守護這個所緣行相、要守
　　　　護自己所修的。

口　譯：「數數於善所緣，令心安住，將護修習所緣行相。」

仁波切：這裡所謂的「修」就是這個。一開始要辨識修，修是什
　　　　麼？要辨識它、認識它，然後另外說到它的目的。

口　譯：「將護修習所緣行相」是什麼意思？

仁波切：有善所緣嘛！心要守護這個善所緣，不令心走到不善品，
　　　　而令走向善品。

法　師：有一個問題，「煩惱等障」的「等」字，是不是還有煩惱
　　　　以外其他的？

仁波切：當然有，有煩惱障、所知障這些障礙。

法　師：那還有一個問題，就是剛剛師父講到「安住」，好像是說
　　　　不必很用力，然後心「投注」所緣行相是要比較用力，這
　　　　個差別是在什麼地方？

仁波切：「投注」，是心要用力去對準。

口　譯：那所謂的「安住」，是指自然地安住？

仁波切：是的，「安住」就不須用力，已經安住的話就不須要用
　　　　力。自然的安住，是當心熟習以後，不需要再用力，就能
　　　　安住。

　　要令心堪能。心就如同烈馬，《別解脫經》中說：「百利針順銜，

即此別解脫。」如果有這個能夠馴服烈馬的銜,那麼這匹烈馬不管讓它去哪、住哪都會聽話。同樣地,如果調伏了這個心,心馴服了、心堪能了,就能役使於善所緣,要役使到哪就能任意役使,然後就能安住了。所謂的「數數」就是這個,如果數數串習之後產生出覺受的話,不用很辛苦,心便能自然趣入善所緣。相反地,比如我們現在是熟悉不善、是串習煩惱品,心不需要直接正對準在煩惱品,自然就會現起各種不善,因為心對這個煩惱品已經熟悉了。現在要把它翻轉過來,將煩惱的力量消滅,然後嫻熟善品,這就是所謂的修。如果能趣入善所緣,能安住其上的話,修的動作、修的目的就完成了,修的目標就是這個。

第二、不善修之過患:雖則如此,復若初趣修時,隨任遇所緣,即便修者,則於所欲如是次第,修習爾許善所緣境,定不隨所欲而轉,反於如欲善所緣境堪任安住,成大障礙。若從最初令成惡習,則終生善行,悉成過失。

講記

「第二」是「不善修之過患」,不善修的過患。說到「雖則如此」,雖然是這樣。「復若初趣修時」,修的時候。「隨任遇所緣,即便修者」,「隨任遇」就是隨心裡所想到的,任心所思,例如要修上師法,自己卻想到念死無常那邊,就是任隨當下所思所想。如果這樣修習

的話，「則於所欲善所緣境」，對於自己想修的善所緣，例如修習親近知識軌理當中，意樂親近軌理的「修習德本信心」，要「修習爾許」，他想修這樣的數量；「如是次第」，想從這裡到那裡之間這樣的次第。就算這樣修了，由於任遇所緣、想到什麼就修什麼，心是不會隨所緣而轉的，沒辦法轉。有提到「定不隨轉」嘛！就是說這樣的修習是無法很好地隨所緣而轉的。

如果不能的話，「反於如」自心所「欲善所緣境堪任安住，成大障礙」，會成為控制內心在善所緣的大障礙，成大障礙。所以呢，「若從最初令成惡習」，知道意思吧？「令成惡習」，就是說不可以養成壞習慣，這非常重要！不能養成壞的習慣，你剛開始的時候養成這樣的壞習慣的話，以後你就沒有辦法控制。「則終生善行，悉成過失」，之後無論做任何善行，都會變成有過失，善行都變得有過失。

口　　譯：「是依波」（ཆིལ་པོ）是什麼意思？

仁波切：「是依波」（ཆིལ་པོ）就是整個、全部的意思，這句是指終身一切的善行都變得有過失。

例如我們觀修佛的色身，一開始見到或者是唐卡，或者是很精緻的佛像，想要修習這樣所見到的佛身，然後就去修。修的時候會現出各式各樣的影像：一開始身色是黃色，中間就變成紅色；身形小小的也變成龐大的；身像也變成不是原本那一尊，變成其他尊。這全部都是什麼

呢？是過失，是修持的過失。如果修持有過失的話，就應該投注所緣，再次現起原來的所緣，用正念和正知投注，之前修的是什麼身像，就回來在那之上精勤修習，並且稍微持續地守護在那上面。

現在有很多居士是這樣的，他觀修釋迦能仁，之後又變成度母，又變成其他身像，他們問這是好還是不好？這不會是好的！這是修持的過失。隨著內心散亂到其他地方，現起各式各樣的東西；妄想的體性就是會有各式各樣的東西，不能讓它顯現，不能隨轉，心必須投注在修的所緣，要能夠貫注於所緣。比如以「修習德本信心」為例，要在心中明現「修習德本信心」的所有修習方式、法類、次第、數量，這一切都要在最初決定，然後得思惟這個，就要思惟這個、修習這個。關於修信在《廣論》中講了很多，開始要結合相續的時候，「哦！次第是先修這個再那個，這裡要思惟這個，那邊是思惟那個……」，這樣的決定次第，看內心是否能夠現起而去思惟。

口　譯：他一開始觀修釋迦佛像，後來又想換成度母像……

仁波切：不是他換的，是他在觀想的時候，好像變成另外一個佛像出現在他的感覺裡。人的感覺是各種各樣的嘛！你跟著感覺走的話那就不對了。你要對準原來這個目的，這個不能變。在意念當中各式各樣的影像都會產生，有些人會認為：「這也是好的吧？我的這些觀想慢慢慢慢變成什麼東西……。」這種觀想方法是跟著感覺，你跟著感覺是錯誤

的，這樣就不能把心對準在一個地方。就依師這一點來講也是一樣的，假如我們意念當中出現其他的一些感覺，要盡量地控制，要盡量地控制。

「悉成過失」以上的第二科很重要，最初我們可以做些練習，看看一開始能否現起？做一些嘗試，嘗試一分鐘、兩分鐘這樣子修。比如修習親近知識軌理的時候，內心是否能夠安住？一開始是沒辦法的，心裡會現起各式各樣的東西，看看是否能夠遮止？一步一步修心、一步一步修持，能夠執持一分鐘或兩分鐘的話，再看看能否執持五分鐘、十分鐘？應該要這樣去修習。在修習的時候，內心會現起其他的各種意樂，這全部都要想辦法遮止。如果能這樣，往後的修持也會跟著變好；不去想辦法遮止，任由內心隨它而轉，就會成為這裡的「最初令成惡習」，養成了惡劣的習慣，之後做任何善行全部都會帶有過失，這是很重要的關鍵！一開始可以嘗試著修，用嘗試的。能夠執持內心的話，然後就可以漸次延長。

任何止住修都是心要安住在那之上，觀察修的話就不是這樣，但是觀察修也不能被其他心思、意樂障礙。什麼意思呢？比如「修習德本信心」，關於修信這個法類在《廣論》中說了什麼？其中有多少科判？思惟這些之後，一再地去觀察，觀察以後得結合內心，這就是觀察修。一般《廣論》所說的修，大多是以觀察修為主，以觀察修為主。

口　譯：觀察修也是心安住一處？

仁波切：心要安住於所觀察之處，而不能觀察其他地方。例如在親
　　　　近知識的法類時，第一個意樂親近軌理是如何，就思惟這
　　　　些；其中修習德本信心是如何，隨念深恩的念法是如何，
　　　　要怎麼樣修信，要怎樣念恩，一再地思惟。一開始先看教
　　　　典，然後看看是否能放在心上。

　　㊟第三、善修之理：故於所修諸所緣境，數量次第，先須
決定。次應發起猛利誓願，謂如所定，不令修餘。㊟以念緊持
彼義而一心專注，其後時時正知觀察有無增損，有則當善還
復。於前已作定解之義，即應㊟遠離沉掉，具足憶念正知而正
修習，如所決定㊟當時所修之義，令無增減。㊟師云：「此復
若於修之所緣，數量不定，則致增損；次第不定，則如醫者立
方，顛倒次第，於病無益，或成倒行逆施。故一切時中，數量
次第決定皆極切要。」

講記

　　「第三、善修之理」，是善修的軌理。「故於所修諸所緣境，數量
次第，先須決定」，首先，不論修什麼、將護什麼，對於自己所修的
法，要先決定。比如修持親近知識軌理，有意樂及加行親近軌理二者，

意樂親近軌理，又有修習德本信心及隨念深恩二種軌理；加行親近軌理又有其內容。總之，首先對於所修的數量及次第全部都要決定，一定要去決定！

　　將那些放在心中之後，「次應發起猛利誓願，謂如所定，不令修餘」，對於在心中執持的這些，一開始需要發強猛的誓願：「我只修這些，不修其他的，也不讓心轉到其他地方。」應發數次強猛的誓願，這裡的誓願就是自己的計劃。然後對「當時所修之義」，不管自己的所修是什麼，就「如所決定」，「以念緊持彼義」，用正念緊持。例如用捕獸夾抓住不讓鬆脫，緊緊執持，把獵物抓住就掙脫不了，就像這樣。用正念緊持「而一心專注」。

　　比如要怎麼守護所緣？首先關於數量，比如有三個。如果要修習親近知識軌理中的修習德本信心及隨念深恩二者的話，這兩個當中的次第，第一個是修什麼？其次修什麼？這些全部都要以自己的正念緊緊執持，以正念去憶持。「其後」在修的時候，「時時正知觀察有無增損」，是否修多了？比如要修兩個的話，有沒有符合這個數量？次第有沒有錯亂？用正知在旁邊觀察、了知，要用正知使數量、次第不錯亂。「有則當善還復」，如果過多的話要怎麼樣？就不要修；如果缺少的話，也要補上去。「於前已作定解之義」的數量有多少，還有次第這一切，在其上「即應遠離沉掉」，消除昏沉及掉舉，不隨沉掉而轉。在沒有增添及損減的狀況下，「令無增減」，「具足憶念正知」將護這一切「而正修習」所緣。要用正念正知了知，守護這個所緣。

　　針對剛才的意涵，在這下面有語王尊者的箋註。「師云」，這是將語王尊者他自己的上師所說的寫在這裡。「此復若於修之所緣，數量不定，則致增損」，數量必須決定，科判分出三科的話就是三個，分出五科的話就五個，一開始要確定計畫和自己的所緣，沒有這個的話，所修的所緣就會增損。

　　次第也必須決定，第一個要修這個，第二要修這個，第三要修這個，內心上必須決定次第。「次第不定，則如醫者立方，顛倒次第，於病無益」，例如醫生給病人開藥時會想：首先給這味藥，接下來要喝這味藥……。如果次第顛倒的話就會傷害病人，會幫助不到病人，所謂「無益」即是這樣。「或成倒行逆施」，就像所配的藥，要幫助反而變成傷害，就是藥配顛倒了。因此，在修的時候，「一切時中」，在任何時候，所修的「數量次第」在一開始未修之前「決定皆極切要」，對自己要修的數量和次第全部好好地記在心裡，然後才開始修。

　　口　譯：「或成倒行逆施」是什麼意思？

　　仁波切：藥配反了、顛倒了。

　　🅢第二、此處修法者，🅢分三：先🅢修勝利過患之理：應思惟依止勝利速成佛等，及不親近所有過患，謂能引發現法後世諸大苦等。🅑此中有依止善識勝利、不依過患、由思身語意德

而修信心、由隨念恩而修恭敬、後時應如何行五者。此時切要者，固為中間二種所緣，然從此至止觀之間，皆於最初宣說修習勝利、不修過患者，則初二者即是此事，故至尊所著《白淨增上意樂請問篇》中所說：「一切修習之首，猶如梵語者何？」說法雖繁，然吾師言實即此二。

講記

「總共修法」結束了，現在是「第二、此處修法者」，現在主要是指依止軌理的修法，在前面做完六加行法等等之後，在正行時的修法。其中「分三：先修勝利過患之理」，說到依止善知識的勝利，不依的過患。正文提到「依止勝利」，如理依止善知識的勝利是什麼呢？「速成佛等」，有速疾獲得佛果等這樣不可思議的勝利。「不親近所有過患」是什麼呢？「謂能引發」所有「現法後世諸大苦等」，今生罹患疾病、非人等眾多逼惱，後世又得生於三惡趣等，「應思惟」這些。在正文中說了修習勝利及過患之理。

下面有個箋註，這個箋註滿多的，有寫「巴」吧？這巴梭法王的箋註要另外看。「此中有依止善識勝利、不依過患」，前面說的就是這些。然後「由思身語意德而修信心」，由思惟上師身語意的功德而修習德本信心。接下來，「由隨念」上師的「恩而修恭敬、後時應如何行五者」，這個箋註不是要開科判，下面關於修習的諸多科判中也沒有提

到，而是親近知識軌理一般而言可以攝在這五者之中。

「此時切要者，固為中間二種所緣」，重要的是什麼？中間二種所緣是什麼呢？「由思身語意德而修信心」及「由隨念恩而修恭敬」這二者，此處主要就是中間這二種。「然從此至止觀之間，皆於最初宣說修習勝利、不修過患者，則初二者即是此事」，雖然親近善士軌理裡面主要的是這兩種，但是依止勝利、未依過患二者，從開始的親近知識軌理到止觀之間整個道次第的任何法類，在每一個、每一個科判，比如修習暇滿義大的勝利、不修的過患；修念死無常的勝利、不修的過患；修習業果的勝利、不修的過患；修三惡趣苦的勝利、不修的過患，都有這兩科，所有科判的開始都有這兩科──依止勝利、未依過患；如果是親近善士軌理的話，就是依止勝利、未依過患吧！比如業果的話，就是修習業果的勝利、不修的過患，都會分出這樣的科判。

巴梭法王的箋註在這裡提到，「故至尊所著《白淨增上意樂請問篇》中所說：『一切修習之首，猶如梵語者何？』」之前我們有講到。宗喀巴大師在《白淨增上意樂請問篇》中有提問：一切修行的開頭是什麼？是誰回答呢？一般來說，班禪善慧法幢回答了。宗喀巴大師在《白淨增上意樂請問篇》問了很多的問題，應該是兩三個世代之後，班禪善慧法幢出世，他對於每一個問題，回答在《答問·善慧歡喜之妙音》裡面。

這裡面說，「在一切修行中的最初，就像梵語的是什麼？是觀察動機。」這是我們之前講的，是觀察動機。巴梭法王沒有這樣說，他是說

「說法雖繁，然吾師言實即此二」，是什麼呢？修習的勝利、不修的過患，最初的就是這個，這是他的上師講的。這裡的「吾師言」的上師是誰呢？我覺得應該是克主傑，巴梭法王應該也是宗喀巴大師的親傳弟子，是克主傑大師的弟弟。

「吾師言」，是我的上師所說的，這跟《答問・善慧歡喜之妙音》的說法有點不同。對宗喀巴大師的這個問題，有很多不同的說法。在這裡是說什麼呢？一開始必須思惟修習的勝利、不修的過患；宗喀巴大師不管在任何法類，全部科判的開頭都是說修習的勝利、不修的過患，從此處親近知識軌理到止觀之間都這樣說。

口　譯：巴梭法王在宗喀巴大師的時代嗎？

仁波切：應該有，到底有沒有不知道？

總之，班禪大師說的「觀察動機」是非常重要的！噶當派所有的祖師都說：「前後二事。」就是指這個。說最初要觀察動機，最後迴向是很重要的。我想，任何一切的法類，都會結合修習的勝利及不修的過患，由此可知這裡所說的也很重要。這兩種說法都很重要，全是必須在修習之前要做的。我是這樣想的，應該沒有相違。

第二、修習念德之信心軌理：次應多起防護之心。謂不

容蓄分別尊長過失之心。隨自所知，應當思惟戒、定、智慧、聞等諸德，乃至自心未起清淨行相信時，應恆修習。⑩第三、修習念恩之恭敬軌理：次應思惟如前經說，於自已作當作諸恩，乃至未發誠敬而修。⑩第三、於座後時如何行者：應將所集眾多福善，以猛利欲由《普賢行願》及《七十願》等，迴向現時畢竟諸可願處。

講記

「第二」，是「修習念德之信心軌理」。在前面的正文已經講過修習的勝利以及不修的過患，再來真正要修的，就是從此處的正文開始，是從這裡安立。「次」，前面已詳細地了知了修習的勝利和不修的過患，其次要正式修習依師軌理。「應多起防護之心。謂不容蓄分別尊長過失之心」，分別上師過失的心。上師有任何過失，都只是因為自己罪障才看成那樣，要想：「上師是斷除一切過失、圓滿一切功德的真實佛陀！」必須生起這樣的心！「謂不容蓄」，一開始就起防護心，要想：「絕對不讓分別過失的心生起！」必須多起防護之心。「隨自所知，應當思惟戒、定、智慧、聞等諸德，乃至自心未起清淨行相信時，應恆修習」，要從上師的功德面去觀察。消除一切分別過失的心以後，從上師的功德中，內心隨著思惟上師的清淨戒律、殊勝的定、殊勝智慧，以及聽聞等等任何功德，一一生起清淨行相的信心，來憶念上師的一切功德，乃至還沒有達到痛哭流涕、汗毛直豎的量以前，都必須修習。

口　譯：汗毛直豎？

仁波切：身毛直豎，豎起毫毛！要這樣修。這是第一個，修習德本
　　　　信心的軌理，正文就只有講這些。

口　譯：「不容蓄」是什麼意思？

仁波切：完全不讓分別過失的心跑出來，「不容蓄」就是完全不讓
　　　　它冒出來。

口　譯：「清淨行相信」是什麼意思？

仁波切：內心澄淨、沒有煩惱攪擾的清淨行相，澄淨的信心。不現
　　　　起上師的過失，心就澄淨了，只思惟功德，心就能澄淨。

口　譯：澄淨的信心是指三信中的澄淨信嗎？

仁波切：是，這個可以，「清淨行相信」主要就是澄淨信。

　　在正文中，親近知識軌理真正要修的，只有「德本信心」與「念恩
生敬」的這兩個修法。接下來，「第三、修習念恩之恭敬軌理」，妙音
笑大師的分科方式，是將前面修習的勝利和不修的過患另外算。通常此
處的真正所修並沒有講到勝利、過患，因為前面那部分就像修的前行一
般對吧？前文有「修習的勝利、不修的過患」。接著，真正所修的是修
習德本信心，再來是「第三、修習念恩之恭敬軌理」。「次應思惟如前
經說，於自己作當作諸恩」，思惟上師過去也曾這樣利益我，未來也將

這樣利益，現在也正在施與恩惠。這樣的眾多恩德在之前已經說過，要如前面所引用的許多經典去想，「乃至未發誠敬而」須如此「修」習。上師的恩德比十方一切諸佛菩薩還超勝，就算十方一切諸佛菩薩能來到面前，我們還是看不見，就是看不到；沒有上師的話，我們就沒法看見這些正法。而開示殊勝正法的說法者是誰呢？就是自己的上師，因此恩德比十方諸佛還大，這在之前講了很多，所以必須再再透過隨念恩德而生起恭敬。

口　譯：「於自已作當作諸恩」是什麼意思？

仁波切：「已作」是以前做的，過去式；「當作」是未來式。以前上師對自己講了種種法，是已經利益過自己的這些恩德，還有未來也將如是利益的那些恩德。

《安樂道論》對於依師軌理的修習方式，開出兩個科判，就是意樂親近軌理，然後加行親近軌理，意樂親近軌理也開出了支分。這些修法，是在觀修自己頂門上師天尊的狀態下，配合甘露淋治等修法。

口　譯：《樂道》的科判是……？

仁波切：《樂道》裡的科判是整個依師軌理都有。有意樂親近軌理，然後加行親近軌理，共兩科。意樂親近軌理中也有分

別講信心和念恩。從此處正文的字面上來看只有兩個科判，但一般是要把上文所講的整個依止軌理，都要放進來思惟，我們要去思惟。在進行觀察修的時候，對於依止軌理的法類，《廣論》裡從頭到尾有講到哪些，都要貫穿在自己的心中。

前面在加行法不是修完資糧田嗎？修完資糧田，供完曼達，祈請完了之後，在《樂道》裡面講到，面前資糧田的主尊是哪位？是能王。不管主尊是誰都是一樣的，能王也是自己的上師，自己的上師與宗喀巴大師體性是無二無別。之前我們是依《上師薈供》觀修宗喀巴大師的方式，都是一樣的。

《樂道》在講到正修的時候說，從能王心間放射光芒，從資糧田放光到無邊的一切世界，光芒再從無邊的一切世界收攝回來，全部融入能王心間。再來於自己頂門觀修自己的根本上師，能王融於自己的根本上師。接著，供養簡軌的七支、簡軌的曼達，再來才是所要修習的內容。依照《樂道》說的，在正修的時候沒有修資糧田，是在頂門觀修自己上師的狀態下，修習這個、那個法類，修的方式就是如此，收攝資糧田的方式是這樣的。那麼，在一開始皈依時修一個資糧田，加行時修一個資糧田，然後收攝資糧田，就只修一尊自己頂門的上師，除此之外沒有其他了。在自己頂門觀修上師的狀態下，然後將護所有的所緣行相。

口　譯：是在頂門觀修上師的狀態下，來修習所有的法類嗎？

仁波切：是的，接著依次修習下面一切法類。

口　譯：在能王融入之前，在自己頂上要先觀修一尊根本上師嗎？

仁波切：是的，在自己頭上、頂門要修根本上師。

口　譯：什麼時候修？從一開始嗎？

仁波切：在加行六法的時候、在任何時候都要恆常觀修頂門的上師。在迎請之後供養簡軌的七支。

在這裡的正文中，依師軌理除了修信、念恩這兩個，沒有提到要修其他的所緣。修完以後，下面會講下座後怎麼修。比如一天有四座的話，修完第一座時，「第三、於座後時如何行者：應將」在此座中「所集眾多福善」，一切要做發願迴向。「以猛利欲由《普賢行願》及《七十願》等」，將這一切善根「迴向現時畢竟諸可願處」，要這樣發願迴向。

一個法類的完整修行方式全部講完了，以下就依此類推。在後面則廣泛地講到很多修行的過失和修行的疑點。關於修行的方法，主要就是一開始修加行六法，接下來必須依照各個法類修行。這裡會講到很多修行的方式、修行的過失，以及消除眾多過失的方法，非常廣，這些大概都是在奢摩他的時候所要了解的。

口　　譯：修行的過失？

仁波切：對，在這裡講了很多修行的過失、修的勝利。

真　　師：剛才是不是說，每一個法類的勝利過患內容都是不一樣
　　　　　的，最大的不同處就是這個部分？

仁波切：修行勝利和不修過患，無論修什麼這兩個都要加上去，就
　　　　　這點而言是一樣的，是一樣的。

口　　譯：「是一樣的」是指什麼？

仁波切：這是一樣的，就修行的勝利、未修的過患是一樣的，只是
　　　　　內容不同而已。例如死無常的話，就是修死無常的勝利和
　　　　　未修的過患；奢摩他的話，就是修奢摩他的勝利和未修的
　　　　　過患；毗缽舍那的話，就是修毗缽舍那的勝利和未修的過
　　　　　患。無論是修什麼，前面都要先做加行六法再這樣修，修
　　　　　行的方式就是這樣。

口　　譯：就修勝利過患來講這點是一樣的，只是內容不同而已。此
　　　　　外，加行、正行、完結的方式都是一樣的。

仁波切：對！方式一樣。

　　想修行的話是這樣的，比如親近知識法類全部修個七天。然後，暇
滿難得也得修兩三天。然後下士道死無常、惡趣苦，每個法類也修個兩

三天。只是我們沒有精進而已,精進的話,是可以做到的。每個法都修個五、六天,五、六天後,就會懂得一些:「啊,是這樣的!」。雖然要在相續中生起如理如量的全部證量是很困難的,但是要讓內心對這些法類有些熟悉。「唯我志弱無精進[1]」,不要自己欺騙自己,不要騙自己!是自己不精進!

居　士:要念念不斷地要知道上師在自己頂上嗎?

仁波切:對!上師在自己頂上,也可以請到面前;面前的話,從上師的心間放出第二位上師在自己面前。本尊觀修的方法有三種嘛!面前觀、頭頂觀、心間觀。

法　師:平常上師安住在頂上嗎?

仁波切:對、對!

法　師:請問是多大呢?

仁波切:多大多小看你自己的意念。

真　師:平常不能想在對面嗎?

仁波切:不是不能想,都可以。有的時候就需要觀在自己的面前,但是《安樂道論》上講得很清楚,「此處修法」的時候必須在頂上。每個法類都是觀修上師在自己頂上的狀態下,再去修什麼、什麼。就是這樣,都是在頂門上。

法　師：師父，那是不是在加行六法，一開始觀修皈依境，在觀釋迦能仁之前，先祈請上師在頂上，然後再祈請釋迦能仁？有沒有這個過程？

仁波切：這個沒說，沒有一定。

法　師：所以，正修時一定要在頂上？

仁波切：對！《安樂道論》裡說平時也應該觀修上師在頂上。觀想面前的資糧田時，在頂上有上師也是可以的。

法　師：那睡覺要收攝嗎？

仁波切：對！可以，收到自己心間也可以。

居　士：比如心專注在一個法類上，如果觀修上師在頂上會不會分心啊？我在非常認真地想死無常的時候，還要分一部分心力觀想上師在頂上，是這樣交叉觀嗎？

仁波切：不用這樣。你觀想這個就觀這個，修什麼法就要修那個法。在這當中，你想要生起這個證量的話，可以依著頂門的上師修甘露淋治等法，按照《安樂道論》裡面這樣觀想就可以了。

　　第二、修習之時等，分四：一、修習之時；二、最初修習之

理；三、稍略堅固修習之理；四、不令疲倦之口訣。今初：如是應於晨起、午前、午後、初夜，四次修習。^妙第二、最初修習之理者：此復初修若時長久，易隨掉沈自在而轉；此若串習，極難醫改，故應時短，次數增多。如云：「欲修習心餘少分時，即便截止，則於後次心欲趣入。若不爾者，見座位時，即覺發嘔。」^妙第三、稍略堅固修習之理者：若待稍固，時漸延長，^妙第四、不令疲倦之口訣者：於一切中，應離太急太緩加行過失而修。^語無緩加行者，謂於乞食、事師、侍病、禮拜等時，亦依正念速疾為之。若時有諸親眷來訪，莫與長時雜話，適量敘談，勿啟長篇之論。速當完結一切事務，唯應速趣向內正住等應時善行。常依寂靜處所，當速獲取所獲果位，以死緣極多，死復無有定期故也。此為傳持此規諸師語教所出。由此能令障礙減少，疲倦昏沈等亦當消滅。

講記

先前的段落再說一下。講到「後時」會以《普賢行願》和《七十願》等，作發願和迴向。所謂的「後時」，是前面說到的「加行、正行、完結」三者的「完結」。前面的科判是「正明修法」及「破除此中邪妄分別」二科，其中的「正明修法」又分為「正修時應如何行」及「未修中間應如何行」。「正修時應如何行」又分為「加行、正行、完

結」，之前就是講到「完結」。「完結」還沒全部講完，接下來會繼續講。

「後時如何行者」當中，我們講到妙音笑大師所開的第二科。第二科就是在前面「正修時應如何行」所開的「正說」及「開示修習之時等」兩科的第二科。「第二、修習之時等，分四：一、修習之時；二、最初修習之理；三、稍略堅固修習之理；四、不令疲倦之口訣」，對於第二科，妙音笑大師安立了四個科判，這四個科判含攝在一句話裡，幫助我們容易理解。實際看只有一句話，大概一兩個長句。這當中講到修習的時段，什麼時候修？接下來，最初怎麼修？以及思惟稍微堅固的時候如何修？不生起疲倦和勞苦的口訣。下面有兩句話就會說到這四者。

「今初」是「修習之時」。「如是」，上文有講到修習軌理，指這樣的修習方式，「應於晨起、午前、午後、初夜，四次修習」，這是僅就平常的說法而言。《修次第論》中有提到，一開始上座的時間要短，次數要多，所以多幾座也可以，六座、八座都可以，也可以有很多座，但大多數是安立四座。四座是：晨起，比如在閉關時，日出前有一座，然後午前一座，午後一座，晚上一座，四座就是這樣，要在這些時候修習。

口　譯：《修次第論》是蓮花戒論師著的嗎？

仁波切：對、對。我們在沒有習慣修行的一開始，要時間短、次數多。這裡也有說到，是一樣的。

口　譯：「初夜」是指什麼時候？

仁波切：就是傍晚、晚上。

　　接下來，對之前沒有修過的人，要知道剛開始修習的方式，所以「第二、最初修習之理者：**此復初修若時長久，易隨掉沈自在而轉**」，座上時間的長度，不可以太久。「**此若串習，極難醫改**」，一旦養成隨著掉沉自在而轉的習慣，這個過失的曲直，就很難改變了！「**極難醫改**」。「**故應時短，次數增多**」，所以要把時間縮短，次數多一點比較好。

　　接著，「**如云：欲修習心餘少分時，即便截止，則於後次心欲趣入**」，修習的時候，要在還不是太辛苦時，即從座起、結束修習。就是內心對於修習還會想去修，沒有不想修習的惡劣動機。如果太辛苦的話，之後就不想修了。所以不要弄得那麼辛苦，要以「之後如果再修還會覺得想修」的量，來修習每一座。假設不這樣做的話，「**若不爾者，見座位時，即覺發嘔**」，看到自己的位子時，就馬上起反感、作嘔。如果變成這樣，那就沒辦法修了！所以才特別說，最初在一開始上座修時，次數多、時間短是比較好的。

口　譯：「極難醫改」是什麼意思？

仁波切：很難改回來。養成習慣，就很難改變。

口　譯：「欲修習心餘少分時」，是什麼意思？

仁波切：在此停下來、中斷，不要讓自己太辛苦，在還不覺得很辛苦的時候就停下來。有說「則於後次心欲趣入」吧！就是指以後內心還會想修，是這樣說的。是會想修的，但是如果希望擁有想修習的自主性，那就不要弄得很辛苦，要停下來、停止，這樣的話之後才會想再趣入，所以不要讓時間太長。

接下來，「第三、稍略堅固修習之理者：若待稍固，時漸延長」，當修到有點堅固，心稍稍堅固，有點習慣以後，座上的時間就能延長。

口　譯：「稍固」是指什麼？

仁波切：是指修了幾天之後，對於所修的法漸漸就學會了，就會熟悉。熟悉之後，自然會覺得已經有能力修了，內心也穩定，這就是修持的前行。當有想趣入的心，而且修得稍微堅固以後，座上就可以延長。

接著是「第四、不令疲倦之口訣」，不至於太辛苦的口訣。「於一切中」，在所有的座上，無論是短暫的一座也好，時間長的一座也好，「應離太急」，加行太緊，就是身心太緊繃了。或者「太緩」，也不能

太鬆，鬆緊適中地修習，才是合適的。

　　下面的箋註很多，是語王尊者的。「無緩加行者」，不可以太鬆，要說不鬆的方法。「謂於乞食」，自己吃飯也好。「事師」，承事師長也好。「侍病」，服侍病人也好。「禮拜等時」，自己於座間禮拜等等。不管做什麼，「亦依正念速疾為之」，心不可以放鬆，不可以太鬆、任心散亂。這些事情是在座間，是表示未修中間的時候，要依止正念，自己有什麼事情要想辦法迅速地完成。太鬆，譬如現在要禮拜，卻想等一下再拜，等一下之後又想再等一下拜，這樣是沒法禮拜的。要按時間，到了禮拜的時間就趕快禮拜、到了吃飯的時候就要能吃，承事師長、服侍病人，無論做什麼，自己要依靠正念，不可以讓心隨著忘念而去。

　　下面應該也是說座間休息的事。「若時有諸親眷來訪」，如果我們的親眷，或者侍者，或者自己認識的人來訪。「莫與長時雜話」，散亂喧鬧地說很多沒什麼內涵的話，是荒廢時日吧！不要這樣。「適量敘談」，不說話關起門來也不行，就適量地說一點話，「勿啟長篇之論」，不要說太多，不要隨著喧鬧散亂而轉。

口　譯：「雜話」是指什麼？

仁波切：任何時候，在任何時候親眷來訪都不要雜話太久。什麼時
　　　　候都一樣，散亂喧鬧地說很多沒必要的話，講一整天還說
　　　　不完，有這種情形吧？不要這樣做，量要適中，說一點點

可以；有事的話，就事論事，趕快結束。

「速當完結一切事務」，不管什麼事情，儘快收尾。朋友來了，認識的人來了，需要會面就會面，儘快結束。要用齋的話就趕快結束，不論任何事都要這樣，不要沒做完，要迅速地完成。接下來，「向內正住」，內心向內安住，不要讓心向外散亂，在任何時候都要這樣行持，這非常重要。「唯應速趣應時善行」，趣入、修習一切當前的善行，是非常重要的。

之後是「常依寂靜處所」，平常應遠離喧囂，住寂靜處。「當速獲取所獲果位」，對於所修的，比如依師軌理，應當在怎樣讓心迅速生起此法證德的方法上努力。「以死緣極多」，死緣有非常多種。「死復無有定期故也」，不這樣做的話，就不能獲取心要。不知道什麼時候死？如果很快死亡的話，就沒有修持此法的機會，因此只要有空閒就努力去做善行。「此為傳持此規諸師語教所出」，這是按照之前修持《廣論》的先輩上師所說的來陳述，也是語王尊者陳述的依據。

口　譯：「所獲果位」是指佛果，還是各個次第所獲的果？

仁波切：是指各個階段所獲得的證德。

在正文中，如果這樣做，「由此能令障礙減少，疲倦昏沈等亦當消

滅」，「疲倦」即是太過辛苦。如果能夠依著上述所說，不要太急、太緩的話，就能息滅這些障礙。

一般而言，在任何修行的時候要將身體特別放鬆，身體太緊繃就是疲倦的因，過於緊繃就會造成疲倦，成為疲勞的因。內心則不可鬆散，無論任何時候要提正念將護內心，若心太鬆散就會成為昏沉與沉沒的因。內心鬆散是昏沉與沉沒的因，身體緊繃是疲倦與勞苦的因，所以主要是身體要鬆，內心要緊，就能夠消除一切障礙，意思就是這樣。「後時所應行」已經講完了，加行、正行、結行當中的結行就到此結束了。

一般而言，前面的親近知識軌理，分「令發定解故稍開宣說」及「總略宣說修持軌理」兩科，其中「總略宣說修持軌理」，是在說明我們修持、行持的方式。而「總略宣說修持軌理」分「正明修法」及「破除此中邪妄分別」兩科，「正明修法」又分「正修時應如何行」和「未修中間應如何行」兩科，在「正修時應如何行」分「加行、正行、完結」三科。「加行、正行、完結」這三科都結束了。

平常我們能修的話，就去修持「總略宣說修持軌理」當中的「加行、正行、完結」這部分就可以了。下面是「未修中間應如何行」這個段落。

「加行、正行、完結」三者的修持方式，《廣論》這裡是比較略的，需要按照《安樂道論》介紹嗎？就是《安樂道論》中「正行」的修習方法。《廣論》這裡真正要修持的，就只有「修習德本信心」、「隨念深恩應起敬重」二者而已，如果加上「總示親近意樂」就是三個，

除此之外就沒有了。而《安樂道論》當中，有別說「意樂親近軌理」和「加行親近軌理」，以及將護其所緣行相的方式。這需要講嗎？需要的話，可以在這時候講。

我們單就上面的修信方法來思考一下。比如說，按修持的方式、按正規坐姿、依著加行六法做完後，對於修習德本信心的方式，我們來討論一下。如果要修這個的話，想想這是要安住於觀察修呢？還是要安住於止住修？要做哪個？我提出一個問題給各位。

大　眾：觀察修。

觀察修，對，很好！是的，是觀察修。修信的方式，主要是在於思惟如何生起信心的道理。不去思考那些，自己投注、安住在單一所緣行相是不行的嘛！在奢摩他的階段，才是在單一所緣之上安住，除了奢摩他之外，前面的任何修持，主要是觀察而修，也有隨順的止住修。

所以，觀察修也有很多方式，我們這樣一起討論也是觀察修吧？這是觀察修。在這裡說修習加行六法提到要觀察修，而觀察修有座上與座下的很多方式。例如在此處，是指在座上打坐，不與人會面、不說話、自己思惟，是這樣修習的，這是以座上的方式修持。除此之外，就像學法相的人，有些人用研討，或者在辯論場中辯論，這一切都是觀察修，因此必須了解觀察修的方式有很多種。

這《安樂道論》不多，可以現在解說。《安樂道論》裡說，在加行六法的階段，將資糧田收攝後，能王融入頂門上根本上師，供養簡軌的

七支與曼達。接著，「觀想自己及自己周圍一切如母有情一同齊聲祈請」，現在收攝完資糧田了嘛！接著緣著自己頂上的根本上師，要觀想自己和自己的周圍有一切如母有情而做祈請。

祈請的方式是什麼呢？「四身體性上師殊勝天」，下面這一句都是一樣的：「能王金剛持佛誠祈請」，求加持。「離障法身體性上師天」，法身的體性也是上師天尊，然後「能王金剛持佛誠祈請」。「大樂報身體性上師天」，大樂報身的體性也是上師天尊，然後「能王金剛持佛誠祈請」。「種種化身體性上師天」，各種化身的體性也是自己的上師天尊，然後「能王金剛持佛誠祈請」。「上師總集上師殊勝天」，一切上師匯合為一，這也就是上師殊勝天尊，然後「能王金剛持佛誠祈請」，懂了吧？很容易的。「上師總集」、「本尊總集」、「佛陀總集」、「正法總集」、「僧伽總集」、「空行總集」、「護法總集」、「皈處總集」，都是一樣，要這樣思惟。「能王金剛持佛誠祈請」，要這樣思惟而至心祈請。這是執持所緣的方法，如果修持這些法的話，就要這樣執持所緣。自己頂門上的根本上師，是能王金剛持，是諸佛總聚的體性、是上師總聚的體性、是正法總聚的體性，就是三寶吧！之後是思惟本尊總聚、空行總聚、護法總聚，對此祈請。每句就是「上師殊勝天，能王金剛持佛誠祈請」。

口　譯：第一個是「四身體性」嗎？

仁波切：對，「四身體性」，之後是法身、報身、化身，一共三

個。其次是上師，再來是本尊，然後是佛陀、正法、僧伽，之後空行，這是結合了密法，「護法總集上師殊勝天，能王金剛持佛誠祈請」。還要做個特殊的祈請：「皈處總集上師殊勝天，能王金剛持佛誠祈請」，「皈處總集」，自己的上師攝集一切皈依處的體性，應當這樣祈禱、祈請。

口　譯：是「上師金剛持佛誠祈請」嗎？

仁波切：是「能王金剛持佛誠祈請」。這裡是用「能王」，跟之前講的不一樣。之前是按照《上師薈供》，如果上師是觀宗喀巴大師的話，就可以用「上師金剛持佛誠祈請」。在《安樂道論》中是「能王金剛持佛誠祈請」，是唸「能王」，外相要觀想為能王的樣子，不管修哪一種都是可以的。

口　譯：是法身體性，然後報身體性、化身體性……

仁波切：前面是「離障法身」，需要一個一個說嗎？是「離障法身體性上師天」，淨除垢染、遠離諸障，「離障法身體性上師天，能王金剛持佛誠祈請」。然後是大樂報身體性，「大樂報身體性上師天，能王金剛持佛誠祈請」。「種種化身體性」，能變化各式各樣的行相，是化身體性。接著是上師總集，往後都一樣；「上師總集上師殊勝天」。然後是本尊總集，「本尊總集上師殊勝天，能王金剛持

佛誠祈請」。知道「總集」嗎？就是全部匯合為一的意思。「佛陀總集」、「正法總集」、「僧伽總集上師殊勝天」，每一句話之後都要加「能王金剛持佛誠祈請」。然後是「空行總集」、「護法總集」、「皈處總集上師殊勝天，能王金剛持佛誠祈請」。

如是祈請之後，「我及一切如母有情投生輪迴以來」，從無始至今「領受種種長時劇烈之苦」，這是什麼導致的呢？要思惟是因為無始至今「未以意樂加行二者」之門「如理親近善知識所致」。接著要思惟：「於今祈求上師天尊加持，令我及一切如母有情」相續，「能以意樂加行二者之門如理親近善知識」，要這樣將護所緣，所緣就收攝在這兩句當中，一看就很容易思惟，這就是我們要講解的根本原因。

口　譯：最後要唸一段文……

仁波切：主要不是唸不唸，如果你能觀想出來的話，只要按著這個詞句來觀想就可以。如果不能很好地觀想的話，先唸祈請文之後再觀想也行。

要思惟：上師天！祈請您加持！祈請加持我及一切如母有情能這樣去親近！

　　總攝前面的內容就是這樣，「以祈請故」，這樣祈請時，「思惟從頂門上師天尊」一切「身分降下五彩光明甘露，進入自他一切有情身心，令無始以來所集一切罪障，特於障礙能以意樂加行二者如理親近善知識之一切罪障病魔，悉皆淨除」，要思惟：唯願淨除一切未能如理親近善知識的一切罪障。

　　之後，「身體轉為澄澈光明體性」，指所有自他的身體。「壽命、福德等一切功德增長廣大，特於自他相續，生起能以意樂加行二者如理親近善知識之殊勝證德。」必須執持這樣的想法。要想：自他相續都生起能如理親近的殊勝證德了。

　　口　譯：觀想方式是在每位有情的頂上都生起一尊根本上師嗎？

　　仁波切：是的，這可以。也可以在自己頂上觀修一尊，然後遍及所有有情，並沒有說到這兩種差別。

　　首先說到以整體、總的方式修習一次甘露淋治。接著下面說到意樂加行二者，其中意樂親近軌理的修信之理，這是有點重要的。怎樣修呢？修習德本信心的方式是這樣的，一開始，「從上師能王心間放出與自己有直接法緣的上師」，從上師心間，也分出似己第二尊上師，以及自己直接獲得法緣的所有上師，都明現在面前虛空。與自己有法緣的一切上師，都從上師心間化現，明現在前。

　　然後自己要修什麼所緣呢？「我之」所有「善知識皆是真佛」，是真實佛陀。「如正等覺於大寶密續中説：勝者金剛持將於濁世時，示現善知識身相成辦有情義利」，正等覺在宣講密續時，説勝者金剛持在未來濁世的時候，會用善知識的行相來利益有情。「我之諸善知識亦僅為不同身相的示現」，懂吧！這一切善知識，只是身相示現了人的樣貌，但實際上要思惟是真實的金剛持佛。「實是勝者金剛持為攝受我等無緣親見佛陀者」，懂吧！勝者金剛持為了攝受這些無緣親見佛陀的人，「而示現善知識身相」，來到這裡。要想：「是故祈請上師天尊加持，令我及一切如母有情將善知識視為真實能王金剛持」，看成是真實能王金剛持。

　　修習信心的方式，雖然在《廣論》裡面也講了很多，如果要全部在相續中生起是很難的，而上述的內容是比較簡略、容易的。

　　如上祈請的時候，觀修甘露淋治的方式也跟之前一樣，從上師身中放出五彩甘露，淨除自己相續中未將上師視為佛陀的過失，要想：已經得到能將上師視為真實佛陀的加持了。

真　師：這樣祈求之後，頂上的上師降下甘露加持自己，淨化自己不如法依師的障礙之後，如果就觀想自己好像已經能夠生起把上師視為佛陀的證量了，可是實際上沒生起啊！雖然這樣觀想生起了，那做完這種觀想，下座出來之後怎麼想呢？

仁波切：出來的時候？

真　師：對呀！就比如說我這樣觀想完了，這個修法結束了，那出
　　　　來的時候……

仁波切：就沒有啊！所以我們就在學啊！你已經生起了這個證量，
　　　　那還要學什麼？我們修法的目的就是這個。

法　師：師父！那這樣會不會有一個問題，我們每次做這樣的觀想
　　　　跟祈求，上師應該都是具有這種無比的能力跟威德力的，
　　　　淨除完我們的罪障跟業障，讓我們生起這樣的能力以後，
　　　　可是出來一對境，又不行了。

仁波切：這當然不行，一次兩次哪有這麼簡單的事情！就是要再再
　　　　地修啊！為了生起這樣的證量，所以就要學啊！修法最終
　　　　的目的就是要生起證量，一次、兩次，哪有可能？但就算
　　　　沒有生起，也是懺罪的一個好方法嘛！

真　師：喔！

法　師：不生起也是懺罪的好方法？

仁波切：那是肯定的！你不可能馬上生起，哪有這麼簡單的事！從
　　　　無始以來，我們沒有修過這樣的法，即使修一次的功德也
　　　　是相當了不起，很了不起的，無比、無量！《安樂道論》
　　　　裡面的觀想比較短、比較方便。《廣論》裡面太廣了，全

部都要唸，要觀想出來就比較難，打坐正修的目的就是這樣。你真實能體會到的話，那就不用學了嘛！已經體會了嘛！想生起這樣的證量，我們就要學。一兩次哪有那麼簡單，一年、兩年、三年都可以啊！三年如果你生起這個量那也不錯，三年當中我們能夠生起的話，那就……

真　師：厲害！

仁波切：那當然，當你把上師視為佛，那就可以即身成佛了。

真　師：師父！生起上師是佛的觀想，就可以即身成佛了？

仁波切：那當然，你要是達到這樣的證量，那其他還不能嗎？當把上師視為佛的時候，就是第一名了。

真　師：師父，這個修法是《安樂道論》裡講的啊？

仁波切：是《安樂道論》裡講的。這個修法比較方便，你們如果能修的話，修一次也可以嘛！修一兩次試試看。我們雖然學是學到了，但是接下來到底怎麼修？平時我們在生活當中固然要修，但是你如果有時間要專修的話，就用這個修法。《廣論》裡面提到修法的部分，只有兩三句，而這個修法是《安樂道論》列出來的，實際上《廣論》依師的一切內容，都已經包涵在這個觀想當中了，所以這個觀想是很重要的。

你剛才的問題是認為：我們就這樣訓練，也看不到他是佛，那修和不修不就是一樣嗎？

真　師：不是那樣的。

仁波切：不能這樣想。再修啊！我們學佛的目的就是要修行，修行的目的就是要得到這個證量，不斷地修的話一定會生起，會一天比一天好的，要不斷，要堅持！學好了以後，要再定下心來、要再修。實際上我們就是這樣，今天學過的內容，就要回去再三地觀察、再三地思惟、再三研究，這也是修。但是呢，我們很少有坐下來正修的機會，所以能夠這樣修的話是很好的。過去祖師們就是這樣的，學一門，就要修一門，就是這樣修出來的。為什麼我講這個呢？依師軌理的修行方法學會了以後，下面一切法門都是一樣的，是雷同的，這麼修就對了。

真　師：師父，《安樂道論》跟《廣論》不一樣的地方，是不是在修完六加行之後，把資糧田攝在頭頂上，供養上師略軌的七支、曼達之後，從祈求開始不一樣？祈求的部分是不一樣的？

仁波切：不是不一樣的，在《廣論》裡沒寫嘛！《廣論》裡面到觀想資糧田就結束了，沒往下寫。而帕繃喀大師講的資糧田是用《上師薈供》，是用上師供的形式來觀想；《安樂道

論》裡面就是皈依境的形式，用皈依境的形式來觀想資糧田，資糧田的觀想方法不一樣。如果我們按《上師薈供》觀修資糧田的話，頭上是觀為宗喀巴大師。那你觀想資糧田的時候，用哪一種行相都可以，自己的上師、宗喀巴大師、釋迦佛都一樣的，都一樣的。很好！

真　師：師父，再問您一個問題，比如說觀想自己周圍的有情，不都是化現為人形嗎？

仁波切：對。

真　師：那要觀想多少啊？觀想的有情看不到邊際那麼多？

仁波切：那當然看不到。

真　師：那人都要觀想多大的？還是自己隨意？

仁波切：像自己的人體一樣，按照這樣的方式。只要你意樂上大體這樣一想，就很多了，如果一個一個想，那怎麼觀得出來？

居　士：師父，心裡有個概念就可以了嗎？

仁波切：概念嘛！你覺得如果要是這麼多的人，我就沒地方，話不能這樣講，其實觀想是很方便的！觀想很方便。比如這面小小的鏡子裡面，可以容納河水、大山，全部都能容納在這裡。實際上這個鏡子沒有變大，那個山也沒有變小，卻

都可以容納在這個鏡子裡面。觀想就是和鏡子一樣的道理啊！要這樣觀想。

之前我們不是講過《普賢行願品》的偈子：「於一塵中塵數佛，各處菩薩眾會中」，也是這樣的。你的眼睛那麼小，但是周圍的山河全部都在你的眼睛裡面，是不是把這個周圍的山、河變小了？不是。是不是你的眼睛變大了？也不是，觀想就是這樣的道理啊！是可以的。我們都會有這種想法，我也有，但這樣想的話，周圍會坐不下那要怎麼辦？所以不能這樣子想。一念當中就想全部有情，整個六道有情變成人的形式在我的周圍就可以了，大體上就這樣想。

前面是修習德本信心的方式。一般而言，親近知識軌理只有說到五個所緣法類，有五個所緣法類；《廣論》只有講兩個所緣法類，《安樂道論》則是分成五個所緣法類來講。第一個就是之前說的，總體淨化不如理親近知識的罪過，而祈求加持能如理親近。第二個就是淨化一切不視師為佛的罪過，而祈求加持能視師為佛。現在我們已經講完第二個了，就是關於修信，祈求加持能視師為佛。

第三個是什麼呢？是淨化分別過失的心。關於淨化內心分別上師過失的方式，這裡有一個所緣法類。當想到：「上師也有這樣、那樣的過失啊？」如果現起這樣的想法，要想不是這樣，這只是你不知道是你自己的過失，並不是上師有這樣的過失。比如以前的善星比丘，看不到佛陀任何一點功德；聖者「無著將至尊彌勒見為母狗」。至尊梅紀巴[2]

大師，「梅紀巴見瑜伽自在夏瓦日依瓦³」，夏瓦日伊瓦是他的上師。「行宰豬等悖理之行」，就是屠夫，只看到瑜伽自在夏瓦日伊瓦是殺豬的。這樣看來，「實非我諸善識有過而現過失」，那不是過失。「是我所見不淨所致」，應該這樣想。

「是故祈請上師天尊加持我及一切如母有情於相續中，雖剎那頃於善知識亦不生起分別過失之心」，即使一剎那，也不起分別過失之心。「順易生起凡師」一切「所作皆見為功德之大信」，要這樣思惟。接著要觀想：從上師一切身分放出無量光芒、無量甘露，進入自他一切有情的身心，淨除一切分別上師過失的罪障與習氣，增長一切福德與壽命，自他一切有情的相續中都生起了這些殊勝證德。這樣修習即是第三個，淨化分別上師過失之心的方式。

接下來是意樂親近軌理中，由隨念善知識恩德而生起恭敬的方式。這在前面都說過，自己直接獲得法緣的一切上師顯現在頂門上師的面前虛空，而從自己頂門的上師和前方一切上師的心間放出甘露，這都一樣。這在前面說了吧？要從自己頂門的上師心間，迎請自己獲得法緣的所有上師在面前虛空，這在任何所緣法類都是一樣的。

第四個要想什麼呢？要觀修與自己有法緣的一切上師在前方，這全部「於我有極大恩惠，以能順易」、無難、速疾「賜予盡斷惡趣、輪迴一切痛苦之最勝解脫——正等正覺大寶果位」、一切遍智，「盡為此諸善識恩德，故得令我悟入此甚深道。是故祈請上師天尊加持我及一切如母有情，於相續中順易生起隨念此諸善識恩德之大恭敬」，要這樣想。

祈願很容易地生起隨念恩德的強大敬意，祈請上師天尊加持能夠生起！

然後又從上師身分降下五彩甘露光明，進入自他身心，淨化對於生起憶念師恩的敬信證德之一切障礙，並觀想：這樣的一切證德在心中生起。增長自相續中一切福德、壽命、教證的功德，而想：這些證德都在心中生起了！要執持這樣的意樂。這是第四個。

最後，整個加行親近軌理只有一個所緣法類，一切善知識明現在自己的前方。「此諸真佛善知識」，自己的一切上師都是真佛，為了他們，我能夠毫無吝惜地奉獻自己的一切身、受用、三世所累積的善聚。「特以依教奉行」、依師教修，自己的一切體驗和證德在相續中生起以後，將這一切都化為供物，而令上師歡喜、讓上師能王金剛持內心歡喜。「祈請上師天尊加持能如是行持」，要這樣想：祈請上師天尊加持能夠這樣行持。由於這樣的祈請，從上師天尊的一切身分降下五彩甘露光明，進入自他無邊有情身心，淨化加行親近善知識的一切障礙，在自他相續中就生起了這些證德，要這樣勝解。

所緣法類就只說了五個。接下來，「完結」要做什麼呢？「於觀修」自己「頂門上師天尊之中」，將觀想在面前的一切上師都融入自己頂門的上師。然後祈禱、唸上師名稱咒，以這樣子來迴向、發願，接著就可以起座了。

這全部在《廣論》前面「令發定解故稍開宣說」中有廣說了；而在後面「總略宣說修持軌理」中就只說了兩個所緣法類。前面雖有廣說，但不是在講修習的軌理，只是說了內涵，而這五個就包含了整個親近知

識軌理的法類。一般而言，在《廣論》的意樂親近知識軌理中，總的是講到用九心的方式親近知識的道理，接著有修習德本信心以及念恩修敬的道理。然後是加行親近軌理，其中也有財物、承事、依教奉行三個，講得很廣。而在這五個所緣法類中，就把它全部收攝在一起，說了修持的軌理。

依著這個修軌在修的時候，要思惟這裡面已經包含整個親近知識的法類，並看看心中是否能夠現起？內心是能漸次修習的！這五個所緣法類，比如按能力所及來安排座時的話，可以在四十分鐘觀修完每一個所緣；要不然在一座中先修第一個親近軌理，第二座是信心依止軌理、修信軌理，然後第三、第四、第五座，按照次第修習也是可以的。總之，如果能修的話，這樣修習是很好的。

口　　譯：在五個所緣法類中，第一個是意樂及加行總體修法，是吧？

仁波切：是！親近知識軌理中依止勝利和不依過患，這是總的，然後分意樂親近軌理和加行親近軌理兩個。意樂親近軌理有分三個：修習德本信心的軌理，其次是淨化不信的軌理，然後是修敬的軌理。再來是加行親近軌理，就是四個。除了這五個就沒有了。

不論如何，主要是看內心是否能熟記、能對這方面熟練，得要串習

它。如果習慣了，串習堅固的話，就算不去思惟、不刻意去想，這也能在心中現起嘛！比如我們把課誦背起來的話，只要起個頭，就算不去想也能往下順順地唸完嘛！不論任何法類，能把所緣練到這樣的時候，不論何時都能不費力地在心中顯現。所謂的修，就如之前講過的，主要是截斷一切惡行的續流，而能一心安住於善品，要修的內涵就是這個。

註釋

1 **唯我志弱無精進**　引文出自《入行論‧不放逸品》第46偈。

2 **梅紀巴**　意譯為慈氏者，又名為無二金剛，約10世紀人，是傳承噶舉派大手印法的印度祖師，早年親承那洛巴、響底巴教誨。少年時即通達外道義理，後為那洛巴大師以辯論調伏轉入內道，未經久時即通達內道教理。然不滿足，經祈求度母、觀音獲得授記，因而前往依止南方吉祥山夏瓦日依瓦大師而獲證悟。後於止迦摩羅尸羅寺時，因受用密教誓言物，為時任該寺的執事的阿底峽尊者等大德們所驅擯，施展神通穿牆離寺。弟子中有阿底峽尊者、馬爾巴譯師、瓊波瑜伽師等印藏開宗立派的大德。

3 **夏瓦日依瓦**　古印度大成就者，勝樂金剛傳承和六臂速救智慧怙主傳承祖師。師為婆羅門種姓，善巧樂舞，極擅一時。後為龍樹菩薩灌頂攝受，認真實修，親見六臂怙主等眾多本尊，授予金剛乘教法。曾於那蘭陀寺調伏持毒蛇明咒婆羅門，攝受眾人令入金剛乘教法。後住吉祥山，以獵人形象利益眾生，即身獲得雙運果位。弟子有著名的梅紀巴大師等人。

未修中間應如何行／
密護根門、正知而行

　　未修中間如何行者，^妙分二：一、善盡總體所緣效用；二、成止觀因之行持。今初：總之雖有禮拜、旋繞及讀誦等多可行事，然今此中正主要者，謂於正修時勵力修已，未修之間，若於所修行相所緣，不依念知，任其逸散，則所生德，極其微尠。故於中間應閱顯說此法經論，數數憶持；應由多門修集資糧生德順緣，亦由多門淨治所有違緣罪障；一切之根本，應如所知，勵力守護所受律儀。故亦有於所緣行相淨修其心，及律儀戒、積集資糧三法之上，名為三合而引導者。^語先輩諸師語教中云：「不修心者如畫燈，無律則如無主藏，不積資如種無水。」

講記

　　下面提到「未修中間如何行者」，就是「正修時應如何行」及「未修中間應如何行」二者中，座上正修以後的座間。在這裡妙音笑大師又開了兩科，說到：「一、善盡總體所緣效用」，是指總體所緣的修學方式，要說明總的作法；然後「二、成止觀」──奢摩他和毗缽舍那的「因之行持」，一共兩科。

　　口　譯：什麼是「善盡總體所緣效用」？

仁波切：「善盡總體所緣效用」，就是總體解釋在未修中間要怎麼
　　　　做，以及在未修中間也要再再明現座上的所有所緣，這樣
　　　　就會產生效用；其後，「成止觀因之行持」，開了這兩
　　　　科，往下就明白了。

　　「今初」，「善盡」未修中間「總體所緣效用」的方式。座上修完
以後，「雖有禮拜、旋繞」，可以禮拜，也可以旋繞，以及「讀誦等多
可行事」，有很多能做的事情。「然今此中正主要者」，比如你現在要
修習依師軌理這個所緣，「於正修時勵力修已，未修之間，若於所修行
相所緣，不依念知，任其逸散，則所生德，極其微尠」，在正修時雖
然有修習座上的所緣行相，但下座後如果不去稍微修習所緣行相的話，
由於不依正念正知，你在座上修的法類也無法產生很大的效益。「故於
中間」，在各個座間、平常的時候，不能放縱內心。「應閱顯說此法經
論」，可以研閱其他經典中關於依師軌理的法類，說要「數數憶持」，
要一再地，內心不能放掉，再再地憶念。

口　　譯：「則所生德，極其微尠」是什麼意思？

仁波切：就是對於你現在座上所修的所緣法類，很難往上進步。

口　　譯：所緣法類要進步很難？

仁波切：是，不管你要修習的所緣法類是什麼。對於現在所修的內

容，比如你本來是要修依師軌理嘛！你的修行不會有進步。「則所生德，極其微尠」，就是沒法進步，要往上進步是很困難的，進步很小。

　　在此之上，要生起這個所緣行相的證德，乃至任何座上修習的時候所緣的證德，「應由多門修集資糧生德順緣」，集資糧，在座間也要多門集資；「亦由多門淨治所有違緣罪障」。在這一切當中，根本是什麼呢？「一切之根本，應如所知，勵力守護所受律儀」，對於各自相續中的誓言及律儀，就各自所知道的，要勤勤懇懇、好好地精勤如法守護。這樣善為守護各自律儀與誓言以後，於所修的所緣行相淨修其心，所修的所緣行相如果是依師軌理的話，就於此淨修其心。「於所緣行相淨修其心」，其次好好地守護「律儀戒」，精勤於「積集資糧」、淨除罪障，這樣做的話，有些人將此「名為三合」，有人取了「三合」這樣的名字。「而引導者」，所謂在引導的時候，要三合而修，就是指這個。

口　　譯：第三個只有集資，並沒有淨障。

仁波切：雖然沒有，但這是必須的呀！沒有的話不行的。順緣、違緣罪惡等等雖然在字面上沒有提到，但是必須修。集資淨障算一個，守護誓言及律儀為根本，然後修心。「於所緣行相淨修其心」是種子，其他全部是順緣。

口　　譯：「應如所知」是什麼意思？

仁波切：凡是自己知道的、能記得的，就自己內心所了知的去守
　　　　護。在自己的律儀戒當中也有不知道的嘛！不知道的部分
　　　　就沒有辦法。

　　如果不去將護所緣行相的話，僅僅只是知道，並不會有什麼意義。
這裡語王尊者在箋註中提到：「不修心者如畫燈」，不去修心、不修持
的話，就像在唐卡上畫的油燈，它是無法散發光芒的。

口　　譯：「如畫燈」是什麼意思？

仁波切：在唐卡上有畫油燈、畫太陽吧？但是太陽沒有光嘛！

　　「無律則如無主藏」，律儀、誓言不清淨，就像在地底下雖然有很
多寶藏，沒人掌管的話就無法受用。「不積資如種無水」，沒有積資淨
障的話，如同沒有濕潤的種子一般，就像播下種子後，沒有溫暖及濕度
等等助緣。「先輩諸師語教中云」，是先輩上師所說的，這應該是指種
敦巴尊者。

　　這間接表示說，無論任何的道要在心中生起證量的話，必定要以清
淨的三種律儀作為根本；在這之上，就如之前我們在加行六法中提到
的，依靠集資淨障，然後去修習所緣行相的話，一切的證量都會順利生
起，這是間接要理解到的。

居　士：為什麼説沒有律儀的話，就好像寶藏沒有主人去受用？

真　師：沒有人身。

仁波切：有了寶藏但沒有人受用的話就等於沒用啊，用不上嘛！還是用不上。你沒有戒律的話，就這樣一輩子，即使有殊勝的法緣，殊勝的法，你學起來也不會有什麼多大的結果。

居　士：就是碰到殊勝的法，也修不出結果，自己不能去受用的意思？

仁波切：對、對！大體上就這樣。

　　我們平常任何時候總是在煩惱品上觀察修，卻沒法在善品上觀察修。比如説我對汽車，心想：「啊！這是一輛好車，沙漠王是這樣那樣的……」這全都是觀察修啊！全部是觀察修！瞋恚也是如此。對貪著的境界也是如此，心想：「噢！這輛汽車很好，很快、很大，其他的車都沒這樣……。」這都是觀察修，觀察而串習。如果能將這全部的所緣都換掉，緣在善品的話就對了。很容易理解吧！所謂觀察修就是這樣，這是帕繃喀大師説[1]的。

　　為什麼我們的相續能不費力、不用想、自然而然地生起煩惱品？這是串習所致，無始以來已經習慣了，就不用修嘛！同樣地，如果去串習法的方面，到時候就能不費力、不用想，內心就能投注在任何善所緣；即使沒有一心投注，自然而然地心就能夠緣在善品上，是這樣説的。

真　師：師父，「故於中間應閱顯説此法經論，數數憶持」，是憶
　　　　持那個所緣行相，還是憶持經論呢？

仁波切：是數數憶持所有親近善知識軌理的意涵。「應閱顯説此法
　　　　經論」的經論，主要是要多看關於依止善知識這方面的
　　　　書，他講的就是這個。

法　師：就是經論裡面，講到依師軌理那部分的一些內涵，是不是
　　　　這個意思？

仁波切：是啊！你要修行的時候，這次你修哪種法，關於這方面的
　　　　書你就要多看看，意思就這樣。

🔹第二、止觀之因者：復應學習四種資糧，是易引發奢摩
他道、毘缽舍那道之正因，所謂密護根門、正知而行、飲食知
量、精勤修習悎寤瑜伽，於眠息時應如何行。初中有五：🔹一、
以何防護；二、何所防護；三、從何境防護；四、如何防護；五、何
為防護。今初、以何防護者：謂遍護正念及於正念起常委行。
其中初者，謂於防護根門諸法，數數修習令不忘失。二者謂於
正念，🔹以常恆🔹相續長久加行、委重🔹敬重加行而修習之。
🔹第二、何所防護者：謂六種根。🔹第三、從何防護者：謂從
可愛及非可愛六種境界。🔹第四、如何防護，其中有🔹守護諸
根及以六根防護二者，🔹第一、守護根者：謂根境合，🔹既起

◎從眼至意六識後，意識便於◎色乃至法六可愛境六非愛境，
發生貪◎前六者，及瞋◎後六，◎見已應當勵力◎習近對治，從
彼諸境護◎心，令不生◎貪瞋。

講記

「第二、止觀之因」，寂止與勝觀的因，是前面說「成止觀因之行
持」當中的因。「復應學習四種資糧，是易引發奢摩他道、毗缽舍那道
之正因」，如果要在相續中易於生起奢摩他與毗缽舍那的話，有四個
因，應該學習正因四種資糧。四種資糧是什麼呢？首先「密護根門」；
「正知而行」是第二；「飲食知量」是第三；第四則是「精勤修習悎寤
瑜伽，於眠息時應如何行」，這四者。

口　譯：「悎寤瑜伽」是什麼意思？

仁波切：「精勤修習悎寤瑜伽，於眠息時應如何行」，就是晚上分
　　　　成睡與不睡二種階段。夜晚分成三段，在中夜睡眠，初夜
　　　　和後夜兩個時段不睡，不睡的時候，須精勤瑜伽；而晚上
　　　　另一段是睡眠，睡眠的時候又該怎麼做，就是要說明這
　　　　個。

口　譯：「精勤修習悎寤瑜伽」是什麼意思？是指不睡的時候要精
　　　　勤於瑜伽？

仁波切：是的、是的。

那麼首先是「密護根門」。「密護根門」當中，妙音笑大師開了五個科判，說「初中有五」，一般而言，正文中就有這個科判。「一、以何防護；二、何所防護；三、從何境防護；四、如何防護；五、何為防護」，這些在正文裡有，往下就明白了。

「今初」是「以何防護」。以何防護中，「遍護正念」，第一個主要是要守護這個正念，要守護這個正念，「及於正念起常委行」。這裡分為兩個部分，就是分成「遍護正念」及「於正念起常委行」二者。「其中初者」，守護正念是什麼呢？「謂於防護根門諸法，數數修習令不忘失」，任何正念都是如此，沒有正念的話，我們就會生起忘念。忘記、想不起來，主要就是無法守住正念，如果再再地去想就不會忘。「防護根門諸法」，自己以前了解過什麼，或是背過什麼，全部都不要讓它忘記，要再再去守護，再再去憶持令不忘失，這就是正念，守護正念的方式就是這樣，守護正念。

一般正念的體性，是「於昔串習事令心不忘之心所」。對於以前所熟悉的事情、以前已經了解過的不令忘記。比如之前認識一個人就不令忘失，心裡不要忘掉，之後怎樣去想都能認得。這樣令心不忘的心所，就是所謂的念。

「於正念起常委行」就是第二科吧？於正念起常委行，是指要以「長久加行」及「敬重加行」二者之門來守護正念。這裡有兩個，其中

後面的「敬重加行」是什麼呢？以強猛之門來加行，就是敬重加行。所謂「敬重加行」就是強猛的加行，比如我們在背誦，就要用很強猛的加行來守護，得看內心有沒有背起來；以強猛的加行之門來讓內心執持不忘，這樣就叫「敬重加行」。「長久加行」是什麼呢？即使現在並非正在精進，雖然現在看起來內心沒有非常猛利，但是精進的勢頭沒有散失，完全不讓精進的力度衰退，相續恆常都有精進之力，這就稱為「長久加行」。

口　譯：請再講一次「敬重加行」。

仁波切：敬重加行就是強猛地做，以強猛的加行而修，就是敬重加行，要這樣解釋。

「二者謂於正念，以常恆相續」，指長時間的；雖然目前沒有發起精進，但精進的力量不能衰退，要長時地守護，這樣子就是「長久加行」。「敬重加行」是指強猛的；要觀察自己的內心是否有達到目標，例如我們背書等等就是這樣，得看有沒有背起來，就要讀誦很多遍，這樣就是「敬重加行」。要用這樣的方式守護正念。

用什麼防護呢？要用正念來防護。要用正念防護所有根門，「以何防護」就是如此。

「何所防護」，被防護的是什麼呢？是六根。下面有說：「第二、

何所防護者：謂六種根」，六根即是：眼根、耳根、鼻根、舌根、身根、意根。

「第三」是「從何」境界「防護」，要從什麼境界防護。「從何防護者」，就是從「六種境界」：色、聲、香、味、觸、法六境當中防護。六境就分類而言，「謂從可愛及非可愛」，從悅意的六種境界起貪欲，從不悅意的生起忿怒、瞋恚，是這樣吧！因此要從六種境界防護。

「第四、如何防護」，如何防護的方式。「其中有守護諸根」，就是要守護六根。「以六根防護」，不只是守護六根，也要以六根防護，有分這「二者」，這裡面有兩個。「第一、守護根者：謂根境合，既起從眼至意六識後，意識便於色乃至」聲、香、味、觸、「法六可愛境六非愛境，發生貪前六者」，貪著悅意境；「及瞋」不悅意的「後六，見已」，如果看到這樣，「應當勵力習近對治，從彼諸境護心，令不生貪瞋」，守護根的方式就是這樣，守護諸根。

口　譯：「根境合」是什麼意思？

仁波切：依著根與境。

🈁第二、即以六根而防護者：若於何境，由瞻視等，能起煩惱，即於此🈁六可愛境，🈁最初即便不縱🈁不散諸根而正止息。🈁總之，此二差別者，六根既已於境散動，發起貪瞋，於

此無間習近對治而遮止者為初；六根於境，初即不令放散而遮止者為次。說初業行者對治勢力羸弱之輩，後者為要。❷此二者中，其❷中初者修習守護根❷之理者，是於❷悅意六境，不❷以非理作意取行相、隨好。若❷雖不如是執取，然由忘念、煩惱熾盛，起❷貪等罪惡心，❷即彼無間，亦由防護而能止息。❷若念：取行相與取隨好差別云何耶？取行相者，謂於〔非應，❷不宜也。〕觀視❷悅意色等，正為❷故往觀視境界，或❷如無意觀見之境界現見在前，而於❷觀見彼等❷境界俱時生起，❷謂見彼境當下，即念是等姝麗如此，執取彼境行相而現前作意，❷由往觀❷之門而生貪等。

講記

前面有說「以六根防護」，這裡也有。「第二、即以六根而防護者」，比如眼睛「若於何境，由瞻視等」，但凡看到什麼「能起煩惱，即於此六可愛境」，以聲為例，就是悅意聲；同樣地，香就是悅意香。如是悅意色、悅意聲、悅意香、悅意味、悅意觸、悅意法，就這六種。「最初即便不縱不散諸根而正止息」，不要讓諸根趣向那些境界，必須遮止。比如美麗的色，一開始眼睛就不去看；聲音的話，就不去聽。以六根防護的方式就是這樣解釋。

語王尊者對「守護諸根」與「即以六根防護之理」這二者有箋註。

其中說到：「總之，此二差別者」，要說明守護諸根與以六根防護這兩個方式的差別。「六根既已於境散動，發起貪瞋，於此無間習近對治而遮止者為初」，第一個，比如六根中的眼睛面對美麗的色等生起貪心，遇到醜惡的生起瞋心等等，立刻習近對治、修習遮止的方便，就是第一個「守護諸根」的意涵。第二個是什麼呢？「六根於境，初即不令放散而遮止者為次」，比如眼睛，不讓眼睛往那邊看，不讓它散動，從一開始就遮止了諸根本身，就是第二個。對於我們「初業行者對治勢力羸弱之輩，後者為要」，不能習近對治，後者就很重要；從一開始就不讓六根於境散動，這點很重要！

「此二者中，其中初者守護根者」，守護根和防護根是一樣的，這裡要再次說明這個內涵。「修習守護根之理者，是於悅意六境，不以非理作意取行相、隨好」，取行相和取隨好，有分行相和隨好二者。「若雖不如是執取，然由忘念、煩惱熾盛，起貪等罪惡心，即彼無間，亦由防護而能止息」，這是守護的方法。「於六境不以非理作意」，非理就是非戒律、不順道理的。「取行相」，取行相是什麼意思呢？現前看見能生起貪、瞋的境，就是取行相。現前看見了，就想「這個很好」；如果是仇人的話，現前看見能生起瞋心的境，就是取行相，對貪與瞋境取行相。

除了這個，所謂的「隨好」，是指在心中顯現那個境的行相。即使這個色沒有現前，但想著：「這個行相是這樣和那樣的，貪著的境是這樣和那樣的」，而對它生貪。對所瞋恨的境也是想：「是這樣、那樣的」，而在心中顯現所瞋的境；心裡一再地想，而在內心憶念它的行

相，這就是取隨好，所謂取行相和取隨好就像這樣。所以這裡說：「不取行相、隨好」，就是指不可以這樣執取。

    口　　譯：這裡（果芒本）説到「非理作意的行相」，是指非理作意就是行相呢？還是説依靠非理作意而取行相？

    仁波切：但凡生起貪瞋，都是非理作意啊！並不如理。不可以因由非理作意取行相與隨好，要去遮止。

    口　　譯：是由於非理作意的緣故，而去取行相及取隨好？

    仁波切：是的。

    「若雖不如是執取，然由忘念、煩惱熾盛，起貪等罪惡心」，有説到「由忘念、煩惱熾盛」，就是並非取行相與隨好，卻還是生起的任何貪等罪惡。這裡説的忘念，不知道是對於什麼的忘念，應該理解為諸根對於一切境的忘念，就是忘記了！「若由忘念、煩惱熾盛，起貪等罪惡心，即彼無間，亦由防護而能止息」，漢文中有提到「忘念」吧？

    口　　譯：有。

    仁波切：這裡説的忘念應該是指不攝持正念；不攝持正念，就是忘念吧！是忘念。由於不攝持正念以及煩惱熾盛的緣故，又

生起貪等煩惱的話，就必須斷除。這個忘念應是不攝持正念。

口　　譯：「即彼無間，亦由防護而能止息。」

仁波切：要由防護而這樣修持。

口　　譯：「即彼無間，亦由防護而能止息」，這裡的「而能止息」是什麼意思？

仁波切：「由防護而能止息」，要修持守護諸根、六根的方法吧！是說要這樣精勤地修持守護根門的方法。

口　　譯：是指要照著前面所說的那樣去做？

仁波切：是的，要去修持。

　　下面還會解釋取行相和隨好的內涵。「**若念：取行相與取隨好差別云何耶**」，這兩個的差別是什麼呢？在原文將會說明。「**取行相者，謂於非應觀視**」，不應該看的。「**謂於〔非應，不宜也。〕觀視悅意色等，正為故往觀視境界**」，「**故往**」，自己想：「那是怎樣的？好不好？會不會很好？要去看看！」將這樣刻意觀視的色當作境界。除此以外，「**無意**」，並非刻意，有的是順帶看到的吧？「**或如無意觀見之境界現見在前**」，主要是現前的心識。「**而於觀見彼等境界俱時生起**」，當看到境界就生起貪心等等，對到瞋的境界馬上就忿怒，有這類的事

吧？「謂見彼境當下，即念是等姝麗如此，執取彼境行相而現前作意，由往觀之門而生貪等」，巴梭法王的箋註已經解釋了，沒有什麼難理解的。見到境界的當下，心想：「這很美、很好聽」，六根的對境中有這些吧！「執取彼境行相」，執取生起貪欲的境界的行相，內心執取而現前作意，藉由前往觀看而生貪心等煩惱，正文說這樣就是取行相。正文結合巴梭法王的箋註，一起說明了剛才唸的內容。

口　譯：「或境界現見在前，而於觀見彼等境界俱時生起」中的「俱時生起」是指什麼？是指生起貪、瞋之心嗎？

仁波切：是的，同時生起貪心。看到那個境的當下就想：「這很好看！」同時馬上生起貪等。這裡有提到「謂見彼境當下，即念是等姝麗」嘛！看下面有說：「是等姝麗如此，執取彼境行相而現前作意」，主要必須是現前，現前看見。或者是一開始自己這樣想，而現前去看也可以；另外，無意的，雖然不是想到要看，而只是順帶看到的，就想：「這很好看！」這種狀況是非常、非常多的，不管哪一種都是。無論是怎樣的事物，不論明不明瞭，對其令人悅意的部分生起貪著，這就叫做取行相，執取行相，就是心中執取那個境的行相。

口　譯：「執取彼境行相」是什麼意思？

仁波切：「執取彼境行相」，那個生起貪等的對境是什麼樣子，所

謂的行相就是這個。

口　　譯：這個行相要舉什麼例子？

仁波切：就是那個境的相狀。那個境是大、是長、是短，它的樣
　　　　子、行相，在心中執取這個。現前面對那些所見的事物，
　　　　藉由前往觀看而生貪心等煩惱。

　　取隨好者，謂◉見彼境時，雖未執取彼境姝妙等相，然於
六識◉見境而起後，◉於前所見能引貪瞋癡三之境，意識◉念彼
為姝妙等，更復執持，或◉自於其境界，雖未現前◉正為觀
見，由從他聞◉敘其妙好，隨後思惟分別彼等◉而貪著之。◉第
五、防護◉體性為何者：謂◉根趣境時從雜染守護其意，◉既防
護已，若念心應何住？謂令住善性，或無記性。◉二種安住之
理，於此◉時中所住無覆無記◉之時者，謂◉餘時中威儀等時，
非是持心住善緣時。

講記

　　第二個講「取隨好」，這裡也有巴梭法王的箋註。「見彼境時，雖
未執取彼境姝妙等相」，現前沒有行相，現在並沒有境界，而是之前已
經知道了。「未執取彼境殊妙等相」，要取行相的話就要現前，這裡

是指沒有現前的時候。「**然於六識見境而起後**」，如果之前已經了知妙色而貪妙色，後來又再生起貪著。「**於前所見能引貪瞋癡三之境，意識念彼為姝妙等，更復執持**」，以前看到的美好境界，現在雖然沒有現前，但是心中沒辦法放下，一再回憶：「那是多麼美好啊！」「**或自於其境界，雖未現前正為觀見**」，雖然境界沒有現前、沒有現前看到，或者即使從未見過，但是聽別人說：「這個很好！它有這樣、那樣美好的地方……」宣說它的功德，因而心就跟著去，就會想：「哦！這應該不錯！」而在相續中生起貪著。「**隨後思惟分別彼等而貪著之**」，這就叫做取隨好。不管是取行相還是取隨好，都要防護、都不能執取，要從這兩者去防護。

「**第五、防護體性為何者**」，說明防護的體性。「**謂根趣境時**」，六根趣入六境時，「**從雜染守護其意**」，煩惱的心對於美好的色等，會想：「這個色很美！」要去守護這顆心。守護之後，「**既防護已，若念心應何住？**」心要安住在何處呢？心要安住在善品，所謂防護的體性就是這個。比如諸根不去觀看色等，而思惟自己相續中的戒律，安住於善心，或思惟守護諸根的方法等等。即便沒法安住於善的體性，也要安住在無記性，不可處在惡的體性中。「**謂令住善性，或無記性**」，不能讓煩惱生起，如果起煩惱就成為惡法了。內心一定要安住在善或無記二種體性的其中一者，要這樣解釋防護的體性。

法　師：有一個問題，取行相是指境界在眼前看得到，取隨好是指看到之後？

仁波切：對，取隨好的時候沒有看到嘛！你剛才已經看過了，現在沒有在你的面前，但是你又再憶念剛才看到的東西、又再想出來。

　　一般來說，非善非惡的法就叫做無記。說到善，那善又是什麼呢？「由能與自果安樂的這一分而安立的有記之法」，就叫做「善」。「由能與自果痛苦的這一分而安立的有記之法」，稱之為「惡」。不是善、惡任何一者，不是善也不是惡的，就稱為無記法。

口　譯：有記之法是指佛在經典中所開示的法，是這個意思嗎？

仁波切：是的，應該可以這麼理解，但到底是不是佛說的並不清楚。教典沒有說到是善、惡任何一者的法，就叫無記之法，至於是不是佛說的不清楚，但性相是這樣說的。

　　這裡說的是這樣，下面箋註有說：「二種安住之理」，兩種安住之理，其中的無記一般有分成二種：有覆無記和無覆無記。「於此時中所住無覆無記」，這裡說要住於無覆無記。「之時者」，說到安住於無覆無記的時候。「非是持心住善緣時」，如果是內心執持善所緣的時候，就是善的，但不是指這個時候。「謂威儀等時」，不是執持惡品與善品，而是在此二以外的威儀等等的時候。總體而言，心要執持善所緣，善、惡二者之中偏善比較多一點，就是所謂非染污的無記，要沒有煩

惱，不可以有任何煩惱。無覆無記是偏善品比較多一點，有覆無記則是偏煩惱品比較多，簡單講起來，這個詞大概是這樣解釋。

　　正知而行者有二：何為所行事，於彼行正知。初中有⁽妙⁾行動業及受用業二者：謂五行動業及五受用業。⁽語⁾師云：「言此十者，為以正知所行之事，或正知安住之處。此與前防護根門章所說諸軌，皆為聖無著於《瑜伽師地論》引經所說，大師據此而作宣說，故應如是尋求密意。非唯此耳，即如本論前文所說，諸凡廣行法類，則依無著兄弟論著；深見法類，則依龍樹怙主父子論著而解，不作無據臆造之說。」

講記

　　「密護根門」已經講完了，接下來講「正知而行」。易於生起奢摩他、毗缽舍那道的因——四種資糧中的第二個就是正知而行。「正知而行者有二：何為所行事，於彼行正知。」密護根門主要是談到正念，主要是說明修習正念的方式，那正知而行呢？說到正知所行的事，以及對此事行持的正知二科。「初中」正知所行的事，分成二科：「有行動業及受用業二者」，這兩個是什麼呢？有五種行動業及五種受用業，一共十種。在原文裡也是分成「五行動業及五受用業」兩個。

　　這裡又有一個語王尊者的長篇箋註：「言此十者」，有十種：五行

動業、五受用業；五種具足行動的業，及五種具足受用的業。關於這十種，語王尊者說：「為以正知所行之事，或正知安住之處」，是正知安住的處所、正知的境，就是指五行動業和五受用業。「此與前防護根門章所說諸軌」，「此」是指正知的修習方式。無論是行持正知或是防護根門的方式，「皆為聖無著於《瑜伽師地論》」，是在聖者無著的《瑜伽師地論》當中「引經所說」。「大師據此」，大師以此作為依憑「而作宣說」，根據即是《瑜伽師地論》。「故應如是尋求密意」，對於如何尋求《瑜伽師地論》引經而說的一切密意，應該如大師所說的那般去尋求。

口　譯：「故應如是尋求密意」怎麼解釋？

仁波切：就是無著菩薩在《瑜伽師地論》當中引用了經典，尋找其中密意的方式，應該像宗喀巴大師現在所解釋的那般來解釋。所謂「如是」就是這個意思。

「非唯此耳，即如本論前文所說」，前面講過很多。「諸凡廣行法類」，廣行及深見二種法類中，前面所說的廣行法類，「則依無著兄弟論著」，必須依據無著兄弟──無著與世親的論著。「深見法類」，則是以龍樹怙主、聖天阿闍黎、具德月稱等等的論著作為依憑來解釋。「不作無據臆造之說」，如果沒有那樣的依據，大師不會自己臆造而說；有正理與經論依據才說，沒有是不會說的。這就是語王尊者的箋

註。

其中初五之^妙第一、身事業者：謂若往赴所餘聚落餘寺院等，若從彼還。^妙第二、眼事業者：一若略睹，謂無意為先，見種種境。二若詳瞻，謂動意為先，而有所見。^妙第三、一切支節業者：謂諸支節若屈若伸。^妙第四、衣缽業者：謂若受用及其受持三衣及缽。^妙第五、乞食業者：謂飲食等。

講記

這裡的第一個，五行動業當中，分為身業、眼業、一切支節業、衣缽業、乞食業這五個。其中「第一、身事業者：謂若往赴所餘聚落餘寺院等，若從彼還」，從自己的住處前往其他聚落或其他寺院，然後回來，這叫身事業。五行動業的行動是什麼意思呢？所謂動和不動，是就去來而言，第一個身業就是如此。不論去來，全都要用正知觀察：要去哪裡、回程會經過哪裡，要用正念執持，用正知偵察、觀察，這是正知所行的境。

「第二、眼事業者：一若略睹，謂無意為先，見種種境」，無意為先。眼中顯現的境界有很多吧？但凡眼中自然看見的色處等。「二若詳瞻，謂動意為先，而有所見」，動意為先。想著：「喔！要看這個東西，要看那個境」而過去看，這樣就是眼業。

接著，「**第三、一切支節業者**」，一切支節，比如手是支的話，節則是手指等，這一切的業。「**謂諸支節若屈若伸**」，伸出去與屈起來，這全都要用正知去守護，不守護的話，會有很多過失的，從支節和坐姿上會產生很多過失。「**坐時勿伸足，雙手莫揉搓[2]**」，不能伸腳坐，還有手這樣搓揉（做按手指的樣子）。比如在授經的時候、在上師面前這樣做（按手指），這全是不恭敬的表現；還有翹腳、伸足，這都是不敬的表現。「**坐時勿伸足，雙手莫揉搓**」，這在《入行論》中提到很多。總的來說，「**世間所不信，隨俗避譏嫌[3]**」，凡是無法讓世間生信的，在世間中讓人討厭、敏感、譏嫌的行為，自己如果知道就知道了，不知道就看別人，問問這樣行不行，而要斷除。要用正知守護一切支節的屈伸，這不容易。

口　譯：這句偈頌是誰講的？

仁波切：寂天大菩薩！

「**第四、衣鉢業者**」，這裡主要是就出家人來談的。「**三衣**」，是指五衣、七衣、九衣，以及「**鉢**」等「**受用及其受持**」，受用、受持的方式。受持七衣、九衣，比如要不要加持？穿著五衣的時候，往下垂覆不能蓋到腳踝以下，往上撩太多的話也會產生墮罪。受用衣鉢的方式，是有很多要注意的。比如受持三衣，都是要有加持的。七衣就叫法衣；這是披肩、掩腋衣（仁波切手指披肩）；五衣是下裙，然後九衣。這些

不以正知守護，也會產生很多過失。這是衣缽業。

口　譯：什麼是「受持」？

仁波切：就是要捉持，要受持有加持的，如果離衣過夜就失去加持
　　　　了。晚上衣都不在的話，加持就失壞了，就得重新加持，
　　　　這是受持的方式。也有提到缽的受持方式。

「第五、乞食業者」，乞食業，就是吃東西。「飲食」，指的是喝
的、喝茶等，以及吃飯、吃菜等。吃東西的時候，我們也很容易造集很
多過失：嘴張太大也不行、張太小也不行；發出「噗噗、恰恰」的聲音
等很多過失；還有飯蓋在菜上面、菜蓋在飯上面，這類過失有很多種。

口　譯：菜蓋在飯上？

仁波切：菜蓋著飯，就看不到飯，說：「我沒有飯！」比如打入食
　　　　物時，我這裡面有飯嘛，用菜蓋住以後，施主就看不到
　　　　飯，就說：「我需要飯。」然後施主會再打飯上去。同樣
　　　　飯蓋在菜上也不可以。

對比丘而言，飲食、衣服這方面有很多的墮罪，能守護好衣缽業及
乞食業的話，就能避免很多這方面的墮罪。這全部都要以正知偵察，偵

察就是觀察，要觀察什麼該做、什麼不該做。行持正知的地方是哪些呢？這五個都是。這就是五行動業。

口　　譯：衣缽業和乞食業主要是針對出家人來講的嗎？

仁波切：是的，這全部主要都是對出家人講的。往赴聚落、寺院，要思考什麼時間可以去，什麼時候不能去；眼睛所見到的，什麼是可以看的，什麼是不能看的，都要透過正知去守護；一切支節要怎麼做也說了很多。主要是針對出家眾來談。

口　　譯：這五個全部都是？

仁波切：這五個主要是對出家人說的，因為居士是沒有法衣和缽的。

　　第二、寺內五種受用業中，身事業者：若行，謂往經行處，或往同法者所，或為法故行經於道；若住，謂住行處、同法、親教、軌範、尊重、似尊等前；若坐，謂於床等上結跏趺坐。　第二、語事業者：謂若請受曾所未受十二分教，分別了解；諸已受者，或自誦讀，或為他說，或為引發正精進故，與他議論所有言說。　第三、意事業者：謂諸默然——若於中夜

而正眠臥，若赴靜處思所聞義，若以九心修三摩地，若正勤修
毘缽舍那；或於熱季極疲倦時，於非時中起睡眠欲，略為消
遣。

講記

五行動業結束了，「第二」要講五受用業。「寺內五種受用業」，
就是自己待在寺院裡。五行動業主要是講出去寺院外的時候，五受用業
主要則是說明在寺院時的五種業。「寺內五種受用業中」，有講到「寺
內」。這二者的差異大概是這樣。

在這之中第一個是身業，「身事業者：若行，謂往經行處」，不是
去到其他地方，是站起來來回走一下，就叫做經行。有趣、行、坐、
臥⁴是吧！就是這當中的經行，這是一個。「或往同法者所」，就是往
來寺院裡面自己的法友、同法者的住處時。「或為法故行經於道」，為
了法而在道路上走。講到「行經於道」，雖然這裡沒有說是不是在寺院
外，但這裡是說「寺內五種受用業」，所以應該是在寺院裡。「若住，
謂住行處」，在經行的地方。或待在自己的「同法、親教、軌範、尊
重、似尊等前」，處在自己的親教、軌範、上師、似尊等面前的時候，
要恭恭敬敬、戒慎恐懼。「若坐，謂於床等上結跏趺坐」，這些就是身
業。比如要說法的話，就要在座上結跏趺坐，這個時候正知要怎樣去守
護、要觀察哪裡，就要用正知敏銳地偵察著。

口　譯：「似尊」是指什麼？類似親教師、軌範師等這樣的人嗎？

仁波切：對！這樣的人，泛指一切需要恭敬的人。待在自己住處
　　　　時，如果同法者、親教師、軌範師、上師、似尊等蒞臨，
　　　　待在他們面前的時候，要思考應該怎麼待著，自己的威儀
　　　　應該怎麼做，就在講這個。

口　譯：「往經行處」的意思是？

仁波切：待在經行處的時候。必須要注意，如果不用正知守護，就
　　　　會出現躺著等等各式各樣的行為、各種難看的行為，是在
　　　　說這個。

口　譯：那「行處、同法」的意思是？

仁波切：「行處」，可以理解為經行的地方；「同法」，就是指自
　　　　己的法友。無論是親教師、軌範師、上師、似尊誰來，在
　　　　他們前面待著時需要戒慎恭敬；即使坐在座上，也要用正
　　　　知守護。這都是行持正知的處所。

口　譯：「謂於床等上結跏趺坐」？

仁波切：跟別人說法，就要坐在法座上嘛！就是這個時候。

口　譯：「謂住行處、同法、親教、軌範、尊重、似尊等前」是一
　　　　種，「謂於床等上結跏趺坐」是另一種嗎？

仁波切：對！這也是一個，是另外的，這兩個是各別的。

五受用業中的「第二、語事業者：謂若請受曾所未受十二分教」，以前沒有請過的法，比如去請受經教的時候也好，或者聽法的時候也好，講聞正法的時候也好。有提到十二分教，這些都攝在三藏當中。「分別了解」，請受十二分教，然後分別了解其義，證得其中所有內義的時候。「諸已受者」，對於自己得到一切的法，不管「或自誦讀」的時候也好，「或為他說」的時候也好，「或為引發正精進故，與他議論所有言說」，為了令自他生起精進、為了於法生起精進的緣故，和他人在一起談論能生起精進的法語，這都是語業。

口　　譯：「分別了解」是什麼意思？

仁波切：「分別了解」，就是各自去通達。然後對於已經請得的一切經教進行課誦、為他人說；為了讓其他一切人也生起精進，與他人一起議論，這樣的言說是語業。

「第三」是意業，「意事業者：若於中夜而正眠臥」，夜晚分成三分，初夜和後夜不眠息而精勤瑜伽，前面有提到。中夜的時候睡眠，這是一個。然後，「若赴靜處思所聞義」，去到山上、僻靜的地方，如實地修習自己之前聞思的一切法義。「以九心修三摩地」，在奢摩他時以九心正住其心，成辦三摩地。「正勤修毘缽舍那」、「謂諸默然」，

在修持止觀的時候是不跟他人說話的，要禁語，不會與他人說話，因為正修的時候是座上的時候，所謂「默然」就是這樣。「**或於熱季極疲倦時，於非時中起睡眠欲，略為消遣**」，熱的時候，身體會非常疲倦對吧！「**於非時中起睡眠欲**」，非時睡眠是指在初夜、後夜、白天等時睡覺，就是非時睡眠。如果在非正常時段想睡的話，就該把睡欲除掉，把睡眠除掉。

口　譯：這邊提到「默然」，是結合到中夜眠臥、赴靜處思所聞義、以九心修三摩地，還是只有修毗缽舍那？漢文的翻譯是將「默然」放在最初，所以會結合到以下的所有內容。

仁波切：是的，應該也可以結合所有的內容。主要是在修持這些的時候，在座上默然不跟他人言語。赴靜處思所聞義時也不講話，以九心修三摩地時也不講話，於中夜而正眠臥，這個時候也不會說話。應該可以這樣結合。

🔹第四、晝；🔹第五、夜二業者：謂由永日及初後夜不應睡眠之所顯示，此亦顯示身語二業。言睡眠者，顯示唯是夜間之業及是意業。

講記

　　「第四」和「第五」要講晝業和夜業兩個。「晝夜二業者：謂由永日」，在白天任何時候要守護身口意三業。晚上的「初後夜不應睡眠之所顯示」，白天和初、後二夜，由「不睡」顯示，中夜才睡。「此亦顯示身語二業」，這也顯示了身語二業。「言睡眠者」，「睡眠」是指什麼呢？是夜間的時候，是顯示夜間之業。「顯示唯是夜間之業及是意業」，「睡眠」顯示只是夜間之業和意業，前面則有身業、語業、意業。「言睡眠者，顯示唯是夜間之業及是意業」，睡覺是意業，這裡把睡眠安立為意業。「不睡」是指什麼呢？「謂由永日及初後夜不應睡眠」，有三個：整個白天，以及初、後二夜，由不睡顯示；「睡眠」，中夜睡眠顯示了夜間之業與意業，這樣就是晝夜二業。

　　這樣就具足十個了。具足十個是什麼呢？就是具足五行動業和五受用業。在其他道次第的箋註也提到，五行動業，是出去寺院以外的地方時要注意的行為；五受用業，主要是講住在寺院裡面時守護正知的方法。五受用業，大部分是在修持、講聞法義、聞思修的時候，是心緣在善品、心趣入善品的時候。除了睡眠，請受未曾受過的十二分教、修三摩地、修止觀，這全部都是善品。而前面的五行動業則是什麼呢？大多是就威儀上，是去其他地方的時候，一不小心就很容易有機會產生罪墮，很多罪墮之門都從這產生。比如乞食業，一不小心就會產生很多罪墮；受持衣缽一不小心也會出生很多罪墮之門；支節、身口意三任何一個都是很容易產生罪墮。此二者有這樣的差別。這十個都是行持正知的事、行正知之事，就是「何為所行事」。

於此十種正知行，^妙分二：一、略示；二、廣說。今初、於彼
等所行諸境，如何正知而行之理者：^語於彼等所行諸境，如何
正知而行之理，謂隨發起若行動業，或受用業，即於此業先應
住念，不放逸行。由彼二種所攝持故，應以何相而正觀察，如
何方便而正觀察，即以是相，如是方便觀察正知。

講記

第二是行正知，就是「何為所行事，於彼行正知」的第二科：「於
彼行正知」。「於此十種」，十種就是五行動業和五受用業。「於此十
種正知行」，對這十種行持正知。這裡「分二：一、略示；二、廣說」，
有兩個科判。妙音笑大師在第一科中作了一段箋註：「今初、於彼等所
行諸境，如何正知而行之理」，講到無論若行、若坐任何行為，對於這
些境界應如何正知而行，正知要用怎麼樣的方式觀察、抉擇。語王尊者
的箋註是：「於彼等所行諸境，如何正知而行之理」，這兩個箋註是一
樣的。這是第一科「略示」。

不管是十種業哪一個，「若行動業」也好，「或受用業」也好，
「謂隨發起」十種業的任何一種，比如去聚落，是行動業當中的身事
業；在上師座前聞法為例，則是受用業。諸如發起這些業的時候，「即
於此業先應住念」，安住正念，用正念攝持，要想：「今天我要去哪
裡、到哪裡……。」我們要有個規劃，心中去憶念，這就是「住念」。

正念是什麼呢？對於這地方是否可以來往等一切，都要清楚明瞭，然後用正知對此觀察。身的威儀要如何呢？「**不放逸行**」，不可以放逸，要斷除一切放逸的行為。

「**由彼二種所攝持故**」，「彼二種」是指正念和不放逸。由這二者所攝持之門，「**應以何相而正觀察**」，主要就是要用正知去觀察：「我有沒有在放逸？行走時的動機應是如何？是可以去，還是不可以去的地方？是可以觀看，還是不可觀看的境界？」這就是「**應以何相而正觀察**」當中的「**觀察**」。接下來，如同正知所觀察的，「**如何方便而正觀察，即以是相，如是方便**」，再這樣去做、去「**觀察**」抉擇行、坐這些一切威儀之後，要「**正知**」一切應行不應行的差別。這就是正知而行的方式。

口　譯：「應以何相而正觀察」的「何相」，是指比如去觀察自己現在是否放逸？以及自己的動機、可不可以去？

仁波切：可以去或不可以去，都要用正知偵察、觀察。「如何方便而正觀察，即以是相」，現在是用正知觀察了吧！用這樣的觀察，對於可去或不可去的地方這一切，都要去觀察、了知。

口　譯：「正觀察」？

仁波切：「正觀察」就是指觀察、抉擇。

口　譯：「以何相而正觀察」的「何」是指正知嗎？

仁波切：是指正知[5]，必須用正知觀察。要安立是正知，因為是談
　　　　到如何正知而行的方式。

口　譯：「即以是相」的「以是」（義為：以彼），是指正知嗎？

仁波切：是「以是相」。現在用正知觀察了嘛！然後再去了知此境
　　　　可不可以去等等一切，是以那個正知。

真　師：用正知觀察。

仁波切：這裡有「大巴ㅂ夾瓦」（བརྟག་པར་བྱ་བ，正文翻作：正觀
　　　　察）和「鬥巴ㅂ傑巴」（རྟོག་པར་བྱེད་པ，正文翻作：觀察）
　　　　兩個，後面是「鬥巴ㅂ傑巴」，是命令詞，指要去觀察！
　　　　「正知」，要去了知。這段就是提到，正知所行的境，就
　　　　是前文的十種事業。對於其中任何一者以正知觀察之後，
　　　　要在心裡清楚分辨、了知一切可做不可做、可去不可去之
　　　　處。

法　師：這段最主要的意思就是這個？

真　師：對，這個意思應該是這樣。

　　接下來，大概共有三點。「如何方便而正觀察，即以是相」，用正
知所觀察的這個內容；「如是方便觀察」，去觀察境界；用正知去觀察

後,而清楚地了知一切可做不可做之處。

真　師：後面有舉例子,應該配合喻大概就比較知道。

仁波切：這個觀察,應該就這樣理解。這些下文全都有,下面是廣
　　　　說,會更好理解。

🈁第二、廣說,分三:一、別說;二、攝義;三、勝利。今
初:此中復有🈁事、方、時、業四種行相,初謂於其身事業等
十種依處,應以何相如何觀察,即於是處以是行相,如是觀
察。譬如於其往返事業,如律所說往返行儀,正了知已,即於
其時,正知現前行如是事。二謂於其何種方所,應以何相如何
觀察,即於是方,以是行相如是觀察。譬如行時,應先了知沽
酒等處,五非應行,🈁謂一沽酒女、二青樓女、三旃陀羅、四王
宮、五屠夫五處。除此所餘是可行處,於彼彼時安住正知。三
謂於其何等時分,應以何相如何觀察,即於是時,以如是相如
是觀察。譬如午前可赴聚落,午後不可,既了知已,即如是
行,爾時亦應安住正知。四於所有此諸事業,應以何相如何觀
察,即應於其爾所事業,以如是相如是觀察。譬如宣說「行時
應當極善防護而入他家」,所有此等行走學處,悉當憶念。

講記

「第二、廣説」，這是廣説。「分三：一、別説；二、攝義；三、勝利。」那「別説」中，妙音笑大師對於所謂四種行相，説到：「**此中復有事、方、時、業四種行相**」，説到四種行相。

真　師：第一個「事」是事情的事，是吧？

仁波切：事件的事。

那麼「**初**」者就是這樣：「**謂於其身事業等十種依處**」，十種依處就是五行動業和五受用業，就是這裡的依處。「**應以何相如何觀察**」，這是一樣的，就是前面説的那些。「**應以何相如何觀察**」，就是用正知去觀察那些。「**即於是處**」，「處」就是十種事業。「**以是行相，如是觀察**」，用正知如是觀察，要了知各種差別。「**譬如**」，在此舉個比喻會更清楚。「**譬如於其往返事業**」，實際上就是在講這些事情可以或不可以，返回也是一樣。例如對於前往、返回的事業，「**如律所説往返行儀，正了知已，即於其時，正知現前行如是事**」，我現在正在行走、要走到這裡，走的時候就是這樣，了解在戒律中説到不可以去的和不可以看的之後，要想我現在是這樣子行走，這是必須知道的。不論什麼事，自己要各依時宜了知；而能了知的，就是用正知來偵察。

口　　譯：「應以何相如何觀察」的「相」也是指正知，是吧？

仁波切：是，「應以何相」。而所觀察的事是什麼呢？就是十種事
　　　　業嘛！「即於是處以是行相，如是觀察」，「以是行相」
　　　　就是一定要以正知清楚了知這一切。

法　　師：是用正知觀察嗎？

真　　師：第一個問題就是說，應該用正知觀察。第二個問題就是
　　　　說：怎麼樣用正知觀察？就是一種過程，就是怎麼樣的一
　　　　種方法。

居　　士：正知觀察必須觀察自己有沒有正念，那個正念就是各種道
　　　　理。

口　　譯：但是沒有提到正念。

仁波切：不是正念，是「事」，觀察那個「事」，有十種行為。能
　　　　了解「事」嗎？

口　　譯：應該可以了解。結合下文，就是以正知觀察這十種依處。
　　　　就原文來講，「即於是處」的這個「於」應該拉到前面。

真　　師：拉到上面，對。

口　　譯：就是對於這個……

真　　師：處。

口　譯：應以何相觀察的這個「處」、這個「事」。

真　師：嗯！

口　譯：對於這個「事」，以是行相如是觀察，以正知去觀察它。這個「處」跟「事」就是身事業裡講的這十種處。

仁波切：能懂嗎？懂了嗎？要不然你不要看漢文，不看漢文的話可能比較好。比如首先提到了「於其十種依處」，這知道了，就是現在這十種事，說「於其」就是指這其中任何一者都可以。然後「應以何」正知的「相如何觀察，即於是處」，「是處」就是剛才前面提到的十事，就是「對於正知的行相如何觀察的這個事」。然後呢，「以是」正知的「行相」，對於那件事去「如是觀察」是可行或不可行的。這段意思就是這樣而已。從漢文上來看的話比較複雜吧？

真　師：對！但是師父，雖然說那個文句好像有點弄不通，但是意思是可以聽懂的，就是怎麼去觀察，就可以用了，就可以用了！

仁波切：對、對！意思聽懂就對了，文句你們自己重新安排就好。

真　師：文句就是搞不清楚，但是意思是可以聽懂的。

仁波切：對、對！就是這樣。可以從例子來了解。

真　師：反正能用就行。

口　譯：從那個譬喻應該就可以比較清楚。

真　師：對、對、對！很清楚。

　　下面，「二謂於其何種方所」，「何種方所」就是要去的地方。「應以何相如何觀察，即於是方，以是行相如是觀察」，這也是一樣的。「譬如行時，應先了知沽酒等處，五非應行，除此所餘是可行處，於彼彼時安住正知」，這裡面講到了正知所要了知的事，以及如何安住正知。這裡提到五處：「一、沽酒女」以及「二、青樓女」；「三、旃陀羅」，這是指種姓下劣。「四、王宮」，晚上不可以去王宮，晚上不可以去；然後「五、屠夫」。在箋註裡說這五處不應行。

口　譯：箋註中第三個旃陀羅與第五個屠夫，我看辭典裡面這兩個
　　　　意思是一樣的。

仁波切：是，旃陀羅可以說是賤族姓，也可以是屠夫，但實際是指
　　　　賤族姓，叫做「旃陀羅種」，對吧！印度裡有四大種姓，
　　　　剎帝利種姓、婆羅門種姓……。旃陀羅種姓，就是賤族，
　　　　不一定是屠夫。

口　譯：所以這邊的旃陀羅是指旃陀羅的種姓。

仁波切：對，是旃陀羅種姓。

真　師：師父，只有王宮是晚上不能去的，那其他地方是不是白
　　　　天、晚上都不能去？

仁波切：在這裡也沒有講王宮晚上不能去，是說王宮也不能去。在
　　　　律典裡提到王宮晚上不能去，所以想是否不是指白天，而
　　　　是晚上不能去。

　　第「三」是時段。「**於其何等時分，應以何相如何觀察，即於是**
時，以如是相如是觀察」，有時間上的差別，例如要去聚落、村落，晚
上是不可以去的。「**譬如午前可赴聚落，午後不可**」，這是說比丘不可
以。「**既了知已，即如是行，爾時亦應安住正知**」，這一樣的，是時間
上的差別。

　　第「四」是業。「**於所有此諸事業**」，上述任何一種業。「**應以何**
相如何觀察，即應於其爾所事業，以如是相如是觀察」，不管做任何事
情，都是如此。「**譬如宣說『行時應當極善防護而入他家』**」，例如說
要去別人家裡的話，要極為防護根門。「**極善防護**」，說如果要去聚落
及住家等，根門必須極善防護而前往別人家，不能不守護而去。「**所有**
此等行走學處，悉當憶念」，懂吧？「**行走學處**」，是指行走時如何
走、如何跨步等等，全部都有其學處，要學習並憶念這一切，守護根門
而行。

　　^妙第二、攝義者：總之所有若晝若夜一切現行悉應憶念，了知其中應不應行，於進止時，一切皆應^巴於境正知而行，安住正知，謂「我現前正行如是若進若止。」^妙第三、勝利，分二：ˉ`正說；ˉˉ`教誡珍愛受持。今初：^巴《瑜伽師地論》等說若如是行，則現法中不為罪染，沒後亦不墮諸惡趣，諸道證德未獲得者，即住能得正因資糧。

　　^妙教誡珍愛此與密護根門二者：此與密護根門二者，如聖無著引經解釋而正錄取。若能勵力修此二事，則能增長一切善行，非餘能等。特能清淨尸羅，及能速引止觀所攝無分別心勝三摩地，故應勤學。

講記

　　現在要說「第二、攝義者」，將意涵總攝起來。「總之所有若晝若夜一切現行」，「現行」就是等起及行為等等。行為有四種，就是指前面的趨、行、坐、臥。白天與晚上的現行，這一切「悉應憶念，了知其中應不應行」，了知一切善惡取捨後，「於進止時，一切皆應安住正知，謂『我現前正行如是若進若止』」，不論什麼事，如果是可以做的，了知是可以做的，然後去做；如果是不可以做的，從現在起就要停止。思惟「這些是可以做的、這些是不應做的」，立下界限、用正知分別。總之從早到晚一整天，要用正知偵察自身，以及所有的行為、動

機，了知善惡取捨的分辨之後而行進退。

口　　譯：「一切現行悉應憶念」，是所有的嗎？

仁波切：但凡所有的現行，一切悉應憶念。對於所有任何現行，都
　　　　　用正念攝持，用正知偵察。

接下來，「第三、勝利」，妙音笑大師開了兩科：「一、正說；二、教誡珍愛受持」，因為很重要，所以要珍惜。「今初：**若如是行，則現法中不為罪染**」，如果這樣正知而行，會有什麼利益呢？「現法中」，現法就是今生，今生「不為罪染」。這裡的「罪」就是「墮」。什麼是墮？因為會墮入惡趣，所以名為「墮」；令墮惡趣，所以叫「墮」。「**不為罪染，沒後亦不墮諸惡趣，諸道證德未獲得者，即住能得正因資糧**」，會積累正因資糧，說到對於以前未得的道證，就能住於獲得它的正因資糧。「**《瑜伽師地論》等說**」，因為這些都是《瑜伽師地論》的文，所以也就比較難懂。這裡妙音笑大師說是第一科，勝利就是如此。

口　　譯：「住正因資糧」是什麼意思？

仁波切：「住正因資糧」，就是能夠造集正因資糧，能累積很多在
　　　　　相續中生起一切道證的正因資糧。

　　在「勝利」中分二科，現在要說後面這科「教誡珍愛受持」。「教誡珍愛此與密護根門二者」，「此」，就是正知而行，教誡珍愛此與密護根門這二者。正文中說：「**此與密護根門二者，如聖無著引經解釋而正錄取**」，「此與密護根門二者」，「此」就是正知而行。「**如聖無著引經解釋而正錄取**」，實際就是上面巴梭法王所作的箋註，這裡收錄了聖無著菩薩在《瑜伽師地論》引經作解釋的部分，聖無著菩薩解釋了這樣的內涵。「**若能勵力修此二事**」，如果能夠勤修密護根門及正知而行這二者的話，「**則能增長一切善行，非餘能等**」，「增長」，是指能增長和產生效力，意思就是能增長。「**特能**」，主要是什麼呢？「**清淨尸羅**」，針對比丘來思考，如果沒有這兩個，一定無法持戒，無法持守戒律。如果正念、正知一點也沒有，不能密護根門的話，戒律就會千瘡百孔，沒有辦法持戒了！在使戒律清淨的方法中，這是絕對重要的。「**及能速引止觀所攝無分別心勝三摩地，故應勤學**」，說到如果要生起止觀所攝的一切等持，若去行持密護根門、正知而行二者的話，就能不費力地在相續當中順利生起一切等持。宗喀巴大師引了《瑜伽師地論》後，以「故應勤學」來告誡、教誡我們。

口　　譯：「非餘能等」，指這個利益不同於他人？

真　　師：是不同於他人還是不同於其他法類？

口　　譯：「非餘能等」的「餘」是指什麼？

仁波切：如果去做不具正念、正知的修持，是不會增長的！這跟其

他的就不同嘛！如果有正念、正知而去正修，會與其餘修持不同的——非餘能等，與任何修持都不一樣。在正念及正知攝持之下去守持戒律等等，如果在此之上修習所緣行相，就會增進；如果沒有正念、正知，就無法增進。不一樣吧！「非餘能等」就是這個意思。「由具足正念、正知之門修習所緣行相」與「由不具正念、正知之門修習所緣行相」二者是不同的，「非餘能等」是指這個。如果由具足密護根門及正知而行之門修習所緣行相，要增進是很容易的；沒有這個的話，就無法增進。所謂的「餘」就是沒有正念、正知的修持，「餘」就是指這個。

一般而言，所謂止觀的資糧、順易生起止觀的方便，在開頭分科判的時候，提到「密護根門、正知而行、飲食知量；精勤修習悎寤瑜伽，於眠息時應如何行」，前面說到是止觀之因。如果想：「這在講到止觀時再說就行了，沒有理由要在這裡講這些內容吧？」不論是下面的任何證德，像現在親近知識的階段也好，對於任何一種法類，密護根門及正知而行，飲食知量、睡眠瑜伽與悎寤瑜伽的修法，這全部都是非常重要的，因此才要在一開始說，一開始就必須說。

密護根門及正知而行這兩個講完了。對我們出家人而言，這二者是極為重要的，特別是密護根門。就像在《俱舍論》中說[6]：「由未斷隨眠。」隨眠就是煩惱，我們並不是已經斷除煩惱。如果尚未斷除，那會怎麼樣呢？「及隨應境現」，不管是生貪或瞋的境，如果接近貪等境

界，「非理作意起，説惑具因緣。」比如在附近有會讓我們生瞋的對象、境界的話，馬上就會生氣嘛！當下就會生起瞋恚。當瞋恚生起時，非理、不如理的行為會在心中顯現：「我現在要揍他！」如果是令心貪著的對境在附近，當煩惱生因都具足的時候，馬上就會生起煩惱，就很容易生起。

因此，前面才提到密護根門，主要就是對於我們初修業者，在一開始就不讓六根散於外境，不讓六根趣入該境界，守護根門。例如不讓眼睛去看美妙的事物，從一開始就遮止境界，對六境防護根門，這是很重要的，這是很重要的！如果不這樣做，就具備了所有煩惱之因；一旦具足所有的因，要不生煩惱是很困難的，很困難啊！如果不守護根門，很容易生起煩惱的，因為因都具足了。守護根門就是這樣。如果自己能守護根門的話，煩惱就無法像那樣生起，不會生起。所謂守護根門就是這樣。如果已經產生煩惱之後才要遮止，這是很困難的，因此從一開始就不讓煩惱生起是很重要的。

那麼正知，在《入行論》説[7]：「再三宜深觀，身心諸情狀，僅此簡言之，即護正知義。」身體的行為、內心的想法，對於身心的狀態必須「再三宜深觀」，要再三地觀察，比如自己的意樂應如何做，在前面十事已經說過了。說法的時候也好，坐在墊子、法座上也好，趨、行、坐、臥，不論是什麼狀態，都要再再觀察。像這樣去修持，即是正知的定義。在《入行論》中說的就是這個意思。主要就是「要再再地觀察」，如果不觀察，正念就只是憶念起這該如何、想起這是不對的而已，就像只想起要去一個地方而已。正知則是要清楚分辨這些是否是應

該的。

口　　譯：正念是如何？

仁波切：正念就是我今天想起某件事，了知曾經知道的東西，就只
　　　　是憶念而已。正知則是去分辨：「去的地方合不合宜？是
　　　　否已經前往？是在造惡業，還是造集善業？是造了墮罪，
　　　　還是造惡行？」要一個一個想，一個一個去觀察，觀察合
　　　　不合宜之後才做，所以正知極為重要！

註釋

1. **帕繃喀大師說** 指在《掌中解脫》中有說明觀察修。參見《掌中解脫》第一冊，284頁（墀江仁波切編纂；仁欽曲札譯，臺北市：白法螺，2000）。

2. **坐時勿伸足，雙手莫揉搓** 出自《入行論·護正知品》第92偈。

3. **世間所不信，隨俗避譏嫌** 出自《入行論·護正知品》第93偈。

4. **趨、行、坐、臥** 即四威儀。四威儀有不同的算法，漢傳佛法以行、住、坐、臥為四威儀；藏傳則有作趨、行、坐、臥。其中「趨」與「行」的差別，三世貢唐大師在《顯明義釋筆記》中解釋，不去遠方，但在自己的住處等附近來回步行，即是「行」。遠行，即為「趨」；如月格西則解釋，有目的的行走為「趨」，無目地的漫步是「行」。「行」，又名「經行」。仁波切則認為，「行」字的藏文除了作「經行」解，應也有「倚立」的意思。

5. **是指正知** 善慧摩尼大師解釋此處的「相」，即是正知。故此處配合仁波切解釋，依藏文亦可意譯作：「由彼二種攝持，而應以正知（何相）觀察；及以如是道理觀察之正知（彼相），當依是理觀察、了知。」則較易理解。此處法尊法師原文所翻「觀察正知」，即「觀察、了知」之意。

6. **《俱舍論》中說** 此句全頌出自《俱舍論·分別隨眠品》第34偈。

7. **《入行論》說** 出自《入行論·護正知品》第108偈。

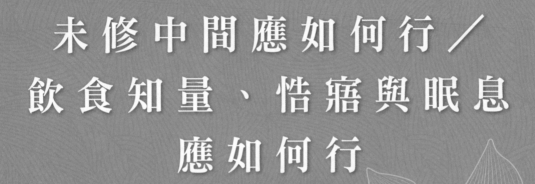

未修中間應如何行／
飲食知量、悎寤與眠息
應如何行

第三、飲食知量者：謂具四法，第一特法：非太減少，若太減少飢虛羸劣，無勢修善，故所食量，應令未到次日食時無飢損惱。第二特法：非太多食，若食太多，令身沈重，如負重擔，息難出入，增長昏睡，無所堪任，故於斷惑全無勢力。第三特法：相宜而食消化而食者，依飲食起諸舊苦受，悉當斷除，諸新苦受皆不生長。第四特法：非染污心中量食者，謂不起眾罪安樂而住。以染污心者，謂取之時，以非法乞食，非以法取；受用之時，以貪、著、耽樂三者受用。

講記

「第三、飲食知量者」，提到對飲食要控量。「謂具四法」，要具足四種特法。「第一特法」，在吃飯的時候，「非太減少」，如果吃的東西太少，會「飢虛」，會產生飢餓、飢渴的苦惱，體力等等就會「羸劣，無勢修善」。「故所食量，應令未到次日食時無飢損惱」，「次日」，如果是上午，要吃到到中午之間不會餓的量；如果是中午，就要到晚上之間不會餓的量，主要是如此。如果是比丘，因為過午不食，所以要吃到隔天之間都不會餓的量。食量就是這樣，不可以太多，也不可太少。第一個特法是說太少的過失。

「第二特法：非太多食」，太多的過失。「若食太多」，不論是吃太多次，或是用餐時吃得太多也好，這都會「令身沈重，如負重擔」，

身上有如背負重擔，會變得沉重。「息難出入，增長昏睡」，如果這樣，不管努力做什麼事都「無所堪任，故於斷惑全無勢力」，這樣的話，沒有辦法斷除煩惱，斷除煩惱的力量會衰退。這是第二個特法。

「第三特法：相宜而食消化而食者」，如果食物到肚子裡能夠消化，對蘊體有益，就是合宜的食物，即是這裡的特法。「依飲食起諸舊苦受，悉當斷除，諸新苦受皆不生長」，什麼是「舊苦受」？例如以前因為吃了食物而導致肚子不舒服，靠吃下其他新的食物就去除了，所有的病都去除了、消失了。

口　譯：什麼是「諸舊苦受」？

仁波切：例如因為吃了某些食物而肚子不舒服，如果有這種舊病，由於食用了其他新的食物，依靠這個因緣而使肚子的病痊癒、去除的話，舊的病就斷除了，就消失了。

口　譯：舊有的病，透由吃新的食物就好了？

仁波切：原本不舒服的，吃了某樣食物就好了，有這樣的嘛！「諸新苦受皆不生長」，如果食物能夠消化並且適宜，就能產生食用它的功用。

「第四特法：非染污心中量食者」，例如酒等等是染污的，會出生很多煩惱。有很多是因為酒而去殺人、偷竊、和人爭鬥。不是這種，而

是合適的食物，不會太多，也不會太少。如果這樣去飲食，「不起眾罪」，不會產生惡業，身體等等可以「安樂而住」。

口　譯：這裡的「染污」是指食物，還有指內心嗎？

仁波切：也有意樂，如果是惡劣的意樂應該也是「染污」。惡劣的意樂，如騙人而食等等，有吧？沒有付錢而食，這些都是染污食。提到「染污」，可以是意樂，也可以是食物，任何一者都是。透過食物產生罪惡，我想可以用各種角度理解。在下文的箋註有解釋。

　　這裡語王尊者對於「染污食」有箋註。「以染污心者，謂取之時」，求乞食物的時候。「以非法乞食」，以不如法、諂誑的方式乞食、獲得食物等，以偷竊、搶奪的方式取得。「非以法取」，用不如法的方式取得、不依法來食用，就是染污食。「受用之時」，正在食用的時候。「以貪、著、耽樂三者受用」，對食物非常貪婪、非常耽著、極為耽樂；「耽樂」也是貪的意思，非常地嘴饞、饕餮而取。這樣受用就會成為染污食。這是箋註的內容。

口　譯：「耽樂」是什麼？

仁波切：就是貪著、耽著。「貪、著、耽樂」三者，基本上是同義

的。

口　譯：「以非法乞食」是什麼？

仁波切：用不如法的方式獲取食物。欺騙也好，諂誑也好，搶也好，偷也好，這些都是不如法的方式。

口　譯：指不依法來做？

仁波切：是的，不依法。

真　師：師父可以問一下嗎？對這個染污食的定義是說，具足一個條件就可以成為染污食了，還是兩個都具足？乞討完他要吃才算嗎？

仁波切：一個條件也可以，兩個條件也可以，同樣是有煩惱了。「染污食」，有任何煩惱都算，有一種也行，兩種也行。

法　師：師父，施主用不正當的手段所得的供品或食物，拿來供養我們，這算不算染污食？

仁波切：這應該是。假如你故意派這個施主去得到這些食物，當然是染污食。

法　師：之前有個故事。有人賣《大般若經》，拿這個錢去供養，喇嘛就吃了。這個算不算是染污食？喇嘛也不知道。

仁波切：對、對，喇嘛吃了就病了。

法　師：這裡是不是說，一方面我們要觀察自己在求得食物、受用
　　　　食物時，內心是否有雜染的意樂；另一方面，我們對食物
　　　　的來源也要作一些觀察。有沒有這個意思在裡面？

仁波切：對、對，但這很困難！如果每一個都要觀察，那很難。主
　　　　要是意樂，主要是你的意樂。剛才你講的那個主要是謗法
　　　　的罪過。如果你每一次在食物上都要這樣觀察，那要吃一
　　　　頓清淨的飯會很困難喔！你又不是故意的，在意樂上沒有
　　　　什麼其他問題，別人一心一意地供養你的話，這是可以
　　　　的。主要是指用諂誑等方式，從別人手裡拿食物。這不只
　　　　食物，任何的東西都一樣。之前不是說過五邪命嗎？只要
　　　　是五邪命就都是染污。用五邪命的方式，如假利求利、虛
　　　　談、方便研求、詭詐等等都是染污，這是不用說的。

　　　之前有講到無諂供具、供品。當他要供養的時候，殺了許多生命，
拿肉去賣，然後再去供養，這些都是不清淨的供品。除了這個例子，想
一想還有很多。今天要去寺院裡供僧，但有很多是從國家裡、別人家、
民眾當中偷東西來供養的，像這種供品就會成為染污的。所謂非染污，
就是自己沒有見、聞、疑三者；自己看見的、聽到的、揣想可能有其
事。像講到三淨肉時需要如此，在這裡還不用。在自己的意樂上，不要
故意去做就可以了，不要故意的就行。總之，不要染著煩惱，就是無諂
的。

此中分二：一、飲食愛著對治——過患；二、善為受用之勝利。今初：又於飲食愛著對治者，謂依修習飲食過患。過患有三：由受用因所生過患者：謂應思惟任何精妙色香味食，為齒所嚼，為涎所濕，猶如嘔吐。第二、由食消化所生過患者：謂思所食至中夜分或後夜分，消化之後，生血肉等，諸餘一類變成大小便穢不淨，住身下分。此復日日應須除遣，及由依食生多疾病。四食者，謂段食；觸食者，按摩、日等；思食者，傳言昔災荒時，有父母以袋盛灰慰其子曰：「此為麵袋。」父母既去，諸子揭而視之，見為灶灰，即飢而死；並禪定食。

講記

下面「此中分二：一、飲食愛著對治——過患」，對於飲食愛著的對治，要知道過患。提到「過患」與「二、善為受用」飲食「之勝利」二者。一個是開示對飲食強烈貪愛的對治方法，一個是宣說如果能按飲食知量來受用，就有能夠滋養身體等的利益，要講這兩個。

「又於飲食愛著對治者，謂依修習飲食過患。過患有三」，提到飲食的三個過患。這裡雖然主要是說飲食，但是不止食物，對於任何受用都該這樣想，無論是什麼物資，都要這樣理解。「由受用因所生過患者」，當受用這些食物時，「謂應思惟任何精妙色香味食」，顏色漂

亮，氣味很香，味道很美的任何精妙食物，「為齒所嚼，為涎所濕，猶如嘔吐」，再怎麼美味的佳餚，放到口中再吐出來，就會變成嘔吐物。在貪著飲食的對治法中，由受用因所生的過患，要這樣修習對治。破除貪著飲食的方法就是這樣。

《入行論》中說[1]：「米飯或菜蔬，食已復排出，大地亦染污。」這裡就只有這樣的長度吧（仁波切用手指比量了嘴與喉之間的長度）？吃進嘴裡，進入咽喉以後就變成不淨物了，排泄出的也是不淨物，《入行論》是這麼講的。「米飯或菜蔬」，米飯是指飯、乾飯。無論是菜也好，飯也好，上面用嘴吃了再吐出來，不僅這食物就沒法吃，而且還會污染大地，食物掉在地上，地還會被弄髒。「米飯或菜蔬，食已復排出」，嘴喉之間就這麼點距離，不管對食物起多少貪著，一吃進去就變成不淨物，如果吐出來，就變成嘔吐物。所以才說不應貪著。

仁波切：下面還有很多，在此先停一下，吃飯休息。

真　師：（笑）吃飯……。

仁波切：不吃不行啊！不應該貪著，但是不能不吃，要滋養這個（仁波切捏著左右手臂），要滋養身體。如果不滋養身體的話，就無法滋養生命；滋養不了生命，就無暇修法。「念身如舟楫」、「為辦有情利[2]」，身體就像一艘船，能夠度越大海與江流，如果船壞了，就沒辦法到達江海的彼岸。

愛著飲食的對治，就是修習過患；三個愛著飲食的對治中，「由受用因所生過患」已經講完了。「**第二、由食消化所生過患者**」，吃完食物以後在腹中消化而產生的過患。「**謂思所食至中夜分或後夜分**」，夜分就是指晚上。「**消化之後，生血肉等，諸餘一類變成大小便穢不淨，住身下分。此復日日應須除遣，及由依食生多疾病**」，這是在說飲食的過患。吃完後，會在後夜變成大小便，每天都要排解；還有由於食物太多也好，或者吃的無法適應，因而引發諸多疾病。這就是所謂「由食消化所生過患」，主要是會成為不淨物。

這裡有一個語王尊者的箋註，解說了四食。「**四食者，謂段食**」，段食就是我們吃的那些食物。「**觸食者**」，觸食就是陽光和空氣、「**按摩**」等等，為這些所滋養，就叫觸食。「**日**」，陽光，除此還需要風等等很多東西，這是觸食。空氣等等都是觸食，除此以外還有許多。還有「思食」、禪定食，共有四種。所謂思食，如這裡的箋註所說：「**傳言昔災荒時，有父母以袋盛灰慰其子曰：『此為麵袋。』父母既去，諸子揭而視之，見為灶灰，即飢而死。**」鬧災荒的時候，沒有糌巴吃了，所以父母就在袋子裡裝灰，說：「這是糌巴，還有很多糌巴可以吃，平常是可以吃，但現在先存著。」來欺騙孩子們。那些孩子因為想到「那裡還有糌巴」，就靠這樣而沒有餓死。然而等到父母不在、去了遠方的時候，孩子們懷疑容器裡是否是糌巴？當知道是灰以後，孩子們就因饑荒而死了。那時之所以不會死去，是為什麼呢？就是因為心思中還想著有糌巴。再來是「禪定食」，入定的話，可以多劫之中不吃東西，靠定滋養。

口　譯：多劫之間？

仁波切：對！多劫、多年，不確定是不是多劫，但是有很多年的。
　　　　如果聲聞入滅盡定[3]，是有安住很多年的，可以住千萬
　　　　年。

第三、由求飲食所起過患，此有五種：第一、由為成
辦所生過患者：謂為成辦食及食因，遭寒熱苦，多施劬勞。若
不成辦，憂憾而苦；設若成辦，亦恐劫奪及損失故，發起猛利
精勤守護而受諸苦。第二、親友失壞者：謂由此故，雖父子
等互相鬥諍。第三、不知滿足者：由於飲食愛增長故，諸國
王等互相陣戰，領受非一眾多大苦。第四、無自在過失者：
諸食他食者，為其主故，與他鬥競，受眾多苦。第五、從惡
行生者：謂為飲食、飲食因故，三門造罪，臨命終時，憶念其
罪追悔而死，沒後復當墮諸惡趣。

講記

「飲食愛著對治」中，「過患」還沒講完，「第三」，就是過患的
第三科。「由求飲食所起過患，此有五種」，「求飲食」，我們必須尋
求食物，在找食物的時候，產生了五種過患、過失。「第一、由為成辦

所生過患者」，首先必須從無到有成辦這些食物。雖然提到的是食物，但無論是任何財寶、受用，都是一樣的道理，自己大部分是受用飲食與衣服這兩種。「為成辦食及食因」，「食因」，主要為了滋養此身，為了飲食，尋求錢財等等。「為成辦食及食因，遭寒熱苦，多施劬勞」，像農夫就是這樣。《入行論》說[4]：「漁夫與屠戶、農牧等凡俗，唯念己自身，求活維生計，猶忍寒與熱、疲困諸艱辛；我今為眾樂，云何不稍忍？」不管是漁夫也好，農夫也好，屠夫也好，都是為了維持自己的生活，為了飲食。我們如果到外面，會看到很多人為此花費很多辛勞。「多施劬勞」，非常辛苦地用很多方法去成辦。「若不成辦，憂慼而苦」，不管什麼行業，比如打工的，花了那麼多辛苦，實際上就是為了得到食物，如果沒發薪資、沒獲得錢財，就因此遭受諸多痛苦。就算得到了薪資、錢財、受用，也是一樣，「亦恐」被其他人「劫奪」，被人偷竊而「損失故，發起猛利精勤守護而受諸苦」，會遭受這樣的痛苦。因此，不管是什麼錢財、受用，有也苦，沒有也苦。

「第二、親友失壞者：謂由此故」，為了錢財、受用，「雖父子等互相鬥諍」，會互相鬥諍。這點的確是這樣，在世上不管是自己多好的朋友，為了錢財、受用而從友好轉為敵對的太多了。不僅如此，同一家人、同一父母的親戚中，會為了錢互相殺害；父子之間也是如此，為了錢財、受用而互相鬥諍。不管怎麼友好，最後互相為敵的太多了，親友的情誼就被破壞了。

當擁有受用時，就會「不知滿足」，不知足。絕大多數的人受用只想越要越多，會說「這夠了」、「就這樣，不用更多」的情況太少了。

比如一個國王，如果自己國家有了一塊土地，會想再占有另一塊地；如果已經占有另一塊地，會想占有更大一塊，因此引發國與國之間的大戰而遭受痛苦。如果不知滿足，「由於飲食愛增長故，諸國王等互相陣戰，領受非一眾多大苦」，這就是受用不知滿足導致的痛苦。

「第四、無自在過失者：諸食他食者，為其主故，與他鬥競，受眾多苦。」「諸食他食者」，諸如引發戰爭等等，就是為了國王。當參與了戰爭，為了一國之主很多軍人就必須死亡，無法自在，沒有不死的自主權。看過去這一切，就是在爭受用。主要就是「為其主故，與他鬥競，受眾多苦」，如果為國家所控管，不得不去成辦其事，就是為了各自的主人。「諸食他食者」就是這樣，有主人。

「第五、從惡行生者：謂為飲食、飲食因故，三門造罪，臨命終時，憶念其罪追悔而死，沒後復當墮諸惡趣。」造了諸多罪惡。為了飲食，身語意三門做了很多罪惡不善之事，殺害他人、偷盜、騙人等。用這些錢財、受用以後，死的時候想到這些就很後悔，死後還要墮落惡趣，領受難忍的痛苦。

愛著飲食的對治——修習過患的方式就是如此。

❀第二、善為受用之勝利：雖乃如是，然亦略有少許勝利，謂由飲食安住其身。若唯為此故，依止飲食不應道理，故應善思而後受用，謂由身住，我當善修清淨梵行。〔施者，

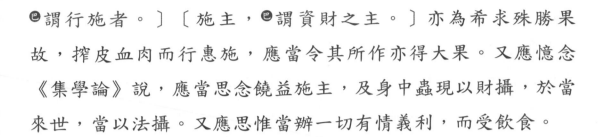

❹謂行施者。〕〔施主，❺謂資財之主。〕亦為希求殊勝果故，搾皮血肉而行惠施，應當令其所作亦得大果。又應憶念《集學論》說，應當思念饒益施主，及身中蟲現以財攝，於當來世，當以法攝。又應思惟當辦一切有情義利，而受飲食。

講記

　　這裡是提到善為受用飲食的利益。「**雖乃如是，然亦略有少許勝利**」，如果「**善為受用**」，指不是太多、太少的食物，食物的來源等等非不清淨，則會有少許勝利。「**謂由飲食安住其身**」，就是剛才說的，依靠飲食而身安住，因身安住命則安住，命能安住則辦善事。「**若唯為此故，依止飲食不應道理**」，如果單純為了安住這身體而吃很多食物，是沒有意義的。為什麼沒有意義呢？「**謂由身住，我當善修清淨梵行**」，為了成辦一切梵行、善業，才要安住此身，而不是僅僅為了住身而飲食。要這樣思惟：如果此身安住，可以成辦善行，所以我當飲食。

　　那如何把持受用飲食的意樂呢？「**施者**」，指布施食物、施與飲食的「**行施者**」。「**施主**」的意思，是「**資財之主**」，就是那些布施我食物，施捨我任何受用的施者與施主。這裡要思惟的地方，對於我們修行學處的人來說非常重要，因為都需要受用他人供養的有主物，如果要受用這些，就要執持這樣的意樂。他人供養的這些，不管是食物也好，任何受用也好，「**搾皮血肉**」，就算是布施一塊錢，也不是輕輕鬆鬆就

能掙得的。任何受用都是這樣，即使是一塊錢，也不是簡單就有，都要靠各自的辛勤、要流血流汗才能獲得。他們為什麼要布施呢？「**為希求殊勝果故**」，是為了求殊勝果報「**而行惠施**」。殊勝果是什麼呢？供施上師三寶經行處、迎請僧伽到住所，是為了自己可以累積廣大福報，斷除惡趣之門，種下未來獲得解脫與一切遍智的種子。因為要希求這樣的殊勝果報而施捨我們，所以在受用飲食時，「**應當令其所作亦得大果**」，要為了成辦施者與施主所求的一切而受用飲食。「**故應善思而後受用**」。

口　譯：「行施者」是什麼意思？

仁波切：我給你錢，讓你去布施他，你就是「施者、行施者」，我是「施主」。因為錢是我的，去布施的是你，你是施者、行施之人。

對於我們出家人來說，這樣思惟以後再受用飲食、受人供養，是非常重要的，之前我們討論過了。一般的錢財也好，食物也好，都是來之不易，應該要認識清楚，他們要付出多大的代價。我們平常說的：「農民的血汗。」就是這樣。一塊錢也好，兩塊錢也好，他們付出很大的代價、付出了很多的血汗。那為什麼把這些錢財供養給我們呢？就是他們要得到一個殊勝的結果、殊勝的果位才供出來的。為了圓滿他們的心願，那在受用這個飯菜的時候，你要好好迴向，好好迴向，圓滿他們

一切的心願。這非常重要，我們討論過很多次，對一個出家人而言很重要！

這個依據是「《集學論》說」的。「應當思念饒益施主」，施主要透過你受用飲食，而使果報具有意義。比如我們相續有戒律，在吃飯時也可以供養自己相續的戒律、學處。如果這樣做，就饒益到施主了；當戒律有所虧損，就沒饒益，對自己沒有饒益，也很難利益他人。如果不好好令戒律清淨，要利益他人是很難的；如果戒律清淨，他就供養了我相續的學處。他是供養我相續的學處，如果沒有學處他是不會供養的，是要供養三寶的所依的，所以去受用就已經饒益到他人了。

《集學論》中說到「饒益施主」，這是一個。其次「身中蟲」，身中有八萬四千、無量的蟲，如果不滋養此身，這些蟲也會死。「現以財攝」，現在以財物、飲食等攝受這樣諸多俱胝的蟲；「於當來世，當以法攝」，這是第二，要懷著這樣的等起。第三，「又應思惟當辦一切有情義利」，如果滋養此身，就滋養了生命，就能發心。要思惟：為了一切有情的義利，要修獲得無住涅槃[5]果位的無上方便「而受飲食」。「應」如是「憶念」，這是宗喀巴大師賜予我們的教誡、口訣。

到底是否能夠饒益到他們是很難說的，因為他們都是懷著清淨的動機：「你是戒律清淨的！」所以「戒律不清淨，就饒益不了他人」這點也就很難說。雖然如此，如果戒律不清淨，別人這樣做，對自己而言是造集了很大的罪惡，如果戒不清淨，是造大惡！

⚫說受用信施之食，須有「具」、「脫」二者，謂具戒律，及以禪定解脫相續。又說於此之上，若不以唸誦等淨治信施，則成懈怠者負債也。《親友書》亦云：「應知飲食如醫藥，無貪瞋癡而近習，非為憍⚫傲故，非〔慢，⚫謂高舉或姣好。〕故，非〔壯，⚫謂身光澤，結實緊緻。〕若爾，是為何故？唯為⚫安住身⚫之故。」⚫「唯」字是除為憍故食等事，非除為利他等，以住身亦為此故也。

講記

下面有個箋註，會解釋得很清楚。我覺得語王尊者這個箋註很重要。「受用信施之食」，信施——以信心布施之物，別人請你而受用它。不管是上師或寺院等等，都是在受用信施之食。「須有『具』、『脫』二者」，這很難啊！必須有「具足」與「解脫」二者。要「具足」什麼呢？須「具戒律」，要戒律清淨。那「解脫」是指什麼呢？必須依靠「禪定」之力「解脫」自己的「相續」，依定解脫自己的相續，這很難吧？很難，要求很高，非常難。不止如此，「又說於此之上，若不以唸誦等淨治信施」，指不去淨化信施物的罪過。施主供來的信施，必須淨治，叫做「淨治信施」。「則成懈怠者負債也」，如果不淨治，信施物就成了負債物，那負債的種子每天會增長。這很難。

因此，我們在受用午齋等任何時候會念誦《供茶文》，不管別人施

與什麼物資，都先獻給三寶、供養三寶，這很重要，之前我們說過了。一般而言，不管別人施捨你什麼東西，首先置於所依面前，念誦《曼達文》供養三寶，其次以悉地的形相來受用的話，可以遮止重大過失。如果這樣做，是很容易淨治信施的，就是先供養三寶，並不是不需要淨治。因此，我們平常每日吃三餐，不管什麼時候，之所以需要唸《供茶文》的原因就是如此，主要就是為了淨治信施。最好的，是唸《隨念三寶經》，然後供養三寶、下施眾生，然後對餓鬼等六道眾生施食，最後將一切的行善功德，為了一切有情而發願迴向圓滿菩提。如果這樣做，受用信施物不但能饒益到施主，自己也不會產生過失，會遮止過失。

接下來，在受用飲食的時候，要如下面「《親友書》」這四句偈去思惟。我的具恩師長們平常在午齋的時候都會唸這個偈頌，一定會唸《供茶文》、《親友書》的這個偈子。「應知飲食如醫藥」，而且沒有煩惱三毒的過失——「無貪瞋癡而近習」。那麼為什麼要受用飲食呢？「非為憍故」，憍或「傲」，不是為了生起很大的憍傲、對人生起大我慢。「非慢故」，慢指「高舉或姣好」，高舉就是自恃形貌姣好，展現於人。「非壯」，不是為了身體光澤。「若爾，是為何故？唯為安住身之故」，下面箋註有解釋「唯為住身」，指不是為了上述那樣的目的。那為什麼要安住身體？為了養活生命，生命若得存活則能利他，所以是為了成辦利他必須安住此身。只是為了這個目的，不是為憍、為慢、為壯。

這裡有巴梭法王的箋註。「『唯』字是除」上述「為憍故」、為慢故、為壯故而「食等事，非除為利他等」，這是指「唯為住身」的意

思，否則就跟前面相違了，也沒有唯為住身而食的意義了。「以住身亦為此故也」，「為此」就是為了利他，是為了利他而成就菩提。應該這樣思惟。

🅜第四、精勤修習惛寤瑜伽，於眠息時如何行，🅜分五：一、眠息之時；二、善妙威儀之勝利；三、如是威儀意樂；四、教令珍持；五、結合一切修持座間軌理。初中分二：一、正說；二、座上座間差別。初者：《親友書》云：「🅑喚樂行賢王而告之曰：種性之主！🅑汝於永晝，🅑乃至夜間亦🅑皆以善行度過初後🅑二分，🅑後於午夜睡眠時亦莫空無果，🅑眠為不定，故應具足🅑善品正念🅑不失而於中眠。」此顯永日及其夜間初後二分，若正修時，若其中間，如所應行。故行坐時，應從五蓋淨修其心，令不唐捐，如前已說。🅜第二、座上座間差別者：此與護根、正知三中，皆具修時修後二法，此中所說，是修後者。

講記

「第四、精勤修習惛寤瑜伽，於眠息時如何行者」，這是第四科，就是成辦止觀的四個資糧的最後一個，其中又分了五科：「一、眠息之時；二、善妙威儀之勝利；三、如是威儀意樂；四、教令珍持；五、結合一切修持座間軌理」。

口　譯：「精勤修習悎寤瑜伽」，是指沒睡覺的時候要勤修瑜伽
　　　　嗎？

仁波切：對、對！在未睡的時候要勤修瑜伽。

口　譯：還是有一個叫「悎寤瑜伽」的一種瑜伽？

仁波切：不是，不是這樣！如果是「悎寤的瑜伽」，就要加第六
　　　　屬格[6]——「的」；而這邊是「於悎寤瑜伽」，是用業
　　　　格[7]——「於」。如果是「悎寤的瑜伽」，那就有這一種
　　　　瑜伽，但這裡是「於悎寤」，指在未睡時勤修瑜伽。

口　譯：「結合一切修持座間軌理」是什麼？

仁波切：在一切修持的座間要如何應用的道理。

　　第一個是「眠息之時」，討論何時該睡，何時不該睡。其中又有
「一、正說；二、座上座間差別」兩科。「初者」就是「正說」，是說睡
覺時間和不睡覺時間的差別。「《親友書》」就是吉祥依怙龍樹菩薩寄
給樂行賢王的信函，對吧？信。《親友書》、《弟子書》，這樣的書信
有很多種。

　　「種性之主」，這是在呼喚國王。「喚樂行賢王」，呼喚其名。
「汝於永晝」，在整個白天中，從早上到晚上之間不可以睡。不僅如
此，「乃至夜間亦皆以善行度過初後二分，後於午夜睡眠時亦莫空無

果，具足正念於中眠」。「於午夜」，指中間那段，你可以睡，睡的時候也不要沒有善果。「種性之主於永晝，夜間亦過初後分，眠時亦莫空無果，具足正念於中眠」，講了一四句偈。

下面是宗喀巴大師的解釋。「**此顯永日及其夜間初後二分，若正修時**」要在座上，「**若其中間，如所應行**」。「**故行坐時**」，這邊又提到了經行，之前則講到趨、坐等威儀。要由行、坐而「**從五蓋淨修其心，令不唐捐，如前已說**」，有五種蓋，應該是煩惱障。「淨修其心，令不唐捐」，應該就是指心不要被煩惱所自在，不為貪、瞋煩惱所自在。

口　譯：五蓋是什麼？

仁波切：貪欲、瞋恚、昏沉睡眠、掉舉惡作，以及疑蓋，煩惱的五蓋不論是哪一種，都是貪瞋癡所含攝。

口　譯：什麼是「眠為不定」？

仁波切：五十一心所中有四「不定」法，「眠」是其中一個。它如果隨善品轉，就成為善的，如果隨不善品轉，就成為惡的，「眠」是這樣，所以是「不定」。

口　譯：「於中眠」的「中」是指中夜是嗎？

仁波切：就是夜晚的中間那一分。

口　譯：這個「如所應行」是指什麼？

仁波切：就是趨、行、坐的時候，先前説過了。在經行與坐的時
候，從五蓋淨修其心。「淨修其心，令不唐捐」，前面説
過很多了。

口　譯：「如所應行」，是指如前所説的那樣嗎？

仁波切：「若正修時，若其中間，如所應行」，現在講的是整個白
天及夜晚一部分，是座上正修與座間應如何行，這裡有概
略地收攝座上與座間。

居　士：財、色、名、食、睡是否也算是一種蓋？

仁波切：反正就是煩惱品，其他的慢慢再了解。

　　「正説」就是這樣，已經説完時間了。「眠息之時」分「正説」及
「座上座間差別」兩個。時間是如何呢？夜晚三分的一分是睡眠的時
間，除此之外都不睡，所謂「在不睡時勤修瑜伽」就是這樣。那麼時
間的座上與座間的差別，就是「第二、座上座間差別」。在前面所説四
種止觀資糧之中，「此」，就是指「精勤修習悎寤瑜伽，於眠息時如何
行」。「此與護根、正知三中，皆具修時修後二法，此中所説，是修後
者」，説是取座間的部分。密護根門、正知而行、精勤修習悎寤瑜伽
「三中，皆具修時修後二法」，這二法就是座上及座間的差別，但是這
裡主要是講座間。這裡沒有提到飲食知量，應該是因為在正修座上沒有
飲食知量，否則應該四個都説。

四家合註[3]
哈爾瓦‧嘉木樣洛周仁波切講記

286

　　第二、善妙眠睡現行勝利：是修後事，故此莫令空無果。如何眠者，謂於永日及夜三分，於初分中修諸善行，過初分已至中分時，應當眠息，諸為睡眠所養大種，由須睡眠而增長故。若能如是長養其身，於諸善品修二精進，極有堪能，極為利益。臨睡息時，應出房外，洗足入內，右脅而臥，重疊左足於右足上，猶如獅子而正睡眠。如獅子臥者，猶如一切旁生之中，獅力最大，心高而穩，摧伏於他；如是修習悎寤瑜伽，亦應由其大勢力等，伏他而住，故如獅臥。餓鬼諸天，及受欲人所有臥狀，則不能爾，彼等一切悉具懈怠，精進微劣，少伏他故。有云：「傍生俯臥、天人仰臥、餓鬼踡臥，著貪欲者左脅而臥。」又有異門，猶如獅子右脅臥者，法爾令身能不緩散；雖睡沈已，亦不忘念；睡不濃厚；無諸惡夢。若不如是而睡眠者，違前四種，一切過失悉當生起。

講記

　　「第二、善妙眠睡現行勝利」，第二是指善妙睡姿的勝利。「是修後事，故此莫令空無果」，睡眠是修後吧！在座間也不應沒有意義，不要沒有意義。「如何眠者，謂於永日及夜三分」，主要說到白晝和夜晚共有六座，而在這裡要了解的重點是夜晚。在夜晚三分的「初分中修諸善行，過初分已至中分時」，指中夜那部分「應當眠息」，要睡眠。

「諸為睡眠所養大種」，睡眠也會長養身體很多部分嘛！透過睡眠長養的大種，「由須睡眠而增長故」，為了讓睡眠長養這一切而要眠息。

「若能如是長養其身」，「長養」有消除一切疲勞、增長色身的意思。如果太累就無法在善品上精進，如果消除身體的一切疲勞，「於諸善品修二精進，極有堪能」，提到了二種精進。「進即勇於善[8]。下說其違品：懈怠耽劣事、自輕而退怯」，自輕而退怯是精進的違品。一般精進必須遮除懈怠，具足正念與正知。「貪圖懶樂味[9]」，有很多人貪圖睡眠的滋味，如果貪睡就不能精進。「貪圖懶樂味、習臥嗜睡眠、不厭輪迴苦，頻生強懈怠」，這二種精進不太清楚，先放著。「修二精進，極有堪能，極為利益」，對於善品修持兩種精進，是很有幫助的。

口　　譯：「極有堪能，極為利益」是什麼意思？

仁波切：對於事情極為堪能，比如修行、現證等，堪能做自己所修的那些事。「極為利益」，指在修持這些的時候，會有幫助，會有堪能，否則就會有過患。

接下來，睡覺的時候要如何呢？「臨睡息時，應出房外」，說到戶外去，「洗足入內」，這容易懂。「右脅而臥，重疊左足於右足上，猶如獅子而正睡眠」，很容易懂。洗腳後，頭倚右側如獅子而臥。「猶如一切旁生之中，獅力最大，心高而穩，摧伏於他」，在一切有情之中獅子的體能非常強，內心高昂而堅穩——「穩」，是不會動搖的意思——

能壓伏一切其他動物。「如是修習惺寤瑜伽，亦應由其大勢力等，伏他而住，故如獅臥。餓鬼諸天，及受欲人所有臥狀，則不能爾，彼等一切悉具懈怠，精進微劣，少伏他故」，在未睡而勤修瑜伽的時候，由於身心勢力強大等，能壓伏一切煩惱等攪擾內心的事物而住，所以睡的時候如同獅子而臥。

口　譯：是指如果睡的時候如獅子而臥，那未睡而勤修瑜伽的時候，也就能壓伏煩惱，會有大力的意思嗎？

仁波切：這前面先是未睡的時候嘛！由於能壓伏一切、壓制煩惱品而住，所以睡的時候也要如同獅子而臥。是說「如是修習惺寤瑜伽，亦應由其大勢力等，伏他而住」。

　　除了如獅子而臥，還有很多睡姿，比如：餓鬼的睡姿、天人的睡姿、諸貪欲者的睡姿等等。「則不能爾」，如果不用獅子的睡姿來睡眠的話，會怎麼樣呢？會變得精進微劣，會生起懈怠。「少伏他故」，不能壓伏對方。如果不像獅子那樣睡，就不能像獅子壓伏一切動物一樣，心就會被貪瞋攪擾，無法壓伏一切貪、瞋。

口　譯：「心高」是什麼意思？

仁波切：「心高」，內心比其他畜生高昂。其他畜生勝不了牠嘛！

所以心高。有這樣的高慢。

此處箋註裡有講四種睡姿：「傍生」的睡姿是「俯臥」。這是語王尊者的箋註。「天人仰臥」，就是朝天而臥。「餓鬼踡臥」，餓鬼是肢節和頭、手足都縮在一起睡。腳往上縮，手往下踡，是這樣踡臥。「著貪欲者左脅而臥」，行貪欲者，朝左側睡。一般是指人。講了各種睡法。

「又有異門」，是「另外」的意思。另外，獅子臥還有什麼功德呢？「猶如獅子右脅臥者，法爾令身能不緩散」，自然能讓身體不鬆散。「雖睡沈已」，縱使睡著了之後，「亦不忘念，睡不濃厚」，指不會睡得很沉的意思。「無諸惡夢」，有很多這樣的利益。「若不如是而睡眠者，違前四種，一切過失悉當生起」，與前四種相反的就是：會讓身體鬆散、忘念、沉睡、做惡夢，不那樣修的話會有這些過患。

⬥第三、眠息意樂者：以何意樂睡眠有四：⬥第一、光明想者：謂應善取光明之相，以其光心而睡眠之，由是睡時心無黑暗。⬥第二、念者：謂聞思修諸善法義所成正念，乃至未入熟睡之際，應令隨逐。由此能令已睡沈時等同未睡，於彼諸法心多隨轉，總之睡時亦能修諸善行。⬥第三、正知者：謂由如是依止念時，隨起煩惱即能了知，斷除不受。

講記

　　接下來是心。「第三、眠息意樂」，睡時要把持內心。下面全在講具足威儀睡眠的時候，如何把持內心的方法。共有四點：光明想、正念、正知，以及起想。「**光明想者：謂應善取光明之相，以其光心而睡眠之，由是睡時心無黑暗**」，入睡時心中沒有黑暗。心裡不生黑暗的話，有去除愚蒙的殊勝意義。「**光明之相**」，比如修習白色的光，要用具足光明的心去睡，而不是非常黑暗、昏暗厚重，這樣是為了令心不生黑暗。

　　尊者的傳記裡記載，種敦巴從見到阿底峽尊者的第一天開始，就供了尊者一盞油燈。從此之後，每天都在他面前供燈。尊者在雪域西藏十七年中，每天都不讓他在晚上沒有燈光的黑暗中睡眠。就從第一天晚上起！可能是有這樣的用意。但在傳記裡沒有講，只是我自己想可能是這個目的。縱然在黑暗中，也要生起光明想。

　　接下來，「**第二、念者：謂聞思修諸善法義所成正念，乃至未入熟睡之際，應令隨逐**」，在還沒睡著前，躺著的時候，要去憶念自己聞、思、修正法等所生起的一切，在未睡著前要在這方面用心。這樣的話，「**由此能令已睡沈時等同未睡**」，就算已經入睡，也跟沒睡一樣。「**於彼諸法**」，指對於前面所思惟的一切法義，「**心多隨轉**」。我們就是這樣，沒睡的時候在想什麼，睡時也就那樣作夢嘛！「**總之睡時亦能修諸善行**」，提到如果這樣去守護正念的話，睡眠也會成為善行，不會成為罪惡。

「第三、正知者：謂由如是」在睡前依止了正念，「依止念時，隨起煩惱即能了知，斷除不受」，就用正知去察覺是否隨逐於煩惱。如果了知正在轉趣煩惱品，必須不能接受，而要轉回來依止正念，而將心安置於善品而睡眠，生起煩惱的話就要斷除。

真　師：這是睡了還是沒睡？

仁波切：在入睡之前！

真　師：前面不是提到念嗎？是提正念，然後就跟正知一起來嗎？念和正知是一起？

口　譯：正念與正知是並行？

仁波切：是！正念和正知一起。正念是去憶念自己所聞思修的那些，正知則是觀察此時有沒有生煩惱，沒起煩惱而睡就是善，帶著煩惱而睡就是惡，如是進行偵察。這都是入睡之前，入睡之後你再正知那不可能！如果起煩惱，必須對這一切都不接受而去斷除，這樣睡的話，睡眠就會成為善品。睡眠的修持就是這樣。

居　士：前面提到「由此能令已睡沉時等同未睡，於彼諸法心多隨轉」，所以是否正念是指睡著後的事？

仁波切：不是睡著以後。是說這樣守護正念的話，在睡著的時候也

能夠憶念那些法,也像睡前一樣,「等同未睡」是指這個
意思。

居　士:就像沒睡著一樣,還緣著睡前緣的那些善法嗎?

仁波切:是的。總之就是睡著的時候也不增長煩惱,而是增長善
　　　　品。將現在所聞思修的,要去憶念而隨轉。「等同未睡,
　　　　於彼善法心多隨轉」,你能趣往善的方向。

　　之前的問題,所謂的「二種精進」,在很多道次第引導上都看不
到,特別是對此沒有清楚解釋。一般而言,不論精進也好,淨戒也好,
有「饒益有情精進」與「攝善法精進」,淨戒也是這樣,對吧!很多地
方都這樣講精進的支分。我想可能是擐甲精進之外的攝善法精進、饒益
有情精進,就是前面提到「於諸善品修二精進」的二精進,我想可能是
理解為這兩個。道次第引導沒有另外提到,在這裡也沒有箋註,不太清
楚。

　　🅑第四、起想有三:初者:謂一切種,其心不應為睡所
蔽,應以精進所攝之心,驚懼而眠,猶如傷鹿。由此睡眠不甚
沈重,不越起時而能醒覺。二者:謂作是念:🅟師云:「若解
作『我🅟於一切種應修佛所開許睡姿』,則與後文『由是能依
佛所開許獅子臥式眠無增減』較相係屬。」今應修佛所開許悎

寤瑜伽，為修此故，應大勵力引發欲樂。由是能依佛所開許獅子臥式眠無增減。

講記

現在是睡眠瑜伽中的「第四、起想」，所謂的「起」，就是睡眠之後的起床，要先修眠息之後隔天必須起來的作意。如果不修這樣的作意，隔天雖然時間到了，還是會被睡眠籠罩，醒不過來。所以起想中「有三」，有三個想。「初者：謂一切種，其心不應為睡所蔽」，不要讓心完全被睡眠所自在。那要如何呢？「應以精進所攝之心」，要由精進攝持而在睡時勤修善行，就是前面所說的正念攝持，要以精進於善行的心攝持。「驚懾而眠，猶如傷鹿」，一般而言，草食動物睡在平原上有很多天敵，牠會覺得有敵人，一感覺到發生什麼事，就會戒備而起。周圍如果狼等天敵稍有動靜，就會清醒而起。「驚懾」就是這個意思，淺睡，不會睡得很沉，如同草食動物懷著驚恐的心，而令睡眠淺薄能夠清醒，就要這樣睡眠。「由此睡眠不甚沈重」，不會睡得很沉。「不越起時」，早上想要何時起來，就不會睡過頭，「而能醒覺」。否則被沉睡籠罩的話，早上十、十一點還醒不過來，這就是被睡眠覆蔽得太嚴重，沒有勤修起想的過失。

口　譯：「猶如傷鹿」是只有指鹿嗎？

仁波切：這裡的「日依大」（  ）不只是指鹿，這裡泛指草食
　　　　動物，鹿只是草食動物裡的一種而已，不能代表所有的草
　　　　食動物。是草食動物周遍是鹿，這很難吧！還有黃羊、大
　　　　角羊、羚羊、岩羊等等很多動物。

　　「二者」，第二想。「謂作是念：我今應修佛所開許惛寐瑜伽，為
修此故，應大勵力引發欲樂」，這解釋起來有點複雜。「由是能依佛所
開許獅子臥式眠無增減」，因此要如同上述，按佛所開許的獅子臥式來
眠臥。第二想就是這樣。先唸正文，後面再解釋一下。

口　譯：我的書上是寫：「於一切種應修佛所開許睡姿」。

仁波切：是寫「睡姿」嗎？那是第一版，第二版就不是這樣，改掉
　　　　了。那是青海本的第一版，不能這樣說，要看正文上面寫
　　　　的，不是有「佛所開許惛寐」嗎？

口　譯：上面有「佛所開許惛寐」。

仁波切：對，要照這個唸。漢文是怎麼翻譯的？

口　譯：跟之前一樣：「惛寐的瑜伽」。

仁波切：不是惛寐的瑜伽，是「應盡力修惛寐」。

口　譯：我今應修佛所開許……

仁波切：我今應盡力修佛所開許不睡，意思就是這個。所有版本、
所有《廣論》正文都是這樣寫的。青海本起初是阿拉倉活
佛校對，然後他就按這個箋註改。語王尊者的箋有說到：
這是否錯了？他提了一個疑問：「若解作『我於一切種應
修佛所開許睡姿』，則與後文」相關，因為後文是「由是
能依佛所開許獅子臥式眠無增減」，所以才說與此句「較
相係屬」，這是語王尊者的箋，他說不可以是「悎寤」。
為什麼呢？現在是講到起想的時候，起想的時候應該要眠
臥，所以應講「於一切種應修佛所開許睡姿」。青海本的
第一版就這樣改了原文，實際上是錯的，之後第二次排版
的時候又把它改正過來，作「悎寤」。

真　師：改回來的理由是什麼？

仁波切：原來的正文不管是哪個版本都是一樣啊！青海本第一版的
時候，他認為這兩個字應該要改，就按照語王尊者改了。
但是所有《廣論》的版本都是「悎寤」，這兩個字都沒
改。

真　師：師父，我還有一種想法，不知道對不對？

仁波切：你說。

真　師：《四家合註》版不是說佛所開許的不眠息的方式嗎？

仁波切：對、對。

真　師：和下面說的獅子臥式的眠息方式，我會認為它們並不相違。

仁波切：對、對！

真　師：是很順的，因為在獅子臥的時候你一定是沒睡的，睡著了怎麼能再躺個獅子臥？所以說正好不改才是上下相順。

仁波切：不、不，也不是這樣。實際上睡眠是應該那樣睡的，但是……

真　師：作獅子臥的時候？

仁波切：對。語王尊者認為這兩個句子有相違，應該要是「睡眠」，所以上面這個「不睡」（悎寤）的字是錯誤的。但是很多沒改過的版本都是「不睡」，所以這只不過是語王尊者的想法。後來這個問題七世達賴喇嘛賢劫海有解釋，他也不認同語王尊者的說法；後來很多學者在這裡，都認為還是按原文「不睡」比較好，很多解釋都是這樣。為什麼呢？主要是因為這個內容在《瑜伽師地論》裡面有提到，宗喀巴大師是按《瑜伽師地論》所說的來講述的，那裡也是同樣說「應盡力修悎寤」，所以宗喀巴大師就這樣引述。

　　那「佛所開許悎寤」，是如何呢？有不如法的睡姿吧？那些不按獅

子臥式的不如法睡姿。勝者賢劫海認為，實際這句話的意思應該是指：「應該修習不這樣睡」，不要按照不如法的睡姿、非獅子臥式的睡姿那樣眠臥，「悎寤」指的就是這個意思。這樣的話，就和後文不相違。

所以這句的意思是：「不用不符順佛陀宗規的睡姿而眠臥」，而要修習符順的。主要是《瑜伽師地論・聲聞地》的文。這樣能清楚明白嗎？所以，「由是能依佛所開許獅子臥式眠無增減」，不用不符順宗規的來眠臥。那符順宗規的是什麼呢？就是要依佛所開許的獅子臥式，沒有增減地眠臥。眠息的方式就是這樣。

口　譯：是說依前面那樣行持，就能眠無增減嗎？

仁波切：「不眠」，棄捨不如法的睡姿，而要不增不減、一點不差地用佛所開許的睡姿去眠臥，「由是」就是指依著上面的想法而能如此。起想的第二想就是這樣，能於獅子臥式無有增減地眠臥。

三者：謂應作是思：如我今日勤修悎寤及諸善法，明日亦應如是勤修。為能由是令善欲樂相續，雖忘念中亦能增長，故應勤修。

講記

　　「三者」，第三個想：「謂應作是思，如我今日勤修悎寤及諸善法，明日亦應如是勤修」，如同今天不眠息而修習善法，又增長了諸多善行，要想明天也應如此精勤於一切善行。對明天的善行等作意，然後眠臥，這是第三想。

口　譯：「今日勤修悎寤」是什麼意思？

仁波切：因為只睡一分而已嘛！晚上分三分，初夜和後夜不睡，是
　　　　吧？就像今天一樣，明天在非眠息的時候也要不眠臥。應
　　　　該思惟：今日勤修不眠與善法，明日也要這樣做。要有
　　　　「明天也要這麼修善行」的作意下睡眠。

口　譯：「勤修」是指對悎寤及善法二者嗎？

仁波切：是！不眠息就是要修善嘛！

　　這樣做的話，「由是令善欲樂相續」，今天有對善法生起欲樂，明天也持續對善法生起欲求。「雖忘念中」，忘念就是正念的相反嘛！忘失行善。那麼善行相續不斷的話，應該沒有忘念的道理啊？善法欲相續不斷的話，會有出現忘念的狀況嗎？這裡有個「雖」字，在思考這個字的時候，並沒有看到在哪裡有解釋。應該是如果不這樣思惟，就沒有生起強烈的欲求，而沒有輾轉相續生起的話，這善法欲就會中斷、忘失。

「雖忘念中」的「雖」字是指：不這樣做的話，固然很容易忘，今天不忘且不中斷，所以是沒有忘念的意思，就「**亦能增長**」，為了讓善向上增長，「**故應勤修**」。應該是這個意思，否則應該不會說雖忘念了仍向上增長嘛！先提到善法欲相續不斷，接著應該不會忘念吧！

口　　譯：是否可以再解釋一次？

仁波切：「雖」字是指：原本不去守護這個相續的話，「雖然」是
　　　　　會忘失的，但是此處並沒有忘念，是相續不斷的。「雖」
　　　　　字必須有這樣的內涵，如果不這樣解釋是說不通的。

口　　譯：那接下來怎麼解釋？

仁波切：「雖忘念中」，雖然不守護續流的話會忘念的，但是因為
　　　　　守護續流所以不會忘掉，由此善行向上增長，故當精進於
　　　　　此。應該這樣解釋，否則很難說得通，你們可以想想如何
　　　　　解釋？

真　　師：師父，我可不可以提出一個我自己的想法？

仁波切：嗯！你說！

真　　師：因為這個「由是令善欲樂相續」的善欲樂它不是善念，只
　　　　　是欲樂。這是第三想。由於他在睡前作這樣的欲樂，所以
　　　　　有一個動機的相續。但是動機的相續之中還是會產生忘念

四家合註爾③
哈爾瓦・嘉木樣洛周仁波切講記

300

的，因為它不是善念的相續。所以我認為在那個動機的相續中，還是會有忘念產生。

仁波切：那「相續不斷」是指什麼？看來是不斷地產生欲樂嘛！這該如何解釋？

真　師：不是有這樣一個想法嗎？說：「我今天好好地修了善法，明天我決定要這樣勤修。」由於這樣的一個明天想要勤修的推動力，就像一個動機一樣；善欲樂我認為是一個善的動機，它不是一個善念的相續，所以在這個善的動機的推動下，還是會有忘念產生，但是忘念產生的時候他還能精進修善品，因為有這個動機的推動力。

仁波切：可能要這樣思考的吧？之後再想想，我也不是很懂。「雖忘念中」有「雖」字，「令善欲樂相續，雖忘念中」，令欲樂相續不斷，還有產生忘念的道理嗎？

口　譯：以修習念死無常而言，雖有欲樂修習念死無常的心，但這個善所緣仍然可能忘失。比如喝茶時，雖有想修念死無常的欲樂，但沒念死無常。或許是這樣解釋。

仁波切：所以是不需要常常憶念？是嗎？不用相續地憶念，可以忘失？

真　師：對！

仁波切：如果不用相續的話是這樣，但是這裡說到「令善欲樂相
　　　　續」。

　　好，應該要像你們這樣地思考，如果不這樣去思考，這裡說「忘
念」但又不能忘嘛！前面才說要使「善欲樂相續不斷」，後面卻說：
「雖忘念中亦能增長」，這是滿難理解的，感覺有點相違。好的，應該
這樣理解是對的，不然的話，這個不好理解。

法　師：弟子在想，前面講到我們在睡前用光明想而睡，憶念早上
　　　　學的法義，後面講到「總之睡時亦能修諸善行」，就是睡
　　　　覺的時候如果提策好的話，心還能在善法上隨轉，不斷增
　　　　進。

仁波切：對。

法　師：弟子在想，是不是說我們提策好的話，這個善的欲樂從早
　　　　上一直到晚上睡覺都可以相續到第二天？如果提不好，睡
　　　　較沉的時候，即使有這樣的忘念，但是因為前面串習的緣
　　　　故，所以你要再提起來，就會比較快。

仁波切：對、對，差不多。你是說就算暫時忘失了，一般並沒忘
　　　　失，所以善還能增長？

居　士：忘失了善所緣，善業怎麼能增長？

仁波切：唉！就是啊！我的疑問就這個。說到令善欲樂相續不斷，
之後就忘了，忘了又怎麼能增長善，這個就是我心中覺得
不合適的地方。好，所以可能那麼理解，老實說我並不
懂。

居　士：另一個問題，《入行論》中有一句也說到，發菩提心的菩
薩，縱使在睡眠或放逸，善根還一直在增長。

仁波切：那不一樣。「即自彼時起[10]，縱眠或放逸，福德相續生，
量多等虛空。」那是說從發菩提心起，講的不是這個，那
個和這個不一樣。

口　譯：比如喝茶時，雖然忘了念死，但因為之前想修無常的欲樂
不間斷，之後讓念死無常的證量繼續增長，為此而能勤
修，是在講這個嗎？

仁波切：是的，要這樣說，不這樣說不通的。要如何理解令善欲樂
相續不斷，除了這樣就不知道了，我不是很明白，我想你
們應該是對的。字面上是這麼寫的：「雖忘念中」，雖然
忘念，然後功德向上增長，對於這個文字心裡就不舒服
吧？為了證量增長而能精進，縱使忘了也能精進！這很
難。應該就是剛才想的那些，如果不是這樣，就不會這樣
說，而且不管是哪一個版本都是一樣的。從字面上看，
會有那樣的疑惑嘛！既然忘失的話，怎麼還能精進？這個
「忘」，應該不是完全忘掉，是剛才說的暫時忘失。自然

相續不斷地懷有欲求的動機，因此雖然暫時忘失了精勤，但是令功德不斷增長的精進是沒有鬆懈的，要這麼理解。

第四、教令珍持者：**此食睡行，若能無罪具義而行，現見能遮眾多無義虛耗壽數故，如聖者無著引經，如所決擇而為解說。**第五、結合一切修持座間軌理：**如是唯除正修時中所有不共修法之外，加行、正行、完結、中間諸應行者，從此乃至毘缽舍那，所修一切所緣行相，皆如是行。已釋中間所應行說。**

講記

「第四、教令珍持者」，之前分了五科。「起想」已經講完了，現在是「教令珍持」。「**此食睡行**」，這吃飯方式和睡眠儀態，「**若能無罪具義而行**」，指如果吃飯的時候以及睡眠的儀態能夠不成為罪惡、具足意義。我們平常必須吃飯，也會有睡眠儀態，因此如果能夠不處於罪惡而且具義而行的話，宗喀巴大師說：「**現見能遮眾多無義虛耗壽數故，如聖者無著引經，如所決擇而為解說**」。

真　師：師父，關於七世達賴喇嘛「佛所開許憒寤瑜伽」那個部分，弟子還有一種想法，不像他那樣解釋也可以合理。

因為前面說到修獅子眠臥式，其實就是指我應該修「眠息」、「睡眠」，然後它上面卻說「不睡眠」，這個是相對的嘛！我會覺得，那個不眠的和那個眠息的，中間還有一個轉接詞，就是「由是能依」，正因為你修了不眠的，所以說你眠息的時候才能修。

仁波切：嗯，對、對。

真　師：因為它是一個相續的過程，如果白天都不提正念的話，很顯然晚上怎麼能提起來？所以正因為他白天修那個不眠的，所以晚上才能修這個眠息的，這是一點兒都不矛盾的。

仁波切：是的，可以，應修不眠。所以「應修佛所開許睡姿」是不行的，「悎寤」是對的。這個前後不矛盾。

真　師：對呀！正因為前面修了不眠的，所以引出了「由是」——因為此故，能依佛所開許的獅子臥而睡，因為這四種資糧是相續的嘛！白天和晚上它是一個相續的過程。

居　士：依據呢？

真　師：我的依據？因為這樣是可以解釋通的。

仁波切：這個不用依據，你把字面上的內涵認清楚就好。所以有很多人就不同意語王尊者的這個解釋，其實「於一切種應修

佛所開許睡姿」也是可以的！實際上這兩種都可以。語王
尊者這樣的話也好理解，實際上就是睡眠的起想嘛！也可
以解釋成不睡，實際上主要是起想，不管怎麼都沒有矛
盾。

真　師：對、對！

仁波切：沒有什麼大的矛盾。可以按照語王尊者這樣講，也可以如
　　　　你剛才講的完全按照字面上理解，乃至也可以按照七世達
　　　　賴、很多學者的解釋。我跟你的想法大體相同。這個睡和
　　　　不睡兩種，就是一天的修行方式嘛！這裡前後這樣講，可
　　　　以按照字面上這樣理解，我覺得也是不矛盾的。因為修持
　　　　不眠瑜伽——白天的所有行持，對此發起精勤的話，「由
　　　　是」在眠息瑜伽的階段就會產生那些。這是不會有矛盾
　　　　的，沒問題。主要的疑惑是這樣：因為是在講起想的段
　　　　落，所以這裡講到不眠的話是不合適的，感覺跑題了。這
　　　　樣的話就要思考一下，會以為這段的內涵有點混淆。

口　譯：因為這邊主要是在講起想，等於是針對睡覺的時候……

仁波切：不是。七世達賴以及其他人都作了諸多解釋，會認為這裡
　　　　是跑題了，講的並不是時候。因為在起想的時候，你卻講
　　　　很多不眠瑜伽，看這個就知道了，不對題！

真　師：對！我也在想這個問題。

仁波切：當然你在字面上這樣解釋也是可以的，但是這個不睡，不是在這裡該講的啊！這裡講的是「起想」，所以看起來這段的內涵就弄混了。

該如何去理解呢？對於上面的眠與不眠，語王尊者箋註的內容就是這樣。總之現在是沒有按照語王尊者那樣改動的，不管什麼版本，都是按著原本那樣。除此之外我沒有其他新的理路了，你們這些智者們觀察吧！自己要去思考。

「第五、結合一切修持座間軌理」，這是説明依師軌理的法類或者死無常等，結合這一切的座間方式。「如是唯除正修時中所有不共修法之外」，「正修時」指的就是：比如依師軌理的話，就是依師軌理的正修之時；暇滿難得的話，就是暇滿難得；死無常的話，就是死無常，各有不共的修法，各自修習的內容是不一樣的。除此之外，任何都是這樣：「加行、正行、完結、中間諸應行者，從此乃至毘缽舍那，所修一切所緣行相，皆如是行」，從此開頭的依師軌理到止觀之間，不論任何法類，加行、正行、結行的結合方式就是如此。但是正行時的修法、所修內容則不相同；依師軌理的話，就依師軌理，暇滿難得的話，就暇滿難得，除此以外都一樣。「已釋中間所應行說」。

註釋

1　**《入行論》中說**　出自《入行論‧靜慮品》第62偈。

2　**念身如舟楫、為辦有情利**　出自《入行論‧護正知品》第70偈。全文為：「念身如舟楫，唯充去來依；為辦有情利，修成如意身。」

3　**滅盡定**　一種息滅粗分受想的等引，唯聖人才有此定。

4　**《入行論》說**　出自《入行論‧護正知品》第40偈。

5　**無住涅槃**　指脫離有寂二邊的衰損的涅槃，成佛才會獲得。

6　**第六屬格**　為傳統藏文文法中八種狀況的第六種，該虛字主要顯示前後二詞的各種從屬關係。

7　**業格**　為傳統藏文文法中八種狀況的第二種，該虛字主要作用為顯示受詞賓語。

8　**進即勇於善**　此句全頌出自《入行論‧精進品》第 2 偈。

9　**貪圖懶樂味**　此句全頌出自《入行論‧精進品》第3偈。

10　**即自彼時起**　此句全頌出自《入行論‧菩提心利益品》第19偈。

破除於此修軌邪執分別

　　^巴前述依止善知識軌理法類多為觀察修，故第二、破除於此^巴以觀察修修習軌理邪執分別，^妙分四：一、破斥心未趣向聖言之愚者；二、破斥昧於觀修止修謬解；三、破斥解修極狹之自詡智士者；四、宣說一切聖言修持軌理。初中分二：一、敘宗；二、破執。初者：〔心未趣向聖言及釋諸大教典現教授者，^妙謂昔之支那和尚及後之斷見者作如是言，^語師云：此他宗與一切聖言未現教授者，其致一也。〕：「正修道時，不應於境數數觀察，唯應止修，若以觀慧數觀擇者，是聞思時故；又諸分別，是有相執，於正等覺為障礙故。」

講記

　　在「總略宣說修持軌理」一科中，「正修時應如何行」和「未修中間應如何行」已經講完了。再來這裡有個巴梭法王的箋註：「前述依止善知識軌理法類多為觀察修」，前面講的依止善知識法類，主要都是觀察修，「故第二、破除於此修軌邪執分別」，上面的根本科判是依止善知識軌理。這裡巴梭法王的箋註：「第二、破除於此以觀察修修習軌理邪執分別」，沒講止住修，因為大部分是說觀察修。重點是觀察修和止住修二者之中，是以觀察修為主，所以對於「破除於此以觀察修修習軌理邪執分別」，後面妙音笑大師開了四個科判：「一、破斥心未趣向聖言之愚者；二、破斥昧於觀修止修謬解」，主要破斥了這點，就是不了解

止修、觀修二者所產生的誤解，對於什麼是觀察修，什麼是止住修不了解，而有錯解。「三、破斥解修極狹之自詡智士者；四、宣說一切聖言修持軌理」，開了四個科判。

口　譯：「自詡智士」是什麼意思？

仁波切：那些不是智者卻自以為是智者的人。

真　師：「破除於此」的「此」字是指什麼？

口　譯：是指「以觀察修修習軌理」。

「初」是「破斥心未趣向聖言之愚者」，「分二」：愚者自己「一、敘宗」，以及「二、破執」。心未趣向聖言的愚者，他們各自的宗是什麼呢？先看正文：「心未趣向聖言及釋諸大教典現教授者，作如是言：『正修道時，不應於境數數觀察』，不要數數觀察對境，「唯應止修，若以觀慧數觀擇者，是聞思時故；又諸分別，是有相執，於正等覺為障礙故』」，他們的承許就是提到這些。為什麼呢？因為對於佛陀至言及解釋等一切大經論，不現為教授、心未趣向現為教授所導致的。應該要現一切至言為教授吧！在妙音笑大師的箋註中說：「謂昔之支那和尚及後之斷見者」，是誰心未趣向於此呢？妙音笑大師說是以前的支那和尚，後期在西藏也有很多這樣的斷見者，這都是由於沒有將一切至言現為教授的過失。他們主張什麼呢？不論所修的是什麼，「正修道時，

不應於境數數觀察」，不可以一再地觀察，所謂的修「唯應止修」。
「若以觀慧數觀擇者，是聞思時故」，如果不這樣，一再地觀察就會成
為修的障礙。「又諸分別，是有相執，於正等覺為障礙故」，分別心是
會執相的，是相執，會障礙成佛，因此不可以觀察。這是他們所承許
的。

口　　譯：「其致一也」是什麼意思？

仁波切：如果一切聖言現為教授就不會產生這種邪執了，這是沒有
　　　　　現為教授所導致的，跟前面的重點是一樣的。

真　　師：這裡的他宗，跟那種沒有將經論現為教授的人犯的錯誤是
　　　　　一樣的，還是他們本身就是沒把經論現為教授，才說這種
　　　　　話？

仁波切：應該指心未趣向一切聖言現為教授的人。

口　　譯：那些人就是無法將一切聖言現為教授者嗎？

仁波切：對、對！

　　第二、破執，分四：一、正破；二、辨識最初興惡說者；
三、明此惡說為教法隱沒因緣；四、自宗以觀察止住二者修習之
理。初中分六：第一、此為昧於聞思修三者建立之妄言：**此乃**

未達修行扼要,極大亂說。《莊嚴經論》云:「此[□]依次入聖教時,先依於聞[□]慧,起如理作意[□]所聞義之思所成慧,[□]依[□]習如理作意,[□]以現識所證真_實義[□]實性為境[□]之修所成智乃生。」[□]謂由思惟資糧道時所聞之義,生加行道體性所屬之思所成與世間修所成慧,依此更生見道體性所屬現證實性。此說從其思所成慧如理作意所聞諸義,修所成慧真義現觀,乃得起故。

故所應修者,須先從他聞,由他力故而發定解。次乃自以聖教、正理,如理思惟所聞諸義,由自力故而得決定。如是若由聞思決定,遠離疑惑,數數串習,是名為修。故以數數觀察而修,及不觀察住止而修,二俱須要,以於聞思所決擇義,現見俱有不觀止住,及以觀慧思擇修故。是故若許一切修習皆止修者,如持一麥說一切穀皆唯是此,等同無異。

講記

「第二、破執,分四」,這破執又分四個科判:「一、正破;二、辨識最初興惡說者;三、明此惡說為教法隱沒因緣;四、自宗以觀察止住二者修習之理。」

四家合註 ③

哈爾瓦・嘉木樣洛周仁波切講記

314

口　譯：「最初興惡說者」是什麼意思？

仁波切：指最初這樣說的人，之後有很多人追隨他。

「初中分六」，在「正破」一科中，「第一」要破除什麼呢？「此為昧於聞思修三者建立之妄言」，不了解聞思修三者的建立，因為這個過失，所以才講出這樣的妄言、亂說、非法。

口　譯：妄言是指不順於法嗎？

仁波切：所謂妄言是與法不相順的，是綺語。

前面他們提到：一切分別都是相執，障礙成佛，不可以用觀察慧數數觀察；對於所謂的修，認為只有一種。「此乃未達修行扼要，極大亂說」，這種妄言，是不了解修行關鍵的象徵。那依據是什麼呢？引「《莊嚴經論》云：『此先依於聞，起如理作意』」，生起了如理作意；這裡說明得到聞所成、思所成、修所成的方式。「此依次入聖教時，先依於聞慧」，必須按照次第趣入聖教，要有次序。首先去聽聞，依靠這樣的智慧，「起如理作意」一切「所聞義」，自己如理地去思惟而作意，這是「思所成慧」。一再地思惟，依著這思所成慧，「依修習如理作意」，經過非常長久地串習而嫻熟之後，「以現識所證」一切「真實義實性為境之修所成智乃生』」，生起了修所成慧。這些是一個依著一

個出生，是有因果關係的。要依靠如理作意的思所成慧，由於串習思所成慧的作意，因此獲得修所成慧。「謂由思惟資糧道時所聞之義」，在資糧道的階段，聽聞所應聽聞的法義；由於思惟所聞法義，而出「生加行道體性所屬之思所成與世間修所成慧」，一個是思所成，一個是世間修所成慧。「依此更生見道體性所屬現證實性」。

口　譯：世間修所成慧？

仁波切：這些尚未現證空性，所以是算世間修所成慧。

口　譯：所以有加行道體性的思所成和世間修所成慧兩種？

仁波切：是的。

　　因此，「此說從其思所成慧如理作意所聞諸義」，前面就是在講這個。「修所成慧真義現觀，乃得起故」，一開始聽聞，用思所成慧如理地在心上反覆觀察、串習所聞的意涵之後，就會得到現證真實義的修所成。

真　師：「以現識所證真實義實性為境之修所成智乃生」，這句的
　　　　　「境」指的是什麼？是指聞思，還是指修所成慧本身？

口　譯：空性。

仁波切：真實義。

真　師：是說空性是心所緣的一個境，是不是這個意思？

口　譯：空性是心所緣的一個境？

真　師：對呀，您原來的翻譯是這樣子嘛！就是《莊嚴經論》說：
　　　　依照聞所成慧，而生對所聞義理如理作意的思所成慧，然
　　　　後經過如理作意的修習，始得產生以現前識證達真實義實
　　　　性為境的修所成慧。那「境」是指什麼？

口　譯：是將「現前識通達真實義實性」這一點作為境界，聖者智
　　　　慧的境界。

真　師：啊！是境界啊！不是心對境啊？

口　譯：這兩個不一樣嗎？

真　師：不一樣啊！心靈所達到的境界是和心靈合一的，可是心所
　　　　對的境就在外面啊！我心對境，它有個能、所的問題啊！

口　譯：這個智慧的「境」是要放什麼？

仁波切：應該指「真實義」、「實性」吧！就是現證實性、真實
　　　　義，究竟來說就是空性。

口　譯：就是指空性，而在這裡指用現證的方式。

仁波切：「見道體性所屬之現證實性」，當獲得見道就會現證空
　　　　性。

　　下面「故所應修者，須先從他聞」，所要修的任何法，一開始都必
須先從他聞，「由他力故而發定解」，依靠他人而發定解。「次乃自以
聖教、正理，如理思惟所聞諸義，由自力故而得決定」，這兩個必須依
次安立：一開始要從他人聽聞，依他力生起定解；之後思惟一切意涵，
而自己證得一切意涵，是自力生起定解。一開始是他力，「次乃自以聖
教、正理，如理思惟所聞諸義」，是靠自己，沒有依靠他人，由自力而
得決定。

　　一開始聽聞，然後思惟，這兩個是聞思的階段。然後該做什麼呢？
「如是若由聞思決定，遠離疑惑」，對所有意涵都遠離疑惑以後，「數
數串習」，在心裡一再地串習，「是名為修」，就叫做修。「故以數數
觀察而修，及不觀察止住而修，二俱須要」，觀察修、止住修兩個都
要，單單觀察修不行，還要止住修。「以於聞思所決擇義，現見俱有不
觀止住」，就是將聞思抉擇完的，不做觀察而安住。「及以觀慧思擇修
故」，對於聞思所抉擇的意涵，都需要止住修與觀察修二者。「是故若
許一切修習皆止修」，前面就在講這個，所謂的修只有止住修，不要去
觀察修。「如持一麥說一切穀皆唯是此，等同無異」。

　　復如聞所成慧以聞為先，思所成慧以思為先，如是修所成

慧亦應以修為先，以其修慧從修成故。若如是者，則修所成慧
前行之修，即是修習思所成慧所決定義，故說修慧從思慧生。
以是若有幾許多聞，亦有爾多從此成慧，此慧幾多其思亦多，
思惟多故從思成慧亦當不尠。如思慧多，則多修行，修行多
故，則有眾多滅除過失、引德道理，故諸經論，皆說於修，聞
思最要。若謂聞思所決擇者，非為修故，唯是廣闊諸外知解；
若正修時，另修一種無關餘事，如示跑處另向餘跑，則前所說
悉無係屬，亦是善破諸聖言中諸總建立三慧次第生起之理，則
其亂說「趣無錯道，不須多聞」亦成善說。

　　⊛第二、昧於聞思修三扼要之相者：未達此等扼要之相，
即是多習經典續部與一從來未習教者，於正修時，二人所修，
全無多寡。又復執彼行者聞法及觀擇等以為過失諸惡軌派，
⊛於此雪域令成堅固。

講記

　　「復如聞所成慧以聞為先」，在聞所成慧之前必須聽聞，依靠聽聞
而生聞所成慧。「思所成慧以思為先，如是修所成慧亦應以修為先」，
必須修。修所成慧是依靠什麼生起呢？是依修而生的。「以其修慧從修
成故」，依修而生。「若如是者，則修所成慧前行之修，即是修習思所
成慧所決定義」，前面在思所成的時候就有出生智慧，去串習它，這個

前因即是依靠思所成慧而獲得的。「故說修慧從思慧生」，依靠思所成慧而產生修所成慧，這樣一個依靠一個，必須是因果關係。

因此，「若有幾許多聞，亦有爾多從此成慧」，一開始聽得多，聽聞多則智慧多，聞所成慧多。「此慧幾多其思亦多，思惟多故從思成慧亦當不尠。如思慧多，則多修行」，這個就會很多；「修行多故」，修行多的話，「則有眾多減除過失、引德道理」。因此，「故諸經論，皆說於修，聞思最要」，對於修行都這樣說。

「若謂聞思所決擇者，非為修故」，如果聞思所抉擇的不是為了修，「唯是廣闊諸外知解；若正修時，另修一種無關餘事」，修一個沒關聯的東西。「如示跑處另向餘跑，則前所說悉無係屬，亦是善破諸聖言中諸總建立」聞思修「三慧次第生起之理」，這很容易懂的。因此，「則其亂說『趣無錯道，不須多聞』」，說：「趣無錯道一定不須多聞，單單只要修就可以了！」這樣的荒謬言論「亦成善說」。

「第二、昧於聞思修三扼要之相者」，第二科是這個。他們主張的不須聞思、不須觀察這點，當提到不用觀察，主要就是變成不用聞思了。「未達此等扼要之相」，不了解、未證達聞思修任何一者之扼要的相狀，「即是多習經典續部與一從來未習教者」，對經續二種教典已經做了許多學習的人，以及從未學習的兩種人，「於正修時，二人所修，全無多寡」。「又復執彼行者聞法及觀擇等以為過失諸惡軌派」，按照他的主張，一個不管已經學習了多少經續的人，和一個從未學習過的這兩個人，在修行時承許都是一樣，沒有多寡。不僅如此，還認為在修的

時候，你不一定需要這些，而把聽法和觀察執為過失。這種惡軌派，在巴梭法王的箋裡説：「於此雪域」，於藏地雪域「令成堅固」，不破除的話，在藏地雪域已經變得很堅固了，此處要破除的就是這個。

口　譯：「行者」是指人，還是什麼？

仁波切：是指人。不是指人的話，不會有修行；不管是什麼修持，
　　　　　都會考慮那個修行者。

　　這種見解變成很堅固就很難改變了，流傳已久。主要是這樣：一般來説，宗喀巴大師對任何的惡見不會很清楚地説：「這見解不對、那見解不行！」因為他講説非常地溫和，所以沒講得很多。雖然沒有講很多，但是總體而言，這種惡見對雪域的教法產生了很大的傷害。這在漢地也有吧？主要是摩訶衍那[1]。心放空而住，善或不善什麼都不修習，修善也有過失，會成為輪迴的因。不用説，這肯定對佛教有很大的損害。對佛法一點聞思修也沒有，只要自己心放空而住就好，這是對藏地雪域聖教的一大損害。宗喀巴大師説「諸惡軌派令成堅固」是怎樣呢？提出了一些問題的嚴重性，在這裡説傷害很大。很慎重地説了「堅固」、「諸惡軌派」，就是表達有很大的傷害。

　　真　師：可以提問題嗎？有一些小問題。「如是若由聞思決定，遠
　　　　　　離疑惑，數數串習，是名為修。」就這句話。我在想，原

文是不是「串習」？因為這裡說這就是修，那修包括止修和觀修，那「串習」究竟是屬於觀，還是屬於止呢？

口　譯：「串習」是什麼意思？

仁波切：令心中熟悉。比如一個從來不認識的人，心裡就是現不起來；認識的人，就能在心裡顯現，這就是在心中熟不熟悉的差別，所謂心中熟悉與否就是這樣。一般說「熟識」，就是指非常熟悉的人，比如和這個人一起相處很久，就會對他的習慣、尺度什麼都會知道，這就叫做「熟識」。

法　師：那這是止住修還是觀察修？

仁波切：這是觀察修，一再一再地觀察，就要修成熟識。

真　師：如果是翻成觀察修的話，因為這個串習是對「修」下定義，所以這個時候就一定要包含止修和觀修，對不對？是對修所成慧下的定義，是不是？所以對修所成慧下的定義，一定是包含止也包含觀的。可是如果單就觀察來「串習」的話，它只有觀察的心比較強烈，似乎不包含止，所以這個串習就很奇怪。

口　譯：「串習」裡是否包含觀修和止修？

仁波切：主要應該是觀修，也可以有止修。串習，一再地熟悉，應該是說觀修。

口　　譯：止住修也可以包含。

真　　師：也可以包含？

仁波切：主要是觀察修。止住修也是要熟悉的，如果不熟悉的話，
　　　　　心就無法一心專注。以觀察修數數觀察之後，心才能一心
　　　　　止住。

口　　譯：「數數串習，是名為修」的修是觀察修嗎？

仁波切：是，要串習。

口　　譯：依靠這個修，我們的心會對善所緣嫺熟吧？

仁波切：是。

口　　譯：是嫺熟之後，然後止修嗎？

仁波切：止修是在這之後做的，這之後才能一心止住；不這樣去熟
　　　　　識，不能一心止修。所謂的「串習」主要應該是觀察修，
　　　　　不清楚有沒有止住修？這會成為止修的因，是因果的關係
　　　　　的話，就不能說是止修了。主要是觀察修，止修在後面會
　　　　　講。

真　　師：所以說此處的「修」，不是指修廣泛的定義？是局限於觀
　　　　　察修的？

仁波切：這裡說的就是一般的，主要是指觀察修，依此而有止修，

所以要有一個因果關係。這樣的話，你不能完全説是止住
修，不可以這樣安立。

法　師：是不是兩個都有包含？之前曾經聽説：「我們一般是在一
　　　　個法類上不斷思惟觀察，生起覺受後再用止住修把它執持
　　　　住讓它堅固。」

仁波切：對啊！是啊！就是依靠這個嘛！這就是因，前面的是因
　　　　啊！

法　師：前面觀察是因？

仁波切：喔！對呀！

法　師：覺受那個是果？

仁波切：對！所以在這個因的過程中，如果兩個都在一起的話，那
　　　　就沒有因果關係。

真　師：對！

仁波切：實際上觀察修的重要性，在下面講得比較清楚。主要止住
　　　　修是在觀察修後面，如果止住修要好，沒有做好觀察修，
　　　　止住修是不會有好的成果，要依靠著觀察修才會有好的止
　　　　住修。「觀修為要」説的就是這個。

　　這個問題不僅是藏地，漢地也有。在宗喀巴大師以前，這個問題是非常嚴重的。如果沒有《廣論》、宗喀巴大師的教法，藏地的佛法全部也會變成那樣。從宗喀巴大師的教法開始弘揚，講修的教法才在雪域西藏如月亮般向上增廣；從此之後，講說與實修的一切聖教才並行而增長。但是現今在雪域西藏的聖教裡，執持「不要聞思，只要修行」這種派軌的人也不少。一般而言，宗喀巴大師並沒有說不用止住修，也需要止住修，是很重要的。但是修持觀察修的方便中，一定要聞思；聞思之後再修持止住修，才會有好的止住修，主要是這樣。

　　⚘第三、修與修所成有別者：是故串習聞思二慧所決定義，雖非修成，然許是修，有何相違？若相違者，則諸異生未得初禪未到定時，應全無修，以欲地中，除說已得入⚫如九住心中專注一境欲地心之大地時，由彼因緣，⚫何時生起輕安之時，可生修所成慧之外，餘於欲地無修所成，對法論中數宣說故。⚘第四、修之字義者：故言修者，應當了知，如《波羅蜜多釋論明顯文句》中云：「所言修者，謂令其意，成彼⚫所修義理體分，或成彼事。」譬如說云「修信」、「修悲」，是須令意生為彼彼。⚘第五、須如是解者：以是諸大譯師，有譯修道，有譯串習，如《現觀莊嚴論》云：「見習諸道中。」蓋修習二，同一義故。

講記

「第三、修與修所成有別者」，這裡說：「是故串習聞思二慧所決定義」，剛才說的聞所成慧和思所成慧。思所成慧對先前所聞的一切意涵抉擇以後，僅是對它熟習，在心中串習。這是什麼？這還不是修所成、不是修所成慧。「雖非修成，然許是修，有何相違？」是修，是修！「若相違者，則諸異生未得初禪未到定」，有第一靜慮、第二靜慮、第三靜慮吧？是其中的第一靜慮近分定。第一靜慮有很多種：尋常與殊勝的第一靜慮根本定、第一靜慮近分定。這裡主要是指還沒獲得第一靜慮近分定。「則諸異生未得初禪未到定時，應全無修」，第一靜慮近分定是最初獲得的功德，所以在這之前，就會沒有修，但不是這樣的！

口　　譯：第一靜慮有很多支分？

仁波切：第一靜慮根本定，有尋常與殊勝的第一靜慮根本定二種，近分定則是在前面的。想得到第一靜慮，要修一切第一靜慮的修持，首先得到第一靜慮近分定，再修下去會得到尋常第一靜慮根本定。這裡是說：雖沒有得到修所成，但是有修。

口　　譯：近分定不算第一靜慮吧？

仁波切：算！是第一靜慮。

「以欲地中，除說已得入如九住心中」，這是在修奢摩他。修習奢摩他時，「專注一境」，指九住心，下面會有，在這裡不算了。「如九住心中專注一境欲地心」，九住心其中一個就是專注一境。「欲地中，除說已得入大地時，由彼因緣」，生起輕安。在欲地中九住心的專注一境，當它的體性向上增長到進入大地時，依此會出生輕安，依著專注一境而出生身心的輕安。「可生修所成慧之外」，除了此時才生起修所成以外，在欲地中是沒有修所成的。「餘於欲地無修所成，對法論中數宣說故」，欲地生起的是「修」，雖然不是「修所成」，但也是修；是能生起修所成，能令修所成生起。安住、平等住……有九住心吧？後面在奢摩他會廣說，這裡就不用講了，說專注一境就可以了。

口　譯：「對法論」此處是指《俱舍論》嗎？

仁波切：是！

　　第三科是講修與修所成的差別，接下來要講「修之字義」，「修」這個字的意思。「故言修者，應當了知，如《波羅蜜多釋論明顯文句》中云：『所言修者，謂令其意，成彼所修義理體分，或成彼事』」，在《波羅蜜多釋論明顯文句》中說的：「令其意成彼所修義理體分」是什麼意思呢？指必須依靠所修義理；「成彼事」，指將所修義理成為心的體性，要令自己的心成為所修義理的體分、體性。「譬如說云『修信』、『修悲』，是須令意生為彼彼」，修悲，就是要讓心成為悲心的

體性；修信，就是要讓心現為信心的體性，心和信心二者無法分開成為一體。「所修義理體分」的「所修」，比如修持悲心，就成為它的體分。

口　譯：「體分」是指什麼？

仁波切：就是它的體性。「成彼體分，或成彼事」，就是要成為它的體性，體分也是一樣。

口　譯：「成彼事」是指什麼？

仁波切：令心生為悲心的體性，成為悲心；如果是修信，令心生為信心，要現為它的體性。

口　譯：「事」跟「體性」是一樣的嗎？

仁波切：指本質是一體、相同的本質。就是心和信心二者無法分開，要成這樣。

口　譯：「成彼體分」是跟「成彼體性」一樣嗎？

仁波切：意思一樣，體分就是那一分。

口　譯：就是變成它一部分的意思？

仁波切：是！二者體性為一，本質是一體的意思。

　　「第五、須如是解者：以是諸大譯師，有譯修道」，修道，就是所謂「修習」的「修」。「有譯串習，如《現觀莊嚴論》云：『見習諸道中』」，「串習」就是指心慣習了，習慣後就成為習氣，非常嫻熟；如果已經熟習了，就在心上沒法分開。串習比較清楚，較好理解一點。熟習了，心和所修二者需要分開嗎？不用吧！「蓋修習二，同一義故」，這兩個是一樣的，「修習」和「串習」是同義的。有些譯師翻成「修習」，有些翻成「串習」，主要就是要嫻熟，修習跟串習同義。漢語有差別嗎？應該有吧！

　　口　譯：不是依靠修習而後熟習嗎？

　　仁波切：這裡說「修習」和「串習」是同義，「蓋修習二，同一義故」。「串習」就是要熟習的意思，熟習是為了產生成果。為了讓心串修，如果去串修，就要看有沒有嫻熟？不是一開始就嫻熟了，然後要經過串習才可以。無論如何，這兩者是一樣的，要看是否能嫻熟？

　　又如至尊慈氏云：「決擇分^巴加行道_與見道，及於修道中，數思惟稱量，觀察修習道。」此說大乘聖者修道，^喬有謂聞思修三種三摩地依次結合前行、正行、結行。於所聞義以四正理數數思惟；於所思義以九等引奢摩他數數安住；次於九義以正思擇、最極思擇、周遍尋思、周遍伺察四種毗缽舍那數數

觀察。尚有數數思惟、稱量、觀察，若說觀擇修持與修二事為相違者，是可笑處。

講記

「又如至尊慈氏云」，這也是《現觀莊嚴論》的內容：「決擇分見道，及於修道中，數思惟稱量，觀察修習道。」「決擇分」是「加行道」的意思，其次是見道，然後是修道。這些都是依著次第：加行道、見道、修道，上上是依靠下下而出生。「數思惟」，就是數數觀擇。「稱量、觀察修習道」，「稱量」就是衡量。「觀察」，審諦觀察，由於尋思、伺察而證達。這樣去做，就是修道。

「此說大乘聖者修道」，從獲得見道就得到了聖道，之後是修道。「有謂聞思修三種三摩地依次結合前行、正行、結行」，這裡有段語王尊者的註，對吧！將這聞思修的三摩地結合前行、正行、結行——聽聞就好比是前行，思惟則是正行，之後得到修所成則安立是結行的次第。要「依次結合」的話就這樣結合，否則就不知道要怎樣結合了，說「依次結合」嘛！

重點呢，「尚有數數思惟、稱量、觀察，若說觀擇修持與修二事為相違者，是可笑處」，這正是上面說的「不需要聞思而進行修持」，將觀擇修持的方式和修二者別別分開，是可笑處。「數數思惟、稱量、觀察」，這樣的觀察修就是修；不承許這樣是修，是另外有修，而承許此

二相違者，是可笑之處。

　　無論是要得到加行道、見道哪一個，都要依靠聞思修三者。箋註裡說，聞思修三者要結合前行、正行、結行。要獲得修道，也是依靠上述的數數思惟、數數稱量，對其意涵審諦觀察、反覆尋伺。對此觀擇，成辦此道而去將護它，這就是修。但有人不承許這是修，說數數觀擇不是修，修就只有止修，而承許這和修相違，是可笑處！數數思惟、數數稱量都是修，都是為了讓心嫻熟，這就是修。

口　　譯：在這段開頭有一個箋註。（以下口譯提出此處與果芒本的差異）

仁波切：我這版本裡沒有！但果芒本這個箋註是可以的。「許觀察與修相違者，是可笑處者」。

口　　譯：在「有謂聞思修三種三摩地依次結合前行、正行、結行」下面，也還有很多箋註。

仁波切：喔！應該要有這些！有這些是可以的，我想有這些是對的。這是語王尊者的箋註。「於所聞義以四正理數數思惟；於所思義以九等引奢摩他數數安住；次於九義以正思擇、最極思擇、周遍尋思、周遍伺察四種毗缽舍那數數觀察」（此語註於拉寺本原在下文「故言修者，不應執其範圍太小」之後，仁波切認為依果芒本置於此處較好，故改

之），「數思惟稱量，觀察修習道」，是要這樣解釋。這
段文在前面是可以的，可以補上去。

口　　譯：這裡有講九住心？

仁波切：「以九等引奢摩他數數安住」，九奢摩他就是九住心。
「次於九義，以正思擇」，別別簡擇那些意涵。「最極思
擇」，極度簡擇。「周遍尋思」，尋思一切所觀擇的意
涵、對境。以及「周遍伺察」，尋思和伺察都是「不定心
所」。「四種毗缽舍那數數觀察」，數數審諦觀察。先聽
聞，其次對於所思的意涵一再思惟；這和修二者不相違，
這也是修。這段放在這裡講即可，原先是在下面才講到。

口　　譯：「觀察修習道」的「觀察」是什麼？

仁波切：「觀察」，在箋註裡說：「於九義，以正思擇」，分門別
類地簡擇。「最極思擇、周遍尋思」，觀察就是這樣。一
再地觀察，一再地在心續中定解，對它進行尋思與伺察。
箋註裡說：「數數觀察」。

　　一般而言，可將聲義交混執取的耽著識，是分別心的性相（此處的
「觀察」，與「分別心」、「尋思」藏文相同），所謂的分別心就是這
樣，知道吧！用聲義交混執取的耽著識觀察意涵，這裡面會有對的、錯
的，會有各式各樣的。這裡的「觀察」，就是對此特別認真地尋伺而作

觀擇。

口　　譯：四種毗缽舍那是依著數數觀察而生嗎？

仁波切：一開始「於所聞義以四正理數數思惟」，是生起思所成慧
　　　　的方式；接下來是生起修所成：「於所思義以九等引奢
　　　　摩他數數安住」，是生起奢摩他的方式；「四種毗缽舍
　　　　那」，所謂「毗缽舍那」，就必須觀察，以慧分別觀察，
　　　　對九義以正思擇、最極思擇、周遍尋思、周遍伺察四種毗
　　　　缽舍那數數審諦觀察，而主要能生起毗缽舍那。

口　　譯：剛才正文的「觀擇修持」是什麼意思？

仁波切：「觀擇修持」就是觀察修。

口　　譯：「觀擇」是與「修持」合起來理解嗎？

仁波切：「觀擇」是連著後文「修持」的，這樣才順。

法　　師：「將護」是什麼意思（此處藏文的「修持」在翻譯時也可
　　　　翻作「將護」）？

仁波切：將護就是修，觀擇修持、觀擇將護，就是將護所緣行相。

法　　師：如果將護就是修的意思，那不就變成承許修和修二者相違
　　　　是可笑處了嗎？

仁波切：是指「觀擇將護」也是修，就是要說「觀察修」也是修。前面妙音笑大師有說：「承許觀察和修二事相違」，就是說不可以這樣承許，所以主要是講觀察修和修！

口　譯：「觀擇將護」是「觀察修」嗎？

仁波切：與「觀察修」沒有差別。一般而言，「將護」就是守護其續流，不放掉所緣而守護續流。

口　譯：此處的「修」也是「觀擇將護」？

仁波切：二者是一樣的。對於這二者，他宗是怎麼說呢？「數數觀察、觀察將護不是修，這是在聞思時才需要，修的階段不用。」但此處說這是需要的。說數數觀察將護和修是相違的承許，是可笑處，是要被破斥的。這兩個不能相違，不是相違的！

「又如至尊慈氏云」前的妙註有說他宗的想法：「承許觀察將護和修是相違」，在這裡妙音笑大師另外加了箋註嘛！就是要說這點。以前有人承許：「隨所觀察而如是將護不是修；因為如果去聞思、數數觀察，會成為修的障礙，所以不能是修。」但這其實是修，必須說沒有相違。

至於第一靜慮、第二靜慮是什麼，大家是不了解的，很難全部都解釋清楚。簡略來說，只要知道在破斥有人承許「觀察修與修二者不同，

修只能是止住修，對任何所緣進行一再思惟、觀擇不是修」這樣就行了。如果能漸漸地去研閱，去看現觀、《俱舍》，互相搭配以後才能證得全部的意涵。否則我們針對一個詞句就要停在那裡，這樣是沒有可互相參照、安立之處的，並沒辦法證達。雖然是這樣，但如果能了解其中粗略要講的是什麼，就可以了。之後如果慢慢地對下面止觀等等的法類、教典再再去研閱的話，就很容易了解。那些難點，主要得在止觀的部分說。

　　㊙第六、所謂修者非極狹隘之依據及正理者：如是如說修習淨信、修四無量、修菩提心、修無常苦，皆是數數思擇將護，說名為修，極多無邊。《入行論》及《集學論》云：「為自意修我造此。」是二論中所說一切道之次第，皆說為修。《集學論》云：「以如是故，身、受用、福，如其所應，當恆修習捨、護、淨、長。」此說身及受用、善根等三，於一一中，皆作捨、護、淨、長四事，說此一切皆名為修。故言修者，不應執其範圍太小。

講記

　　「第六、所謂修者非極狹隘」，所謂「修」不只是止住修，不是心不投注任何所緣放空而住，要了解「修」是很廣大的。「依據及正

理」，這裡講到依據及理路二者。「如是如說修習淨信、修四無量」，
「修習淨信」，之前講到緣著上師修德本信心的道理。「修四無量」，
我們在皈依發心的時候要修四無量。「修菩提心、修無常苦」、修三惡
趣苦等等。這些修「皆是數數思擇」，比如修習德本信心，就是一再地
觀擇上師的功德而生信心。「思擇將護」，就是思擇而修，守護座上正
修。「說名為修，極多無邊」，這一切皆為「修」，無量無邊。

　　「《入行論》及《集學論》云：『為自意修我造此。』」《集學
論》和《入行論》在開頭立誓造論的時候都說到：「為自意修我造
此。」對於這些修習、發起菩提心的道理，是為了什麼而著作的呢？
都是為了修持。「是二論中所說一切道之次第」，《入行論》和《集學
論》中提到的一切道次第「皆說為修」，這一切都說為修，所以修有很
多種。

　　「《集學論》云：『以如是故，身、受用、福』，或許是指依著身
以及受用造集善根。「如其所應，當恆修習捨」，用迴向等把善根捨給
他人、行布施。「護」，為了讓所有的善、福德不窮盡而守護，以及守
護戒律等等。「淨」，不雜染煩惱的心，以及增「長」一切善法，應隨
宜地修習這些。「此說身及受用、善根等三，於一一中，皆作捨、護、
淨、長四事，說此一切皆名為修」，這一切都說是修。「故言修者，不
應執其範圍太小」，不應該有狹隘的執持。

　　口　譯：身、受用、善根，每一個都要捨、護、淨、長？

仁波切：都各分為四個。前面論中說：「如其所應，當恆修習捨、護、淨、長」，隨宜而修；後面解釋說這每一項各有四種修習方式，所以「修」可以用在很多地方。

口　譯：「長」的意思是什麼？

仁波切：是向上增長，向上增長這一切善根。「捨」，是指施捨他人，以及將善根迴向他人。「護」，也是用迴向等等令不失壞。

口　譯：「護」也說為迴向等等嗎？

仁波切：也可以這麼說，要讓這些善根不失壞、不窮盡。「淨」，就是任何的善根都不要染雜煩惱。「長」，就是讓善根向上增長，應該這樣修習。不要將修執得太狹。

比如以布施為例，論中說：「心樂與眾生，身財及果德[2]。」「身財」，就是指所有的資具。「果德」，是指包括布施的果報。「心樂與眾生」，施捨一切有情的思，就是心想：要布施一切眾生。即以修習這樣的心，來安立布施的體性，而不是一定要布施什麼財物，沒有財物就不是布施，論裡面沒這樣說。持戒也是這樣，論中說：「遣魚至何方[3]，始得不遭傷，斷盡惡心時，說為戒度圓。」再再地修持不殺害魚等生命的心，這樣就是戒的體性。總之，施等六度都是「修」，而這裡的修，結合了捨、護、淨、長。修是很廣的，並不狹隘。

口　　譯：持戒也是如此？

仁波切：對任何有情都不殺害的心，這種防護的思，就是戒的體
　　　　　性。而把這個捨心修到圓滿，就是施……

真　　師：施波羅蜜多。

仁波切：施波羅蜜多。這也是修，這唯是修。

　　講這一切，主要就是一再地讓心熟習，觀察而修；如果只有止住
修，不用觀察的話，施等六度和菩提心等法類就沒辦法生起了。這是
很難的，如果慢慢地思考，我們心裡應該會現起一點吧！如果只依靠
止修，不需要觀修的話，怎麼修菩提心？要怎麼修施等六度？這一切都
是修啊！是方便分。這裡也說到會毀謗方便分，因為不需要方便與智慧
雙運。主要這樣會毀謗方便分，在後面會講。毀謗方便分的方式是什麼
呢？不需修施等六度，只要止住修，所以不需方便與智慧雙運了。能稍
微明白這為什麼會毀謗方便分吧？

居　　士：第六科是「許觀察與修相違是可笑處」嗎？

真　　師：這是解釋！

仁波切：第六科是「所謂修者非極狹隘」。

居　　士：所以「許觀察與修相違是可笑處」只是解釋？

真　師：對！解釋。

仁波切：對、對！這是解釋。

第二、辨識最初興惡說者：又說一切分別是相執故，障礙成佛，棄捨一切觀察之修，此為最下邪妄分別，乃是支那和尚堪布之規。破除此執，於止觀時，茲當廣說。第三、明此惡說為教法隱沒因緣者：又此邪執障礙敬重諸大教典，以彼諸教所有義理，現見多須以觀察慧而思擇故。諸思擇者，亦見修時無所須故。又此即是聖教隱沒極大因緣，以見諸大經論非是教授，心不重故。

講記

下面：「第二、辨識最初興惡說者」，要辨識講這種惡說的人主要是誰。上面所說的「一切分別」，無論好壞的分別，都「是相執故，障礙成佛，棄捨一切觀察之修，此為最下邪妄分別」，是最下劣的誹謗分別。「乃是支那和尚堪布之規。破除此執，於止觀時，茲當廣說。」在這裡沒有講，只是略說，在辨識。

「第三、明此惡說為教法隱沒因緣者」，這樣的惡說成為佛教的隱沒因緣。「又此邪執障礙敬重諸大教典」，對於任何的大教典中圓滿

的意涵都不需思惟、不去觀察、不用修學，就是被這個邪執所影響。「以彼諸教所有義理」，任何教典的一切義理，「現見多須以觀察慧而思擇故」，不管是什麼教典，對於其中的意涵大部分要用觀察慧去觀擇。「諸思擇者，亦見修時無所須故」，這樣的觀察在修持時是不需要的，不用聞思，因此他才會承許不須觀擇。「又此即是聖教隱沒極大因緣」，這是非常嚴重的。「以見諸大經論非是教授，心不重故」，不會重視吧！不去觀擇一切佛陀至言和釋論有沒有圓滿的內義。這樣的話，即使這裡面有怎樣甚深的教授都不要了。不用觀察自己是否能受用這樣的教授，認為這一切都不需要。由於不用理解這些有著非常圓滿內義的經論，因此對此不甚重視，不會很重視。

真　師：「以彼諸教所有義理」，對於所有經論中的義理，是「全部」都需要觀察慧，還是「多」？因為這裡的字是「多」，剛才好像翻譯成「全部」。

仁波切：是多數、大部分的意思，不是指全部。多數要用觀擇慧去觀擇，如果不觀擇是無法理解的；而裡面還是有一些不需觀擇的地方。

法　師：這裡是不是提到兩類人？一種是完全不聞思，只專注於止住修；另一種則是聞思後，不把所聞思的用在修上。這兩者都是聖教隱沒的因緣嗎？

仁波切：不是這樣。前面提到，不管做任何聞思、觀察修，都是成

佛的障礙。既然是成佛的障礙，所以就不用思惟至言的意
涵，不需觀擇。這樣的話，既然不用觀擇，也就不需學
習、不要聞思。如果對這些不去聞思，便無法重視至言，
不需敬重，因此成為聖教隱沒因緣。是說這個內涵，而不
是一些人是這樣，一些人是那樣，並沒有各別分開說。

法　師：那為什麼在這裡會提出「諸思擇者，亦見修時無所須故」
這一段？

仁波切：就是這個意思！不用觀擇；就算去觀擇，也沒有這個需
要，不用做這些。

真　師：那個「者」字不是「人」的意思！

仁波切：你認為這句話是：「他做了很多觀擇，然後在修持的時
候，覺得沒有幫助。」你是不是認為：已經學過了，但是
修的時候用不上。是不是？

法　師：對的。

仁波切：不是這個意思。

法　師：那「諸思擇者」在原文裡是什麼意思？

仁波切：這裡只是這樣想：「去觀擇是沒有意義的，是沒用的。」
是在說這個。比如有人認為：學英文是沒有意義、沒有用
的，但他不必已經學完所有的英文。你覺得學英文用不

上，這是不是你已經學過了？不是這個意思！

◉第四、自宗觀察止住二修差別，分二：一、於何等境應觀察修之理；二、於何等境應止住修之理。今初：如是修道有思擇修，及不思擇止修二種，然如何者思擇修耶？及如何者止住修耶？謹當解釋：如於知識修習淨信，及修暇滿義大難得、死沒無常、業果、生死過患及菩提心，須思擇修。◉其因相者，謂於此等，須能令心猛利，恆常變改其意，此若無者，則不能滅此之違品不敬等故；起如是心，唯須依賴數數觀察思擇修故。如於貪境，若多增益可愛之相，則能生起猛利之貪；及於怨敵，若多思惟不悅意相，則能生起猛利瞋恚。是故修習此諸道者，境相明顯不明皆可，然須心力猛利恆常，故應觀修。

講記

「第四、自宗」，要安立自宗。自宗對於「觀察止住二修差別」，要解釋觀察修和止住修二者的差別。「分二：一、於何等境應觀察修之理；二、於何等境應止住修之理」。這是妙音笑大師的第四個大科。「今初」：問道：「如是修道有思擇修，及不思擇止修二種，然如何者思擇修耶？及如何者止住修耶？」接著是回答：「謹當解釋：如於知識修習淨信，及修暇滿義大難得、死沒無常、業果、生死過患及菩提心，

須思擇修。」

　　這下面是說明原因。「其因相者，謂於此等，須能令心猛利，恆常變改其意，此若無者，則不能滅此之違品不敬等故；起如是心，唯須依賴數數觀察思擇修故」，能「變改其意」，就是心能過去、心能調伏，必須要這樣。如果沒有的話，「違品不敬等」，信心的違品是不敬嘛！比如無常的違品是常等等，這些就無法滅除。如果想滅除違品，只能依靠再再地觀察思擇而修，必須觀察修。

　　口　譯：比如在修念死無常，就要讓內心猛利恆常，而且變改心
　　　　　　　意？

　　仁波切：是，要這樣！如果不這樣做，只是稍微修一下是沒法消滅
　　　　　　　它的違品的。

　　口　譯：「此若無者」是指什麼？

　　仁波切：沒有這樣的猛利。

　　下面是舉例。「如於貪境，若多增益可愛之相」，「貪境」就是能生起貪心的境界，所謂「可愛」是非常悅意美好的意思。「若多增益可愛之相」，一般而言，不是真實存在而自心卻如是安立，就是增益。將不存在的當作存在是增益，將存在的當作不存在是損減。「則能生起猛利之貪」，強猛的貪欲。同樣地，「及於怨敵，若多思惟不悅意相，則

能生起猛利瞋恚」，對敵人想很多不悅意相，就會生起強烈的瞋心。就像這個譬喻，一再地思惟可愛之相及不悅意相，就成為發起強烈貪瞋的因。「是故修習此諸道者，境相明顯不明皆可」，境相明不明顯都一樣；境相不管是明顯也好，或是不明顯也好，「然須心力猛利恆常，故應觀修」，內心必須對執取相[4]猛利、恆常。

口　　譯：是依靠觀察修，能使得內心對於執取相變得猛利、恆常嗎？

仁波切：觀察修必須內心執取相猛利、恆常，這樣做道證才能在相續中生起。所謂觀察修，不能心力不猛、時間又短，要猛利、恆常。

口　　譯：所以觀察修的方式，就是要心力猛利、恆常嗎？

仁波切：是的。必須內心的執取相猛利、恆常來做觀察修。

口　　譯：「執取相」是什麼意思？是指境嗎？

仁波切：是的。

真　　師：「境相明不明顯」的「境相」，具體是指什麼？

仁波切：比如修信的話，什麼是信心的境？

法　　師：師長。

仁波切：就是上師！所修的境是什麼呢？如果你修無常，所修的境
　　　　就是無常；修信就是指信，「境相明不明顯」的「境相」
　　　　就是指這個。比如修本尊的話就是本尊，本尊的行相明顯
　　　　也好，不明顯也好，內心的執取相必須要猛利地觀。

真　　師：所以這個境是指觀想的境是嗎？是觀想的境。

仁波切：對！就是這樣。

法　　師：那觀想無常的境是什麼？

仁波切：要了解無常的所有的意涵，了解為什麼是無常，要了解死
　　　　無常、生命無常的原因，必須執持這個。

法　　師：就是指義理明不明顯？

仁波切：是，不管無常的意涵在心中明不明顯，都是所修的境，除
　　　　此還有什麼？

法　　師：境相在心中明不明顯，是指比如內心緣到三根本、九因相
　　　　時有相應的感受，還是指能把無常法類從頭到尾背下來就
　　　　算明顯？

仁波切：只是會背文字不行。文字會背之後，有沒有思惟它的意
　　　　涵？有思惟意涵的話，才談得上境相明不明顯，是看意
　　　　涵。不是看無常的文字，是看意涵，是否如同文字那樣去
　　　　思惟意涵呢？你背得很清楚，但是思惟內容了沒有？我們

修無常，就是要修它的內涵。

法　　師：就是會生起覺受。

仁波切：是啊！主要是思惟內涵，會背還不行，按照文字去思考它
的意涵，就是這裡的「境」。

口　　譯：那境相明不明顯是指什麼？

仁波切：是指無常所有的意涵在心中明不明顯。

口　　譯：這個明不明顯的行相是什麼？

仁波切：無論世間任何法，是否能在心中生起諸行無常的想法？有
沒有？要有諸行無常之想，要修這個。

口　　譯：這就是這裡的境相明顯嗎？

仁波切：不是，一開始應該要有這個心嘛！明不明顯這點就諸行無
常來說，對於諸行是無常的義理，不是嘴上講得出諸行無
常就可以，而是諸行無常的內涵、原因在內心上是否明
晰？要說的是這個。

口　　譯：是指有沒有現前看見？

仁波切：怎麼會現前看見呢？不會現前看見。是指這些內涵在心上
是否明顯！任何所要學習的內容，在心中都有明不明顯的
差別吧？有嗎？任何所修，無論修什麼心中都有明不明顯

的區別吧？你不管修什麼法，都有明顯、不明顯的現象吧？

居　士：肯定有的！

真　師：有什麼？境相是什麼？境相的定義？

居　士：我理解貪境就是可生貪的境。

真　師：那你說無常的境是什麼？

法　師：我的問題是這樣：比如說我們修皈依，就「皈依上師、皈依佛、皈依法、皈依僧」。所緣的境就是唸的這個嗎？還是觀想出一個上師、佛？弟子想問如果對這個所緣的境不明顯的話，他怎麼可能修得起來呢？就像所緣的義理不明顯的話，那修了也一定生不起覺受，是不是？

仁波切：是，所謂「皈依法」裡面的滅道二諦，是要思考在心續中生起滅諦、道諦的這些功德。所謂的皈依法，是要在相續中生起滅、道二諦的功德，然後打從心底立誓要依隨它，要了解滅、道的功德。如果沒有這樣的了解，唸句「皈依法」，只是在自己的嘴上唸一唸，應該不會生起什麼證量，只是空話而已。

法　師：那「生起對法的希求心」的境相是什麼呢？

仁波切：如果是皈依法的話，境相要是滅、道二諦的功德；如果是

皈依佛的話，要指佛陀心續中的斷、證功德。

法　師：師父，弟子有一個疑問。比如所緣的境相是佛功德，但是
　　　　不明顯，就算內心猛利、恆常，可以生起對佛的皈依、渴
　　　　仰之心嗎？

仁波切：這還是觀待於修，必須修！是觀待是否在修。這裡不是在
　　　　講證德是否在心中生起，只是指無論境相明顯也好，不明
　　　　顯也好，必須按這樣的方式來修，並不是在談不明顯是否
　　　　可以生出證德。

法　師：意思是說：雖然所緣的境相還不明顯，但是心力還是要很
　　　　猛利去修習嗎？

仁波切：必須一再地觀察，所謂的數數觀擇就是這樣，必須要再再
　　　　地觀察。如果不費力氣就能明顯，就不用再再觀察了。

法　師：弟子想請問心力猛利、恆常是什麼樣？

仁波切：猛利就是心不散亂，全神貫注，並觀察是否生起了證德？
　　　　如果已經生起證德，就不用看明不明顯了。只有能夠維繫
　　　　這個續流，才能生起證德；沒說因為不明顯，想修的卻沒
　　　　法生起。應該這樣說：數數觀察、數數修習，就會從相續
　　　　中出生。

法　師：那產生效果的時候，境相會不會變得明顯呢？

仁波切：應該會的。之所以數數修習，就是為了要變得更明顯；當
　　　　境相明顯，並在心中生起覺受以後，就不用這樣辛苦了。
　　　　因此境相不論明顯或是不明顯，心的執持、修習的方式就
　　　　是這樣，要猛利、恆常地修，觀察修就是這樣。

法　　師：師父，心力猛利、恆常是用在止住修，還是觀察修？

仁波切：這裡是提到觀察修，並沒有說止住修，在這個科判是這樣
　　　　說的，你沒有在思考啊？這裡主要在說觀察修，怎麼會講
　　　　到止住修了？這全部是在說明觀察修，沒有說止住修。

　　　這樣思惟很好，是需要想想的，但是結論不一定就只能這樣，是有
各種解釋的，每個人自己如果生起信心，慢慢會越來越好。我自己並沒
有經驗，不能肯定就是這樣。《廣論》和《廣論》的箋註、引導大概
都有上百本，這些並不是一家說了以後，另一家又去證明它，都是從
不同的角度去解釋。當自己去研究的時候，發現這家沒有的特色在另一
家有，另一家沒有的特色又在另一家有，並不是你這樣說了，其他人也
這樣解釋，是各有各的特點。如果是完美無缺的，那只要這一本，就不
需要其他了，沒必要這麼多嘛！如果一本裡面包含所有的義理，完美無
缺，這樣就只要一本解釋，不需要這麼多了。但是是沒法這樣解說的，
一個人無法講完所有的意思，所以才會有很多解說。如果有一部釋論能
解釋全部的內涵，就只要一本，不需要有這麼多了。

　　　去抉擇的話，這裡面有的是對的，有的是錯的，對的大概有百分之

三十、四十吧！有就可以了，並不是說裡面百分之百都是正確的，那不過是自己觀擇的。就像我們前面說到的，在箋註中能承許與不能承許的是哪些？有很多吧？

可以了！內心只要趣向這些內容，就有無量的福德；我們的心並沒有趣向不善品，是在善品做這樣的觀察，觀察修，說要再再地觀察，這樣也有好處。沒法簡單拿出一個東西，就說這是修習無常的境啊！

⑩第二、於何等境應止住修之理者：若心不能住一所緣，於一所緣，為令如欲堪能住故，修止等時，若數觀察，住心不生，故於爾時則須止修，於止觀時此當廣說。

⑩第二、破斥昧於觀修止修謬解，分二：⌐、敘宗；⌐、破宗。今初：又有未解此理者，說凡智者唯應觀修，凡孤薩黎唯應止修。此說亦第二、破彼，分五：其中智者及孤蘇黎所修俱須觀察止住者：非，以此一一皆須二故，雖諸智者，亦須修習奢摩他等；諸孤薩黎，於善知識亦須修習猛信等故。

講記

在「自宗觀察止住二修差別」這一科中，有「於何等境應觀察修之理」和「於何等境應止住修之理」。現在說到「第二、於何等境應止住

修之理」，要從這個段落往下解釋。

前面講到不觀察修，只做止住修是不行的，這點已經說很多了。雖然是這樣，但這並不是說不需要止住修，不是完全不要。那為什麼要止住修呢？「若心不能住一所緣」，一般人如果不做止住修的話，心就不能止住、安住在一個所緣上，「不能住」就是講這個。當修習九住心等等之後，「於一所緣，為令如欲堪能住故」，「如欲」指隨己所欲心能安住在一件事上。「堪能」，指令心堪能；就如之前所說一般，不管心放在什麼所緣都能安住，必須要能這樣。如果內心無法在境上安住，就無法止住修。「修止等時」，主要是修寂止等等的時候要安住下來。「若數觀察」，會有什麼過失？在安住一所緣修奢摩他的時候，是不可以數數觀察的，不該數數觀察。除了這個不能觀察修以外，前面的聞思修一定要數數觀察。數數觀察是為什麼呢？是令心安住的方法，令心堪能。往常內心是生硬的，一旦心柔軟了，無論置於何處都能隨意安住的時候，就是堪能了。「修止等時，若數觀察，住心不生」，這樣就無法安住在一個境界之上，所以在這個時候，要止住修，「故於爾時則須止修」。主要讓心安住的方法、如何修習九住心的方式，「於止觀時此當廣說」。

以上是講了前面「破除於此修軌邪執分別」所分四科中的第一科：「破斥心未趣向聖言之愚者」，對於心未趣向聖言之愚者的破斥道理和安立自宗的軌理，已經講完了。下面是什麼呢？「破斥昧於觀修止修謬解」，破斥對於觀察修及止住修二者的錯解。這當中「分二：⼀、敘宗；⼆、破宗」。

「又有未解此理者」，「未解此理」是指什麼？就是前面講的安立觀察修的道理：觀察修是怎樣的？止住修又是如何？是指不了解觀察修、止住修的道理。他承許了什麼呢？「說凡智者唯應觀修」，不能止住修。是智者的話，要觀察修去除外在的一切增益就可以了；這是外在的增益，與內在無關，主要在教典上做觀擇而斷除增益就可以了。一個補特伽羅不可能做觀察修與止住修二者，得從兩種補特伽羅來區分，如果是智者的話，就不用做止住修，要觀察修。「凡孤薩黎」，「孤薩黎」直接翻譯就是具善者，斷除一切外在的戲論。什麼外在的戲論？吃的也好，房子也好，沒有任何一點外在的戲論，只有心向內安住就稱為孤薩黎，孤薩黎就是這個意思。「凡孤薩黎唯應止修」，他們的承許就是：只要止住修，不須觀察修，二者各別修。

口　　譯：「凡孤薩黎，唯應止修。此說亦非」，這科是到這裡嗎？

仁波切：「凡孤薩黎，唯應止修，此說亦」，是到「此說亦」──
　　　　「他們雖然這樣說」，表示不合理。這是他們的承許嘛！

口　　譯：他們的承許，字面上的段落在哪？

仁波切：到「此說」這裡，「亦」是表示不合理。

口　　譯：我的版本是將「此說亦非」放在第一個科判裡。

仁波切：我的版本裡沒有。「非」就是在破他宗了，所以第一科要
　　　　在「非」之前。

在一些箋註、其他的道次第引導文裡有說到，前期的西藏人就有這樣的承許，比如大譯師跋惹聞喜和達波吉祥等，他們承許將修習觀察修及止住修的人分開。這樣的說法並不是印度智者們的說法。在宗喀巴大師的《金鬘論》中有作破斥：「見有諸多印度智者教言中未曾有之藏語。」大師破斥這種並不是印度智者的說法，而是藏人的說法，所以不合理。

「第二、破彼，分五：其中智者及孤蘇黎所修俱須觀察止住者」，觀察修、止住修都是必須的；智者要這樣觀察修，接著也一定要止住修。如果不靠這個令心安住的方法，智者就沒有辦法成辦奢摩他；就算智者不要止觀雙運，但不是不要成佛啊！是要成佛的！要成佛就要修止觀雙運，就要修奢摩他，因此止住修也很重要。孤薩黎也不會只修止住修；這裡有說：「非」，大師提到這並不合理。「以此一一皆須二故」，需要雙修觀察、止住二種修。「雖諸智者，亦須修習奢摩他等」，智者也要成辦奢摩他、毗缽舍那，所以止住修也很重要，也須要成辦止住修。「諸孤薩黎」雖要將心向內安住，但將心向內安住等一切方法，如果不先依靠善知識學習，是不會了解的，所以還是需要聞思。不聞思的話，就不會有將心向內安住的方法，所以要觀察修。「諸孤薩黎，於善知識亦須修習猛信等故」，從這個原因，可見這二者都很重要。

妙第二、明須俱以觀察止住而修之依據者：又此二種修行

道理，於諸經藏及續藏中，俱說多種須由觀察而修習者。◐第三、觀察修之所為義者：若無觀修或是微少，則不能生無垢淨慧——道勝命根。慧縱略生，亦不增長，故於修道全無進步。道所修證最究竟者，如敬母阿闍黎云：「慧中如遍智。」謂能無雜簡擇一切如所有性、盡所有性，即是慧故。

講記

「第二」，說「明」一個補特伽羅「須俱以觀察止住而修之依據者：又此二種修行道理」，前文所講的觀察與止住兩種修行道理，「於諸經藏」講了很多；不僅如此，在「續藏中」也講了很多。「俱說多種須由觀察而修習者」，在許多教典中，分別說到這樣別別觀擇是觀察修，而那樣做是止住修，這二種皆須修習。要各別觀擇在這個時候應該做這樣的觀修，在那個時候應該做那樣的止修；在聞思的階段要抉擇這些與那些，奢摩他的時候則要專注於所緣，將心向內安住。這點在經藏及續藏中很多次都提到要認識並做抉擇。

「第三、觀察修之所為義者」，提到要觀察修的原因、目的。「若無觀察修」，前面提到經藏及續藏多次講到必須雙修觀修與止修。如果以觀察修為例，沒有觀察修，「或是微少，則不能生無垢淨慧——道勝命根」，比如修習親近知識軌理也好、修習暇滿也好、修習無常法類也好，修任何道，那「道勝命根」是什麼呢？為了在相續中易於生起這些

證量，而要修習此道；而能令一切證量易於生起的，就是無垢淨慧，所以是道勝命根。無論任何所緣法類都是主要的所詮，如果能在心裡生起，就得到修行的所為了。而在修的時候，如果不生無垢淨慧，就無法如實地、很好地了解修行的扼要。如果觀察修做太少的話，就不會生出這種智慧。「慧縱略生，亦不增長」，縱使生起一點點，智慧不會變大、不會向上增長。「故於修道全無進步」或能力，將沒有任何進步。

口　　譯：「慧縱略生」是什麼意思？

仁波切：指雖然生起一點智慧。如果沒有一再地觀擇，智慧不會越來越增長吧！就會停滯，所以必須數數觀擇。昨天修的是這些內容，今天對於這些內容，如果有不對的地方就要拿掉它，對的部分就要將護這個續流。這樣一再地觀擇，所修的才能入道，如果能入道，就會有很大的進展。

口　　譯：「則不能生無垢淨慧──道勝命根」是指什麼？

仁波切：所謂不生智慧，是指無法很好地了解修行方式。修道的境，比如死無常。「不生」則是在修此法的時候，不會生起對於修行方式沒有垢染、沒有過失的智慧。

口　　譯：是無垢的智慧嗎？

仁波切：是，智慧就是了知，想說是這樣修的，然後投注於此，就是了知；如果錯了，就變成有垢。生出無垢淨慧的時候，

這修行方式就能很好地行進在道上，然後就能善為維護。就算能生起一點智慧，如果不去一再地觀擇，智慧的體性就無法增長，不能圓滿。

口　　譯：智慧的體性，是指無垢淨慧的體性嗎？

仁波切：對！無垢淨慧。

口　　譯：無垢地了解道的修行方式的智慧？

仁波切：對！生起那個智慧，這個修法就能很好地行進於道上，這樣的修行方式遠離了過失。

「道所修證最究竟者」，修道最究竟的目標是什麼呢？智慧體性向上增長到最後，就會獲得一切遍智的果位，獲得遍智。「如敬母阿闍黎云：『慧中如遍智』」，「敬母阿闍黎」就是聖勇阿闍黎。「遍智」，能清楚了知二諦所攝的一切法，就像此文所說：「能無雜簡擇一切如所有性、盡所有性」，證得如所有性、盡所有性的智慧，對二諦所攝的一切法，都能無雜地各別簡擇，這樣的智慧是觀察修的最究竟目的，我想應該可以結合為毗缽舍那。觀察修的究竟目的，就是能不混雜地各各簡擇如所有性及盡所有性一切法的智慧。「慧中如遍智」裡的「遍智」，就有顯示證得一切如所有性、盡所有性的智慧，是指佛陀最究竟的一切遍智。觀察修的究竟目的，就是如此。

法　師：剛才講到「無垢淨慧」，是對於無垢修習軌理的智慧；以前理解的是，透過修習各個法類而產生的智慧，這兩個智慧不太一樣。那無垢淨慧指的到底哪一種？

仁波切：這兩者有什麼差別？

口　譯：一個是「了知無垢的修習軌理之慧」，是對於修習的軌理；另一個是依靠修道之後，在自己相續中所生的智慧，比如修所成慧。

仁波切：對，應該是這個。剛才所說的道勝命根，主要就是這個。「則不能生無垢淨慧——道勝命根」，不會生起修習勝命根的無垢智慧。

　　⸙第四、明錯修之相者：是故於道幾許修習，反有爾許重大忘念，念力鈍劣、簡擇取捨意漸遲鈍，當知即是走入錯道正因之相。

講記

　　「第四、明錯修之相者：是故於道幾許修習」，如同前面說的所為——簡擇如所有性和盡所有性的智慧，為了獲得這個而「於道幾許修習」，縱使修了很多道，在修道時卻「反有爾許重大忘念，念力鈍劣、

簡擇取捨意漸遲鈍」，雖然是要修道，但實際上卻「重大忘念，念力遲
鈍、簡擇取捨意漸遲鈍」，「當知即是走入錯道」，「走入錯道」，就
是走入歧途、顛倒，是其「正因之相」。修道的時候，智慧不但不生，
內心反而越來越遲鈍，就是修道不得要竅。

口　　譯：「走入錯道正因之相」，這裡的「正因」，是辯論時所說
　　　　　的正因嗎？

仁波切：這裡是指真實的徵兆。如果怎樣修道，內心卻越來越鈍、
　　　　　越來越差，就是走錯路的真實徵兆。但是如果觀待於「所
　　　　　立」，這裡的正因也可以是辯論時所說的正因。例如：以
　　　　　你的修道有法，已經走入錯道，因為忘念重大，念力鈍
　　　　　劣、簡擇取捨意漸遲鈍的緣故。以此為因陳述論式的話，
　　　　　它才是正因，所以也可以說是正因。

真　　師：師父！可以提問題嗎？「重大忘念」和「念力鈍劣」，到
　　　　　底是指什麼樣的一種行相呢？

仁波切：在修行的時候，智慧沒有越來越增長；越修越不清晰，越
　　　　　來越鈍。其次無論之前所修的是什麼都忘記，也無法攝持
　　　　　正念。然後不知道所取所捨為何的話，就已經變得越來越
　　　　　鈍了。應該是這種狀態吧！

口　　譯：「忘念重大」是說越來越大是嗎？

仁波切：對！修著、修著，看起來是在修道，但忘念越來越重，越來越重，這是因為心沒法安住在扼要上。不僅如此，隨著昏沉、掉舉的勢力而轉，也是一樣。如果隨著沉掉的勢力而轉，看似在修道，只要尚未覺察到正在隨沉掉的勢力而轉，就無法攝持正念；不能攝持正念，忘念就會越來越重。然後關上正念之門，就不會明辨取捨，內心變得越來越鈍，主要是這個樣子吧。

口　　譯：生起正念是需要依靠觀察修以及止住修嗎？

仁波切：不是在說生起正念需要依靠觀察修以及止住修。好比觀察修而言，要清除昏沉，不可以有昏沉吧？無論是哪一種修行，昏沉對於修，都是嚴重的過失，如果被它所控制的話，之後忘念會變得嚴重，不會有正念，正念會衰退。因此對於取捨的簡擇，也不明白，然後內心就會越來越鈍。應該是這樣吧！

口　　譯：是因為「忘念重大」的關係，所以「念力鈍劣、簡擇取捨意漸遲鈍」嗎？

仁波切：嗯！可以這樣說。

　　主要是如果不去除修行的過失，就會得到這個過失；如果去除了修行的過失，就不會有這個過失。

真　師：師父，這個過失主要是指沉沒和掉舉嗎？

仁波切：不論是哪一種修行，主要應該是這個。

　　如果由於掉舉而生起煩惱，不論是什麼修持，都無法在相續中生起來的，然後忘念就會重大。這樣去思考，就會了解。例如背書不提正念，即使嘴巴唸了很多，內心沒有動轉的話，是不會入心的，不會進到心裡。對於之前背過的也是一樣，要再再地複習，如果沒有用正念一再複習，就會忘記。如果不再再地念誦、不用正念去保持的話，就會忘記，誦不出來。

　　修的時候也是這樣，從我們的經驗就可以知道。例如念誦儀軌，當開始上座修行的時候，對於其中的內涵是否清楚呢？這樣唸、唸、唸，其實只是在唸咒語而已，並不能在心中清楚現起它的意涵；如果不能現起，就不能很好地現起所修的意涵，那就趣入錯道了。即使嘴巴能「哇、哇、哇」地唸，每天也就是唸過去，唸完就以為結束了，但其中修行的內涵一點也沒有現起。

　　不論是哪一部至言，都多次說到：念誦一次有什麼利益，念誦兩次又有什麼利益……。例如念誦《白傘蓋佛母經》的話，裡面會講到：「火不能燒，水不能溺，毒不能中。」有一些人會這樣，在我們西藏裡比較笨、愚蠢的人，會把白傘蓋佛母的護身符泡在水裡、用槍射擊。他說：「喔！《佛母經》有說：『火不能燒，水不能溺』，你看這樣就燒了吧！」這是在做什麼？主要是自己要具條件，如果條件不具足的話，

很難如實產生利益。

在這裡講的也是一樣，我們修道也是這樣，如果按教典所說的去修，並且遠離沉掉的話，是能在相續中生起證德的。不按教典裡面所說的來修行，然後依自己想要的去修，那怎麼生起證德呢？生不起來的！如果沒有生起就說佛菩薩不靈，這種居士很多，不僅自己不知道如實地修習，還對一切佛菩薩誹謗。「火不能燒，水不能溺⋯⋯」所說的這一切是要具足條件的，如果用菩提心的等起攝持、有菩提心，具足條件的話，就會產生利益。僅僅念誦一次咒語就可以淨化多劫的罪障，但是隨便亂來的話，是不會恢復的。同樣在修的時候也是這樣的，如果遠離修的一切過失，就能順易地生起證德。寂天大菩薩說的就是這個：「唯我志弱無精進[5]。」不管什麼事，不勤精進，內心軟弱。

🌸第五、明一切德皆觀待於智慧觀修者：又於三寶等功德差別，若能多知，依此之信亦多增長；若多了知生死過患，故生眾多厭患出離；若由多門，能見解脫所有勝利，故亦於此猛利希求；若多了解大菩提心，及六度等希有諸行，則於此等諸不退信、欲樂、精進漸能增廣。如是一切皆依觀慧觀察經義修習而起，故諸智者應於此🄱觀察修理，引起定解，他不能轉。

講記

「第五、明一切德皆觀待於智慧觀修者」，這裡多次說明需不需要觀察修，是因為西藏以前有很多這樣的情況。所以，皈依宗喀巴大師啊！為我們多次、多次地宣說聞思的重要。「一切德皆觀待於智慧觀修」，修持觀察修以後，功德可以向上增進。

「又於三寶等功德差別，若能多知，依此之信亦多增長」，不觀察修的話，是沒辦法知道三寶功德的。我們會認為不需要觀察修，只要止住修；只要止住修的話，那麼要不要對三寶生信心？要不要修信？生不起信心，是因為不了解三寶的功德；不了解三寶的功德，就不會對三寶生起信心。要了解三寶的功德，卻不做聞思修三者，那從何了解三寶的功德呢？如果不了知功德，也不會有想得到它的心，不會想獲得具有如是功德的佛位，沒有這樣的等起。從這裡也可以知道，如果只依靠止住修，功德是不會生起的；無論是修持什麼都要去觀擇，比如透過了知三寶的種種功德和眾多的差別等等，依此而增長很多信心。

「若多了知生死過患」，了知一切輪迴過患，則會生起怖畏輪迴的狀態，而去尋求從三惡趣等眾苦之中出來的方法，然後對輪迴的一切盛事，生起「眾多厭患出離」。出離什麼呢？就是想出離輪迴，對解脫及一切遍智的佛果位發起精進。「若由多門，能見解脫所有勝利，故亦於此猛利希求」，才會生起廣大希求。然後，「若多了解大菩提心，及六度等希有諸行」，了知從最初發起願菩提心，而在此之上，所有的菩薩行都含攝在六度之中。這一切都是從觀察修、聞思而來的。不論什麼功

德，不去聞思的話，沒辦法在相續生起。「則於此等諸不退信」，對這些有不退失的堅固信心。見到解脫的勝利，生起強猛的「欲樂」以及對此「精進」，這些都「漸能增廣」。

這些所有的功德，「如是一切皆依觀慧觀察經義修習而起」，這是宗喀巴大師非常殷重地說的──「皆依」，不論什麼都只有依靠觀察修。「故諸智者」，如果是有心之人，但凡是想要獲得解脫、一切遍智的果位，這樣的士夫，「應於此理，引起定解，他不能轉」，不管他人怎麼說，都不會改變，依然一心地精勤於聞思修。這是宗喀巴大師賜予我們的教授。上面說的是必須觀察修的目的，而此處也可以說是觀察修的勝利，大師很殷重地說一切功德都是依賴於此。

口　譯：「他不能轉」是什麼意思？

仁波切：「他」，不管別人說：「不用做聞思修，只要心住於一處就可以……」這種說法是很多的。不管其他人怎麼說都不改變方向，而認為自己必須精勤聞思，能形成堅固不動搖的定解。

在這點上思考一下，比如以日窩格魯派為例，不論在三大寺或哪裡，都將講說與聽聞視為很重要的事，對於五大論作非常廣泛地講聞、聞思。這主要的依據，我個人認為應該就是這樣。宗喀巴大師不只一次、多番地提醒，下文也一再地提到要聞思，聞思很重要，觀察修很重

要。這裡也是一樣:「應於此理,他不能轉」,不論其他人怎麼說,這樣做才是符順佛語的密意。不論契經或密續中都如是宣說,所以這種說法是有依據的,是依著理路及經教來成立聞思的重要,而多次地對我們教誡。

第三、破斥解修狹隘之自詡智士者,分二:一、敘宗;二、破彼。今初:於前所說,或念不應於觀察修引生定解,以須修習心專一住所緣之堅固三摩地,而觀慧思擇與心專一住,二者極相違故。由是諸於修理見解極狹者,作如是言:「若以觀慧極多思擇,以觀察修而修習者,則能障礙專注一緣勝三摩地,故不能成堅固等持。」第二、破彼者:此當宣說答覆。若謂「其心於一所緣,如其所欲堪能安住,此三摩地先未成辦,現新修時,若數觀擇眾多所緣,定則不生。乃至其定未成以來,於引定修,唯應止修」,亦是我許;若謂「引發如是定前,觀修眾多即許是此定障礙」者,是全未解大車釋論宣說引發三摩地軌。謂如點慧鍛師將諸金銀數數火燒、數數水洗,淨除所有一切垢穢,成極柔軟堪能隨順,此作耳環等諸莊嚴具,如欲而轉堪能成辦。如是先於煩惱隨惑及諸惡行,如在修習諸黑業果、生死患等時中所說,應以觀慧數數修習彼等過患,令心熱惱,或起厭離,以是作意如火燒金,令意背棄諸黑惡品,淨此諸垢。如在修習知識功德、暇滿義大、三寶功德、

白淨業果及菩提心諸勝利等時中所說，以觀察慧數數修習此等功德，令心潤澤，或令淨信，以此作意如水洗金，令意趣向諸白淨品，愛樂歡喜，以白善法澤潤其心。如是成已，隨所欲修若止若觀，於彼屬意無大劬勞即能成辦，如是觀修，即是成辦無分別定勝方便故。

講記

「第三、破斥解修狹隘之自詡智士者」，「解修狹隘」，不懂修行，沒有廣大聞思，卻自以為是大智者，這種人很多吧！「自詡智士者」，自以為是智者。要破斥他。然後要被破斥的東西是什麼呢？第一科就是「敘宗」，說明對方的承許、說法。然後第二科是「破彼」，正式破斥他。

如何陳述對方的承許呢？他宗的承許是怎樣呢？這裡有語王尊者的箋註。「於前所說」，就是前文。「或念」，他宗這樣想：「不應於觀察修引生定解」，「不應引生定解」就是不可以這樣做。為什麼呢？「以須修習心專一住所緣之堅固三摩地」，他宗認為：要修三摩地吧？要修三摩地的話，就要堅固所緣，如果要堅固所緣卻做很多觀察，心會錯亂、混亂。「而觀慧思擇與心專一住，二者極相違故」，內心專一安住與智慧別別觀察，這二者是相違的。然後正文：「諸於修理見解極狹者，作如是言」，他們怎麼說的呢？「若以觀慧極多思擇」，如果做很

多觀察修，「而」如是「修習」所緣行相「者，則能障礙」內心「專注一緣勝三摩地」，無法趣入三摩地，是不能成辦三摩地的因。「故不能成堅固等持」，這是他們的承許。

「第二、破彼者：此當宣說答覆」，接下來是回答。一般而言，在正修三摩地的階段，做很多觀察修這點，自宗也會承許是過失，但如果說觀察修是成辦三摩地的過失，這是不對的！「『其心於一所緣，如其所欲堪能安住」，當已經成就三摩地時，心就可以如其所欲地安住於一所緣。如「此」的「三摩地先未成辦」，之前尚未成辦這樣的三摩地，還在修習。「現新修時」，指正在修習、成辦三摩地的時候。當在止住修的這個階段，「若數觀擇眾多所緣」，如果觀擇很多所緣，就會成為障礙。「定則不生」，的確會成為成辦三摩地的障礙，是沒法生起的。在成辦三摩地、止住修的時候，如果心思散逸，是不能成辦三摩地的，對吧？「乃至其定未成以來」，在三摩地尚未成辦之前，「於引定修」，對於成辦三摩地的修，「唯應止修』，亦是我許」，這也是我所承許的。這就是上面所說的：「智者及孤薩黎所修俱須觀察止住」，兩個都要，不能說不用止住修，也不是說止住修的時候要觀察修，這二者要分開修持的。

口　　譯：這裡他們的承許是什麼？是止住修以及觀察修二者相違，
　　　　　所以……

仁波切：在成辦一心安住所緣的三摩地的時候，不可以做觀察修，

這點我也承許。而之前提到：智者須觀察修，孤薩黎須止住修，這是不可以的。

一般如果觀察太多的話，會障礙三摩地，所以正修三摩地的階段，不可以做觀察修，這點我也承許。但他宗不是這個觀點，不是正修三摩地的階段，而是在成辦三摩地之前；如果認為即使不是正修三摩地，從一開始就只能止住修，去觀察修的話心會散亂，三摩地就無法堅固，是指這個觀點不對。這裡有兩個承許，有些人會認為，這兩種修是分別針對孤薩黎及智者；有些人則認為，縱使在不是正修三摩地的時候，是在這之前做觀察修，也會妨礙修定。「若謂『引發如是定前，觀修眾多即許是此定障礙』者」，不是正修三摩地的時候，在正修定之前，做許多觀察修，如果把這也認為是障礙，那這「是全未解大車釋論宣說引發三摩地軌」，為了讓三摩地在相續中很好地生起，一切大車及經續釋論中宣說了眾多成辦三摩地的方法，而他們完全不了解這個內涵，這點是非常明白的。

這裡主要要破斥的是什麼呢？就是「在正修三摩地之前，做觀察修，會妨礙三摩地」的說法，還有上述孤薩黎及智者修法上有差別的兩種主張。「許是此定障礙」，如果承許這是障礙，那麼你是完全不了解。

這裡有個比喻，「謂如點慧鍛師將諸金銀數數火燒、數數水洗，淨除所有一切垢穢」，不論是什麼東西，金子也好，或是銀子，要透過火

燒、水洗的淨治，成為柔軟、堪用。我們的心也是一樣，如果不淨治內心，就無法堪能，內心淨治了才會堪能，就和金銀是一樣的。「點慧鍛師將諸金銀數數火燒、數數水洗」，如果在金子裡頭有雜質，全都要去除，我們淨治內心和這個比喻，是彼此相呼應的。「淨除所有一切垢穢，成極柔軟」，如果這樣做的話，會非常柔軟，做什麼都可以，「堪能隨順」。因此，「此作」金銀等各種「耳環等諸莊嚴具，如欲而轉堪能成辦」。

如同這個譬喻，那它的意思是指什麼呢？「如是先於煩惱隨惑」，煩惱以及隨煩惱，不論是六種根本煩惱以及二十種隨煩惱，任何一個煩惱。「及諸惡行」對於任何犯戒等等律上的罪墮、罪惡，放逸而行。「如在修習諸黑業果、生死患等時中所說」，造惡會生苦，行善則生樂，這是法爾如是的道理。「應以觀慧數數修習彼等過患」，用觀察慧再再地觀察思惟：如果做了這個惡業，它會感得這樣那樣的痛苦異熟。要去觀察、證得這一切內涵。因為這樣一再地思惟、修習後，「令心熱惱，或起厭離」，內心熱惱而非常地難受、不舒服，生起出離等等的意樂。「以是作意如火燒金」，心也要這樣修治，像用火燒金一般，再再地修習輪迴過患等等一切，來淨化內心所有煩惱污垢。「令意背棄諸黑惡品，淨此諸垢」，讓心背棄所做的一切過惡，不再往那方面去。對於自己之前所做的一切罪惡，去集資淨障、去淨化。對黑惡品是這樣。

然後，對於善品，於善「知識功德」，凡是道次第法類，不論是「暇滿義大、三寶功德、白淨業果及菩提心諸勝利等」，如同在該法類各自「時中所說，以觀察慧數數修習此等」證德之「功德」。修習之

後，「令」生硬的內「心潤澤」、令心調伏，「或令淨信」。就像剛才所舉的喻，「**以此作意如水洗金，令意趣向諸白淨品，愛樂歡喜，以白善法澤潤其心**」，這樣做是用善法來潤澤內心、令心堪能。

口　　譯：這裡的「或令淨信」是什麼意思？

仁波切：內心變得澄淨，如果沒有貪瞋等煩惱就是澄淨吧！如果心有貪瞋等煩惱，就是濁穢！捨離令心濁穢的一切污垢，就是澄淨。

口　　譯：這裡翻譯成「淨信」。

仁波切：翻成「淨信」應該也可以。所謂令心澄淨，就是清除了一切煩惱、清除令心濁穢的污垢。有說到「以此作意」，大概就不需解成信心的意思。有說「作意」嗎？

口　　譯：有。

仁波切：那就不需是「淨信」。

口　　譯：這裡說「如火燒金」，是什麼意思？

仁波切：透過以火淨治之後，內心變得柔軟、靈巧，這樣心就可以如欲而安住，是吧？如果淨治內心，不管安置於什麼境界都可以如欲安住。

口　　譯：這裡提到火的譬喻所指的內容是：「令心熱惱，或令厭
　　　　　離」嗎？

仁波切：對！提到「如火燒金」，就是這樣結合譬喻與意涵。「如
　　　　　火燒金，令意背棄諸黑惡品，淨此諸垢」。

　　如果再再地修習輪迴過患、三寶功德等，心就會變得柔軟；就像金
子等也是一樣，如果巧匠不這樣做，就沒法成為黃金耳飾等等。如果內
心變柔軟，安置於三摩地的所緣時，就可以安住。這樣去止住修，就很
容易生起；如果不這樣做、不淨治內心，就無法遮除那些過失。這是非
常重要的關鍵，非常關鍵！

　　我們不論做任何聞思，都要達到扼要，如果沒有達到扼要，一旦聞
思成為煩惱品，那就不對了。聞思是要修持的，進行聞思就是為了做調
伏自相續的修持，做了聞思反而想得到別人的肯定，或對別人生氣，是
不可以的。如果聞思結合自己的相續，一再地結合，自心會被調伏，調
伏自心時心才能專一地安住，專一安住就會堪為役使。就像一塊金礦，
是沒法馬上做成耳環的，如果將金子好好淨治之後，才能做成耳環等飾
品。

　　因此，「如是成已」，當內心變成這樣的時候，「隨所欲修若止若
觀」，不論想修什麼，止也好，觀也好，「於彼屬意無大劬勞即能成
辦」，內心投注所緣就能無勞成辦。「如是觀修」，如果這樣聞思及觀
察修，「即是成辦無分別定」、止住修的「勝方便故」，這是最殊勝的

方法。不但不會成為阻礙，反而還是成辦三摩地的最好方法，是不能缺少的。所以應當安立這樣的觀察修，是三摩地的最勝方便，或是無上的因，而不是安立為障礙。三摩地的障礙並不是這個，而是後面會提到的沉掉二者。

真　　師：可以提一個問題嗎？就這樣的觀點來推論的話，那是不是說：如果完全棄捨修止之前的觀察修，實際上究竟有沒有可能得止？如果前面的觀察修都不要，可不可以得定？就是你一上手修的時候，不要前面那個觀察修，究竟能不能生定啊？照這上面推論好像不能生定。

仁波切：你真的修成定，就算成了也沒用啊！沒用啊！假如你修成了這個定，你想一想，有沒有用？

真　　師：是不是能修成？

仁波切：如果修成的話，有沒有用啊？應該會有，外道也有修成奢摩他，是有成就寂止的！

　　如果完全不觀察修，而成就寂止，種敦巴說：就算修成了在耳邊擊鼓也能不散動的三摩地，也是沒有用的。修成這個沒法做什麼啊！沒法做什麼。怎麼說呢？沒有成佛的欲求，沒有目標吧？沒有！為什麼呢？因為對三寶不必有信心，不用對三寶生信，對三寶功德完全沒有絲毫的

學習。曾經有這樣子的！那些婆羅門也有這樣的修為，能大顯神通。但是沒有意義，沒有用！你成辦寂止是為了什麼？主要是為了解脫，還是為了什麼？是歸究在這個地方。所以種敦巴說：就算能有在耳邊敲鼓也不散動的修持，一點也沒有幫助。

口　　譯：對誰說的？一般說法嗎？

仁波切：平常一般就會說，是對其他人的教誡。提到：你有很強的三摩地，但就算你有了敲鼓也不動搖的三摩地，卻一點用場也沒有！

口　　譯：是可以得定，但沒有目標方向……

仁波切：沒有想獲得佛位的心嘛！沒有要獲得佛位的精進。為什麼？因為對三寶沒信心，沒法生信。

　　問題歸結在是否能成為解脫的因？是否能成為一切智智的因？如果是這樣，那就必須觀察修，沒有觀察修而單單修持是不行的。要有明確的目標。

法　　師：師父，如果沒有觀察修，即使修成定，這種定是否有其他的過患？比如是否抉擇慧會減弱？或者對境會忘念？

仁波切：這個不知道。一般外道的那些三摩地的修行應該有很多
　　　　種，現在我們修習寂止，主要是作為解脫的因。先寂止然
　　　　後止觀雙運，要依靠寂止，這是顯密的共通道，透過寂止
　　　　將內心正住。這在密法也很重要，將心正住非常重要！

　　如是亦如聖無著云：「譬如點慧鍛師或彼弟子，若時為欲
淨除金銀一切垢穢，於時時中火燒水洗，柔軟隨順，現前堪能
成辦彼彼妙莊嚴具。點慧鍛師若彼弟子，隨所了知，順彼工巧
以諸工具，隨所欲樂妙莊嚴相，皆能成辦。如是諸瑜伽師，若
時令心由不趣向貪等垢穢而生厭離，即能不趣染污憂惱。若時
令心由於善品愛樂趣向，即生歡喜。次瑜伽師，為令其心於奢
摩他品，或毘缽舍那品，加行修習，即於彼彼極善和合、極能
正住、無動無轉，如為成辦所思義故，皆能成辦。」

講記

　　「如是亦如聖無著云：『譬如點慧鍛師或彼弟子，若時為欲淨除金
銀一切垢穢』」，「如是亦如聖無著云」，這應該也是出自《瑜伽師地
論》的內容，是一個譬喻。引用譬喻的依據。「譬如點慧鍛師或彼弟
子」，如同前面正文講的。「若時為欲淨除金銀一切垢穢」，要除去垢
穢，令其消失，就是譬喻令心沒有雜質，容易轉成任何想要的那樣。要

去除一切垢穢，所以「於時時中火燒」，有時火燒，有時「水洗」，於
是「柔軟隨順，現前堪能成辦彼彼妙莊嚴具」，要做什麼耳飾、頸飾，
如果按這樣把金銀淨治好，現前就會變得柔軟、堪用，在製作那些東西
的時候才堪用，因為非常柔軟。

　　這個譬喻尚未結束，說：「點慧鍛師若彼弟子，隨所了知，順彼工
巧以諸工具」，有人說這裡沒有翻好。譯師中有善巧或不善巧的，對
吧？如果譯師善巧，文句會容易理解；假設譯師不善巧的話，那就有
點困難。在道次第引導文中說，藏系論典裡這樣的譯文並不是非常理想
的。我們一看就知道了。「點慧鍛師若彼弟子，隨所了知，順彼工巧
以諸工具，隨所欲樂妙莊嚴相，皆能成辦。」上面是寫「鍛冶研究」
（མགར་དཔྱད་）還是「鍛冶用具」（མགར་སྤྱད་）？

　　口　　譯：鍛冶用具。

仁波切：喔！這是對的。鍛冶用具就是工具，這本寫成鍛冶研究，
　　　　　　是不正確的。「隨所欲樂妙莊嚴相，皆能成辦」，我們的
　　　　　　心也要這樣淨治，上面是譬喻。前面說「點慧鍛師若彼弟
　　　　　　子，隨所了知，順彼工巧以諸工具，隨所欲樂妙莊嚴相，
　　　　　　皆能成辦。」譬喻是這個，其內涵宗喀巴大師在前面已經
　　　　　　說過了，現在是引《瑜伽師地論》的文。

　　口　　譯：「現前堪能成辦」是什麼意思？

仁波切：現前分辨出這金子鍛冶得夠不夠、是否適合打造，這是現
見的吧！就是這個意思。

上述是譬喻，那內涵是什麼呢？「如是」修道「諸瑜伽師，若時令
心由不趣向貪等」一切煩惱「垢穢」，如同以火燒金子而去除髒垢與污
穢一般，要令心不趣向自心相續的一切煩惱，「而生厭離」，對輪迴心
生厭離，就像出離心。前面也有說到「令心熱惱，或起厭離」，如果不
知道怎麼樣從輪迴中解脫的方法，就會再再地於三惡趣裡，無有邊際地
領受痛苦；必須對此感到厭離、心生熱惱。「即能不趣染污憂惱」，
「染污憂惱」，比如瞋恚、忿怒等等，會被憂惱擾亂，內心非常渾濁。
一方面，心不趣向那樣的煩惱，這是去除應當遮止的。

而從成立的方面而言，「若時令心由於善品愛樂趣向」，內心對於
善品的法，比如愛樂趣向修道等等，或任何中下士道，「即生歡喜」。
如果生起歡喜，「次瑜伽師，為令其心於奢摩他品，或毘缽舍那品」這
些方面「加行修習」，決定去加行；那無論內心放在什麼所緣，「即於
彼彼極善和合」，就會非常相契。如果心放在寂止品上，就能與寂止非
常契合；如果放在勝觀品上，就能與勝觀、善辨諸法的智慧等等非常相
契。「極能正住」，如果心放在寂止品，內心就能「無動無轉，如為成
辦所思義故，皆能成辦」，不論讓心安置在哪一方面，都能往那方面
去，變得堪能。

口　　譯：「極善和合」是什麼意思？

仁波切：就是能結合到內心上。心投注於彼，沒有不契合的，就是
　　　　很隨順！如果安住在寂止品，就能正住於寂止；要觀察的
　　　　話，就能觀察，就是心能夠結合、連接上去。

口　　譯：「極能正住」是什麼意思？

仁波切：就是內心已經降伏、非常調伏，不會掉舉的意思。心不會
　　　　掉舉而能正住。不論修持什麼所緣行相，心都能結合得
　　　　上；不論修什麼道，都能結合得上；不論心放在什麼所
　　　　緣，都非常能夠正安住。「正住」就是不會想很多其他的
　　　　東西，不會掉舉的意思。

口　　譯：「極善和合」這句也是對於寂止、勝觀嗎？

仁波切：無論內心與什麼和合，無論對寂止、勝觀哪一者善為和
　　　　合，內心就能對此結合、安住。

口　　譯：「極善和合」到底是什麼意思？

仁波切：就是內心極能相契的意思。無論要放在什麼上面都能安
　　　　住，就是心能安住，能結合上去。可說是順風順水的意
　　　　思，沒有障礙。

　　　這在藏文中有點不順，可能沒有翻得很好，這是《瑜伽師地論》的

文。總之,有別別觀察的智慧吧?擇法慧,就是觀察修——再再地對諸法觀察而修,就是觀察修,或是擇法慧。比如一個工具,一把斧頭,我們會極力地將刀刃磨得很鋒利;再再地觀察,就好比把斧頭、工具磨得非常鋒利一般。然後心能正住的話,就像一隻穩健的手不會晃動,去執持工具、握著鋒利的斧頭而去砍樹的時候,由於有穩健的手、鋒利的工具,就很容易砍斷;如果心不堅固、手不穩定的話,就無法砍得很好。如果不能用寂止令心安住的話,就會像這樣的比喻一般;如果斧頭、刀刃不鋒利,就無法砍斷樹木,力量就不夠強。如果這兩個都齊具,砍樹就簡單了,就會非常容易!因此如果具足觀察修與止住修、止觀二者,砍斷煩惱的根本是很容易的。在《道次第引導》中對於止觀,舉出這樣的譬喻,止住修和觀察修的道理就是這樣。

口　譯:鋒利的斧頭是代表什麼?

仁波切:以別別觀察慧再再地觀察修,就好比鋒利的斧頭一樣。不晃動的手,是指內心安住、不動搖。

　　又能令心堅固安住一所緣境勝三摩地,所有違緣要有二種,謂沈及掉。是中若有猛利無間見三寶等功德之心,則其沈沒極易斷除,以彼對治,即是由見功德門中策舉其心,定量諸師多宣說故。若有無間猛利能見無常苦等過患之心,則其掉舉極易斷除,以掉舉者,是貪分攝散亂之心,能對治彼,諸經論

中讚厭離故。

講記

　　這裡要說止住修的主要違緣。前面提到的是，如果作了很多觀察修的話，就會成為止住修的違緣。但不是這樣，違緣主要是什麼呢？「**又能令心堅固安住一所緣境勝三摩地，所有違緣**」是什麼呢？主要是沉掉二者——「**要有二種，謂沈及掉**」，沉掉就是主要的違緣。要去除這兩個主要的違緣，就必須在斷除沉掉的方法上努力。那遮除沉、掉二者的方式是什麼呢？下文說到去除它的無上方法。「**是中若有猛利無間見三寶等功德之心**」，要知道三寶的功德；如果對三寶發起無間、猛利至誠的信解信，「**則其沈沒極易斷除**」，非常容易斷除沉沒和昏昧。「**以彼對治，即是由見功德門中策舉其心**」，透過看見三寶功德而讓自心振奮，就是思惟：「對三寶生起信心，並努力於善品，會有如是如是功德及不可思議的勝利」，用這樣的方式振奮內心。「**定量諸師多宣說故**」，無論顯密，諸多具量的教典中都如是宣說。那麼止住修的主要障礙是什麼呢？就是沉掉二者。斷除沉掉二者的無上方法是什麼呢？首先就是要生起對三寶功德的猛利信心等等。這樣看來，如果事先沒有觀察修，就沒有斷除沉沒的方法。這裡是提到斷除沉沒的方式。

　　止住修的兩個主要違緣中後者是什麼呢？就是掉舉。斷除掉舉的方法，就是必須修習「**無常**」及輪迴「**苦等**」。有說：「無苦無出離[6]」，沒有痛苦就無法生起厭離。苦的功德是什麼呢？「**厭離除驕**

慢⁷」，厭離能去除自己的驕傲及我慢，這就是苦的功德。「若有無間猛利」、再再地修習「能見」三惡趣苦「等過患之心，則其掉舉極易斷除」，非常容易斷除掉舉。為什麼呢？「以掉舉者，是貪分攝散亂之心」，是貪欲分所攝，主要是指內心散亂。要對內心散亂，生起厭離、熱惱。如果能這樣行持，就能遮除掉舉。「能對治彼，諸經論中讚厭離故」，許多經論都說到遮除掉舉要依靠厭離。

斷除止住修的主要兩個違緣──沉掉二者的方法，如果不具足的話，就不會有好的止住修；如果不去聞思斷除止住修的兩個主要違緣的方便，便等同是沒有斷除它的方法了。

❀第四、宣說一切聖言修持，分三：第一、將修持一切聖言之理結合先輩語教者：是故從於知識修信，乃至淨修行心以來，若有幾許眾多熏修，即有爾許智者所喜妙三摩地速易成辦。又非但止修，即諸觀修，亦須遠離掉沈二過，將護修習。此教授中諸大善巧先覺尊長，隨授何等應時所緣，為令於其所緣法類起定解故，將諸經論應時之義，由師教授環繞其心，更以先覺語錄莊嚴，圓滿講說。又如說云：「若善說者為善聽者宣講演說，如法會中所變心力，暗中獨思難得生起。」善哉，誠然。

講記

「第四、宣說一切聖言修持，分三」，現在是第四科、宣說一切至言的修持。其中分出三科：「第一、將修持一切聖言之理結合先輩語教者」，就是結合先輩智者語教之理。「是故從於知識修信」，從一開始對善知識修習信心，「乃至淨修行心以來」，到修習願心、行心兩者當中的行心以來。「若有幾許眾多薰修」，「眾多薰修」主要是指觀察修。「即有爾許智者所喜妙三摩地速易成辦」，智者所喜的三摩地就是正確的三摩地，會很容易地成辦為智者所歡喜的堅固三摩地。上面說的是：從對善知識修信，到行心之間的一切道，如果能數數修習、一再地修習，你修得有多麼好，後面的止住修也就會有多麼賢善；先前有多少聞思，對後面止住修的能力與進程也就有如是的助益，主要就是倚賴先前的聞思，就很容易成辦。「智者所喜妙三摩地極易成辦」，即堅固的三摩地。

「又非但止修，即諸觀修，亦須遠離掉沈二過，將護修習」，就如同上面所說。「此教授中」，指道次第的傳承上師。修持道次第的「諸大善巧先覺尊長，隨授何等應時所緣」，「授」是傳授，傳授任何所緣。「為令於其所緣法類起定解故」，為了明晰地證得此所緣法類，「將諸經論應時之義」，引用符合當前的眾多經論，而將這一切教典的意涵，「由師教授」，用上師的所有教授，將經中所說的內涵「環繞其心」，要結合自己的心。如果不結合自心，就是捨棄了一切上師的言教與意涵，沒法成辦廣大意義。重點是不論什麼修持，都要環繞自心。「更以先覺」諸上師的「語錄莊嚴」，這一切教言都要如此地去聞思。

「圓滿講說」，必須盡力地聞思一切至言、釋論等等。

「若善說者為善聽者宣講演說」，由一位善說者做這樣的宣講。如果一位善巧的上師和善聽的具信弟子聚集起來，而去講聞正法的話，「如法會中所變心力」，如果到了法會，就算以前自心鈍劣，也會漸漸變好，智慧會漸漸增長，而與之前不同。內心會轉變，對吧？縱使之前是鈍劣的，也可能變成大智者，就如同這樣。「暗中獨思難得生起」，不做這樣的講聞，自己獨自思惟、獨自修行的話，很難獲得如此的轉變。先輩上師所說的極為善妙、正確，所以說：「善哉，誠然」，宗喀巴大師對此說法，認為非常善妙、真實。

口　譯：「暗中獨思難得生起」是什麼意思？

仁波切：「暗中獨思難得生起」，應該是指不這樣去講聞、聞思，卻自以為在思惟所緣法類，不去聞思而以為自己在修行，「暗中獨思」大概是指這個意思。但這樣的話，是不會生出心得的，「難得生起」。為什麼呢？「如法會中所變心力」，是特別殷重地說到必須很努力地講聞。

口　譯：「更以先覺語錄莊嚴」，是莊嚴何處？

仁波切：以上師、前輩諸師的語錄，來莊嚴一切經論的意涵。有各種語錄、各種經論、釋論吧？研閱、聞思這一切之後，必須結合自心來修持。

口　譯：「環繞其心」是什麼意思？

仁波切：「環繞其心」，就是要在內心上思惟，要結合、環繞內
　　　　心。

口　譯：那下面的「圓滿講說」是什麼意思？

仁波切：就是要圓滿一切支分來講說，不可以僅僅講說某一部分。
　　　　實際上是提到如何講說修持一切至言、釋論意涵的方式。

口　譯：「圓滿講說」是要結合到上面「先覺語錄莊嚴」嗎？

仁波切：對的，就是要圓滿地講說、聞思。

口　譯：聞思？

仁波切：雖然提到「講說」，實際上還是聞思。

口　譯：講說的人是誰？是自己嗎？還是上師？

仁波切：不論是自己說也好，是別人說也好，是自己聽聞也好，是
　　　　別人聽聞也好，總之就是聞思，對吧？「若善說者為善聽
　　　　者宣講演說，如法會中所變心力」。

口　譯：「此教授中諸大善巧先覺尊長」的「此」指的是什麼？

仁波切：就是菩提道次第。這些在修習此菩提道次第時的善巧先覺
　　　　上師。「隨授何等應時所緣」，就是任何的應時所緣，例

如就依師軌理而言，應時所緣就是要思惟依師軌理。「隨授何等」，就是隨師所傳授的，例如依止軌理的時候，上師跟你講授的應時所緣是什麼呢？就是依止軌理，對吧？「為令於其所緣法類起定解故」，「起定解」，就是領悟。為了要領悟這個法類，則必須閱讀、證達一切「諸經論應時之義」，就要「由師教授環繞其心，更以先覺語錄莊嚴」，對這所有的意涵，要如上師所講的教授環繞自心，然後要以所有其餘開示依師法類的先覺語錄而莊嚴。「圓滿講說」，以具足一切支分，講說一切相關依止善知識的部分，要研閱這一切。

口　　譯：是指一個說法者要這樣講說嗎？

仁波切：對，要這樣講。為什麼呢？「為令於其所緣法類起定解故」，為了授予定解，比如為了對依師軌理引發定解。對這個階段的「諸經論應時之義」，無論所引的教言是佛經或是論典，對於其中的內涵上師講解了什麼？上師的教授，就是指上師本人如何修持的方式，或者上師解釋其中的內涵。「由師教授環繞其心」，結合自心。「更以先覺語錄莊嚴」其心，用所有其他善巧者的語錄來莊嚴，而「圓滿講說」依止善知識的所有法類。無論是說者，或是學者，都要這樣修學。

法　　師：「智者所喜妙三摩地速易成辦」，這個三摩地是從修信開

始就可以生起嗎？乃至於每個法類中間都可以生起嗎？

仁波切：不是這樣的。「智者所喜妙三摩地速易成辦」，是指如果
　　　　這樣去修習觀察修，能不困難地在相續中生起止住修的三
　　　　摩地，幫助非常大。

口　譯：這裡的三摩地，是指某一種三摩地嗎？

仁波切：三摩地有百千俱胝種，怎麼是某一個呢！有很多的。這裡
　　　　的三摩地，應該是指透過止住修所獲得的三摩地。很容易
　　　　地成辦三摩地的方法，就是要做很多觀察修，這在前面已
　　　　經說了很多了。它不會是生起三摩地的障礙，而是助伴。

法　師：觀察修時也要遠離沉掉，此時沉掉的行相為何？

仁波切：這從自身的經驗就能了解吧！例如小孩子在背誦經典時，
　　　　如果隨沉掉所轉，是背不起來的吧！聞思修任何一者都
　　　　是。在講聞正法的時候，如果產生沉沒而沒有聽到，就損
　　　　失了吧！這是現見的。

法　師：那這跟止住修的沉掉有什麼差別嗎？

仁波切：應該是同類、相似的，「須遠離沉掉二過」就是指這個，
　　　　應該是一樣的。沒有說：「這是觀察修的沉掉、這是止住
　　　　修的沉掉」，「非但止修，即諸觀修，亦須遠離沉掉二
　　　　過」，從詞面上就可以知道是一樣的。

「先覺語錄」，先覺就是指自己上師的前輩傳承諸師，他們的語錄是很多的。比如語王尊者，會把他的上師語錄寫在這裡，那他的上師這樣的語教，又是從他的上師的上師那裡而來的，這樣就是「更以先覺語錄莊嚴」。「圓滿講說」，就是要全部具足地說。

「若善說者為善聽者宣講演說」，指的就是這個內涵，是否能幫到弟子的相續這才是重要的。什麼樣才是對弟子的相續有幫助呢？主要是了解自己相續中有什麼過失。有說[8]：「責難其過者，為最勝知識。」能責難弟子的過失，是最殊勝的善知識，例如上師直接說出弟子修道中所有的不順品，責難其過失，這是最勝知識。又說：「施降其過失，為最勝教授。」如果能如實說出弟子的過失，這就是口訣，是最殊勝的教授。所以「若善說者為善聽者宣講演說，如法會中所變心力」，能這樣做的話，就饒益到弟子。「法會」，我們在辯論場辯論等等，都是「法會」。這裡的「卻札」（ཆོས་གྲ）翻成法會，應該是像教理院這種，主要作為聞思的的地方，不是指那種做課誦的法會。如果能這樣做，就會增長內心的收穫，會極為增長；自己獨自處在隱暗處中，以為在修行，是無法生起很大的受益。先輩上師們所說，非常地善妙且正確。「善哉，誠然」，是非常真實的。

故不應謂此是修時方略策勵，以此所說「聞思之時、修行時」者，即是計執說眾多法與正修持，二時相違之邪分別故。

講記

接下來的文是：「**故不應謂此是修時方略策勵**」。前面提到的，不好好聞思，自個兒待著。說：「現在是緣念的時候了」，然後才要開始努力，是不可以這樣的。「修時」，就是做緣念、觀想吧！「方略策勵」，就是他要緣念了，才剛開始努力，然後就停了，然後又再開始，進一下又退了、進一下又退了，斷斷續續的，是一種心不堅固的意思。像有些人看書，這樣看一看，然後就放著，然後又看一看，這就是「方略策勵」，書打開一下，又打開一下，時間就過去了，不能這樣。這樣做的話，就是認為：「這是緣念的時候，這不是講法的時候，不是聞思的時候」，把聞思的時間跟修持的時間分開，不把聞思結合修持，而別別分開。「**以此所說『聞思之時、修行時』者，即是計執說眾多法與正修持，二時相違之邪分別故**」，將這二者執為相違，是邪分別。執持講說眾多法與修持的兩個時間為相違的心，就是顛倒分別。

這裡提到不可以將多做聞思與修持二者，當作是別別不同，但是這很困難，是有難度的，在後面會講。本來我們在做任何的聞思修，結合自己的相續、結合到修持是很重要的，如果不這樣，例如在辯論的時候，想要做給別人看，想被稱讚自己是智者，這樣的聞思就沒有很大的意義，沒有大利益，因為沒法成為調伏自相續的方法。聞思是要調伏自心，要結合在自心上的！如果認為：「這是聞思、這是修持」而各別分開的話，聞思就沒有意義了，下面會說。

學習了很多教典，但在修持的時候一點也不了解修持的扼要，是不

行的。即使聽聞了一個詞，也要思惟是否能饒益自己的相續，如果對自相續有所饒益，不管聞思什麼就都成為修持了。不管做任何講聞，都拿來結合修持是很重要的！不結合修持的話，是很大的浪費，如果做任何聞思，都要別人肯定，想讓自己被稱為智者，卻不拿來結合修持，就會產生很大的禍患，是非常大的損失！所以這裡提到結合修持是很重要的，把二者執為相違是邪分別。

⑩第二、廣說鈍根引導文者：然能了解一切講說皆為修持者，實屬少際，故能略攝所應修事，亦可別書。

講記

「第二、廣釋鈍根引導文者」，剛才分成了三科的第二科，但和正文的意思有點不搭配。鈍根是指根性鈍劣，而要廣說對這樣的有情的引導文。雖然是這樣分科，但是內容有點配不上。「然」，是指上述的內容：必須多聞思，而且自己直接要去修持這一切，即聞思的時候也要結合自己的相續，是為一種修持；但是也有專門要修持布施、持戒、忍辱等一切法的方法。

口　譯：專門修持？

仁波切：以布施為例，為什麼布施、布施的方式、受施的人等等，

這些法類全部要學習；在學的時候就要結合自心，結合修
持。學習之後，自己去行持布施、修持所緣行相，這就是
修持的方法。

「然能了解一切講說皆為修持」，知道將一切講說拿來修持。我們
都在重複學習《廣論》，但在一開始就要如同《廣論》的一切去修持是
有點難的。現在你就要把《廣論》的全部內容一字不漏地修持，很困難
吧！「實屬少際」，就是指很困難，全部都要修持是不容易的。「故能
略攝所應修事，亦可別書」，可以另外略攝、歸納自己要修持的內容。

比如《廣論》說了一切內容，但是要將這些內容全部如實修持是很
困難的，在最初學習的時候我們內心會難以容受，這就是這裡說的「鈍
根」。因此要「略攝所應修事」，另外略攝、收攝所要修持的要點。比
如《樂道》、《速道》、《妙音教授論》，這些都把《廣論》簡要地收
攝了；《廣論》中沒說的內容，在那裡面也不會講，除了《樂道》中提
到少許密法，其他都是《廣論》裡面的意涵。為什麼這樣做呢？因為宗
喀巴大師在這裡說：「故能略攝所應修事，亦可別書」，提到可以這樣
做，來適應內心的程度。

如果要解釋道次第，不是已經有《廣論》了嗎？那著作《樂道》、
《速道》沒有必要吧？並不是這樣，有很多人內心是無法容受《廣論》
的。所以將自心所要修持的內容，簡略地收攝起來，少少的內容，就能
幫我們在心裡現起。「亦可別書」，就是提到可以這樣做，並不會相

違,因為還是在講《廣論》的內涵。「然能了解一切講說皆為修持者,
實屬少際」,能了解一切講說皆可拿來修持的,是有其人,不過「實屬
少際」,應該是有,但並不多。

口　譯:「廣說鈍根引導文者」是什麼意思?

仁波切:是有這一科,但跟內容不是很符順,我不懂。或許解為:
　　　　可以另外略攝「廣說的引導文」。「鈍根」,所以把廣說
　　　　的內涵略攝起來。「亦可別書」,就是可以另外做。而為
　　　　什麼這樣開科判不清楚。

　第三、珍愛觀察修之理者:能不能現一切至言皆教授
者,唯是於此修習道理獲與未獲決定知解,隨逐而成。況於法
藏諸未學者,縱於經咒廣大教典諸久習者,至修道時,現見多
成自所學習經論對方。此亦雖應廣為決擇,然恐文繁故不多
說。破於修理諸邪分別已廣釋訖。

講記

　　「第三、珍愛觀察修之理者」,現在要講珍愛觀察修的道理。

口　譯：「珍愛」，是喜歡的意思嗎？

仁波切：是，觀察修很重要，所以要珍愛。

在前面「如何講聞具足四種殊勝的正法」的殊勝中，一切聖言現為教授，就是這個內涵。「**能不能現一切至言皆教授者，唯是於此修習道理獲與未獲決定知解，隨逐而成**」，「**此修習道理**」是指什麼呢？抉擇所聞思的一切意涵，然後去結合自己的行持；「**獲與未獲決定知解**」，就是指要觀待於此。這樣去修持雖然很重要，但是「**況於法藏諸未學者**」，「**於法藏諸未學者**」，應該不是都沒有學，多少有學一點。只學了一點，所以難免自己不懂得修持，因此對於法藏諸未學者，就不用談了。「**縱於經咒廣大教典諸久習者**」，在藏地有這樣的嘛！以前在大師的時代可能有很多吧！學習了很多顯教、密咒的教典，做了很多聞思，但是「**至修道時**」，卻把自己的修持與先前的學習二者當作相違，在修道時，修了不是聞思的內容，而是另外一個東西。「**現見多成自所學習經論對方**」，這樣的話，他就成了自己所學教典的對方。「**對方**」，辯論時有個敵方吧？就成為他宗了。他會說：學習很多教典，但這與修持完全不一樣。這樣說的人非常多。

做了諸多的學習，必須要知道，自己所學的這一切，在修持的時候也是要修持的。之前已經說過了，學習的時候是學這一個，修持的時候卻修另一個的話，就像跑馬時跑去其他道路一樣。「**此亦雖應廣為抉擇，然恐文繁故不多說**」，這裡雖然有很多要說的，就簡要地不更多說

了。

「破於修理諸邪分別已廣釋訖」，前面提到的「總略宣說修持軌理」，這修持軌理就說完了；全部的親近善知識法類，有廣說、總略宣說修持軌理及除遣邪執等等，都講完了。前面四個根本科判中，提到「如何正以教授引導學徒之次第」，其中分為「道之根本親近知識軌理」與「既親近已如何修心次第」二科，其中「道之根本親近知識軌理」在此講述完畢。

所以，「親近知識軌理」是什麼呢？不論修學顯密哪一種道，它都是這兩種道次第全部的共通道，是道之根本。不只是顯教的根本，還是密教的根本，它是顯教、密教二者所共通的。

哈爾瓦·嘉木樣洛周仁波切、如月格西授義。大慈恩·月光國際譯經院真如老師總監。主譯譯師釋性柏，主校譯師釋如行，初稿譯師釋性發、釋性泰、釋性輝、釋性正、釋性揚、釋性恕，眾校譯師釋性祥、釋性徹、釋性川，核定標點南海尼僧團（釋起演、釋起生），譯場行政釋法行、釋性回、釋賢浩、釋心清、張波、張承、王士豪、陳惠妮、李玉芳。2019 年 3 月 3 日初稿譯訖，2022 年 9 月 15 日會校訖，2022 年 10 月 18 日定稿。譯場檀越劉冰梅闔家、黃曉薇張尤鋒闔家、林禹丞林賓闔家、黃素芬法親眷屬、張雅雯張震張庭榕、趙翊瑾闔家、釋聞護釋聞慜、三寶弟子、中區傳心委員偕眷、陳淑慧李清秀闔家、張鈞雅張祐榕、黃錦霞、胡睿恩闔家、何宇晶吳子強闔家、陳坤泰闔家、張素惠陳惟真闔家、中區傳心委員、中傳心會員與親眷、林吟霞、許復華胡敏怡闔家、黃陳佑黃品澄闔家、淮元中醫診所。

註釋

1 **摩訶衍那** 梵語Mahāyāna音譯，義為大乘。此指大乘和尚，為一唐代僧人。曾入西藏講經，主張頓悟，強調證悟空性後，不需要修習布施、持戒等方便分，只要全不作意，就是觀修空性，依此就能成佛。後蓮華戒論師所破。此即著名的「拉薩論爭」，詳見《四家合註白話校註集》第1冊〈說明〉——〈支那和尚與禪宗〉。

2 **心樂與眾生，身財及果德** 出自《入行論‧護正知品》第10偈。

3 **遣魚至何方** 此偈全頌出自《入行論‧護正知品》第11偈。

4 **執取相** 此處《廣論》正文的「心力」，藏文原為心的執取相。

5 **唯我志弱無精進** 引文出自《入行論‧不放逸品》第46偈。

6 **無苦無出離** 出自《入行論‧安忍品》第12偈。

7 **厭離除驕慢** 出自《入行論‧安忍品》第21偈。

8 **有說** 此語出自阿底峽尊者。下二句同。

附　錄

附錄一：37 堆曼達示意圖

供養

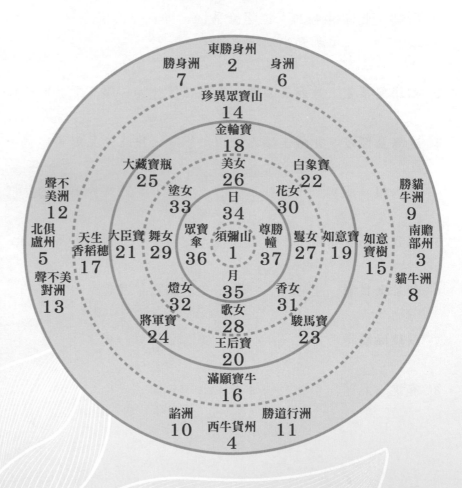

實線表示曼達盤的三重圓環，虛線只是幫助讀者方便區分在同一位置上，不同順序的供品，非是曼達的圓環

附錄二：7 堆曼達示意圖

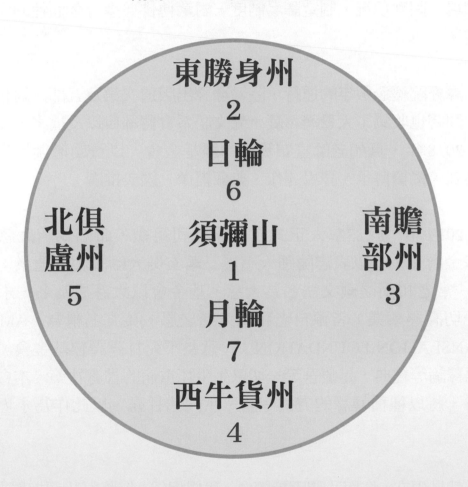

圓面表示曼達的底盤

AMRITA TRANSLATION FOUNDATION

創設緣起

　　真如老師為弘揚清淨傳承教法，匯聚僧團中修學五部大論法要之僧人，於 2013 年底成立「月光國際譯經院」，參照古代漢、藏兩地之譯場，因應現況，制定譯場制度，對藏傳佛典進行全面性的漢譯與校註。

　　譯經院經過數年的運行，陸續翻譯出版道次第及五部大論相關譯著。同時也收集了大量漢、藏、梵文語系實體經典以及檔案，以資譯經。2018 年，真如老師宣布籌備譯經基金會，以贊助僧伽教育、譯師培訓、接續傳承、譯場運作、典藏經像、經典推廣。

　　2019 年，於加拿大正式成立非營利組織，命名為「大慈恩譯經基金會」，一以表志隨踵大慈恩三藏玄奘大師譯經之遺業；一以上日下常老和尚之藏文法名為大慈，基金會以大慈恩為名，永銘今後一切譯經事業，皆源自老和尚大慈之恩。英文名稱為「AMRITA TRANSLATION FOUNDATION」，意為不死甘露譯經基金會，以表佛語釋論等經典，是療吾等一切眾生生死重病的甘露妙藥。本會一切僧俗，將以種種轉譯的方式令諸眾生同沾甘露，以此作為永恆的使命。

　　就是現在，您與我們因緣際會。我們相信，您將與我們把臂共行，一同走向這段美妙的譯師之旅！

大慈恩譯經基金會官網網站：https://www.amrtf.org/

AMRITA
TRANSLATION FOUNDATION

創始榮董名單

真如老師　楊哲優闔家　蕭丞莛　王名誼　釋如法　賴春長　江秀琴　張燈技
李麗雲　鄭鳳珠　鄭周　江合原　GWBI　蔡鴻儒　朱延均闔家　康義輝　釋徹浩
釋如旭　陳悌錦　盧淑惠　陳麗瑛　劉美爵　邱國清　李月珠　劉鈴珠　楊雪芬
朱崴國際　楊林金寶　施玉鈴　吳芬霞　徐金水　福泉資產管理顧問　王麒銘
王藝臻　王嘉賓　王建誠　陳秀仁　李榮芳　陳侯君　盧嬿竹　陳麗雲　張金平
楊炳南　宋淑雅　王淑均　陳玫圭　蔡欣儒　林素鐶　鄭芬芳　黃致文　蘇淑慧
魏榮展　何克灃　崔德霞　黃錦霞　楊淑涼　賴秋進　陳美貞　蕭仲凱　黃芷芸
陳劉鳳　楊耀陳　沈揚　曾月慧　吳紫蔚　張育銘　蘇國棟　闞月雲　Huang,Yu
陳弘昌闔家　蘇秀婷　劉素音　李凌娟　陶汶　周陳柳　林崑山闔家　韓麗鳳
蔡瑞鳳　陳銀雪　張秀雲　游陳溪闔家　蘇秀文　羅云彤　余順興　蕭陳麗宏
Chi闔家　林美伶　廖美子闔家　林珍珍　邱素敏　李翊民　李季翰　林郭喬鈴
水陸法會弟子　顏明霞闔家　劉珈含闔家　蔡少華　李賽雲闔家　程莉闔家
朱善本　張航語闔家　詹益忠闔家　姚欣耿闔家　羅劍平闔家　孫文利闔家
李東明　釋性修　釋性祈　釋法謹　吳宜軒　陳美華　洪麗玉　吳嬌娥　陳維金
陳秋惠　翁靖賀　邱重銘　李承慧　蕭誠佑　蔣岳樺　包雅軍　陳姿佑　陳宣廷
蕭麗芳　周麗芳　詹尤莉　陳淑媛　李永智　蘇玉杰闔家　巴勇闔家　王成靜
程紅林闔家　黃榕闔家　劉予非闔家　章昶　丁欽闔家　洪燕君　崔品寬闔家
鄭榆莉　彭卓　德鳴闔家　周圓海　鄒靜　劉紅君　潘竑　翁梅玉闔家　駱國海
慧妙闔家　蔡金鑫闔家　慧祥闔家　王文添闔家　翁春蘭　林廷諭　羅陳碧雪
黃允聰　黃水圳　黃裕民　羅兆鈴　黃彥傑　俞秋梅　黃美娥　蘇博聖　練雪溱
高麗玲　彭鈺茹　吳松柏　彭金蘭　吳海勇　陳瑞秀　傅卓祥　王鵬翔　鄧恩潮

創始榮董名單

彭劉帶妹　張曜橚闔家　蔡榮瑞　蔡佩君　陳碧鳳　吳曜宗　陳耀輝　李銘洲
鄭天爵　鄭充閭　吳海勇　任碧玉　任碧霞　鐘俊益邱秋俐　鄭淑文　廖紫岑
黃彥傑闔家　唐松章　陳贊鴻　張秋燕張火德闔家　釋清達　華月琴　鄭金指
郭甜闔家　鉦盛國際公司　高麗玲闔家　嚴淑華闔家　賴春長闔家　莊鎮光
馮精華闔家　簡李選闔家　黃麗卿闔家　劉美宏闔家　鄭志峯闔家　紀素華
紀素玲　林丕燦張德義闔家　潘頻余潘錫謀闔家　鍾淳淵闔家　林碧惠闔家
陳依涵　黃芷芸　蔡淑筠　陳吳月香陳伯榮　褚麗鳳　釋性覽釋法邦　張健均
林春發闔家　吳秀樘　葉坤土闔家　黃美燕　黃俊傑闔家　陳麗瑛　張陳芳梅
吳芬霞　釋法將林立茉闔家　張俊梧楊淑伶　邱金鳳　邱碧雲闔家　詹明雅
陳奕君　翁春蘭　陳財發王潘香闔家　舒子正　李玉瑩　楊淑瑜　徐不愛闔家
地涌景觀團隊　林江桂　簡素雲闔家　花春雄闔家　鍾瑞月　謝錫祺　李回源
蘇新任廖明科闔家　張桂香闔家　沈佛生薛佩璋闔家　張景男闔家　李麗雲
張阿幼　古賴義裕闔家　鍾乙彤闔家張克勤　羅麗鴻　唐蜀蓉闔家　陳卉羚
蔡明亨闔家　楊智瑤闔家　林茂榮闔家　郭聰田　曾炎州　林猪闔家　林登財
艾美廚衛有限公司　張幸敏闔家　呂素惠闔家　李明珠　釋清暢歐又中闔家
李文雄闔家　吳信孝闔家　任玉明　游秀錦闔家　陳曉輝闔家　楊任徵闔家
何庚燁　洪桂枝　福智台南分苑　張修晟　陳仲全陳玉珠闔家　黃霓華闔家
林淑美　陳清木張桂珠　張相平闔家　潘榮進闔家　李明霞闔家　張米闔家
釋聞矚劉定凱闔家　林祚雄　陳懷谷闔家曾毓芬　陳昌裕闔家　釋清慈闔家
立長企業有限公司　林翠平闔家　楊勝次闔家　楊貴枝蕭毅闔家　釋性亨

2023-2024 榮董名單

2023-2024

王昭變闔家　詹蕙君　付慈平　彰化15宗07班　妙群闔家　曾順隆闔家
羅惠玲闔家　俊良美純秀英闔家　釋聞王釋聞浩　莊郁琳李國寶闔家
劉秀玉邱家福　釋性呂王志銘闔家　粘友善黃招治闔家　盧明煌盧陳幼
鄭惠鶯　釋性利　林淑敏　孫濤張麗榮闔家　林忠義闔家　李慶財闔家
李逢時林秋香闔家　蔣瑜闔家　李建彤　陳怡君闔家　釋超怙及增上班
釋清燈徐鄭秀鳳　釋性求顏國宏闔家　龍寶建設股份有限公司　釋清翰
侯美賢林秀蓮闔家　李彩蓮闔家　利駿貿易有限公司　鄭伯達鄭蔡佳珠
管素瑜闔家　林藝帆闔家　李春郎闔家　李翊綺闔家　黃登洲闔家
莊浚楓闔家　翁燕如闔家　張語彤闔家　李志峰闔家　鄧雅如闔家
林綉錦闔家　謝錦敏闔家　朱晉熙闔家　李春田闔家　劉嘉蘭闔家
花春雄闔家　蔡明興闔家　郭文隆闔家　楊鴻鵬闔家　高美蘭闔家
林家誼闔家　楊惠玫闔家　陳靜慧闔家　唐廷照闔家　陳福臺闔家
陳武華闔家　陳志聲闔家　吳春山闔家　謝麟兒闔家　林正雄闔家
陳三奇闔家

2024-2025 榮董名單

2024-2025

四家合註入門 ③
哈爾瓦·嘉木樣洛周仁波切講記

造　　論	宗喀巴大師
合　　註	巴梭法王　語王堅穩尊者　妙音笑大師　札帝格西
講　　述	哈爾瓦·嘉木樣洛周仁波切
總　　監	真　如
合註漢譯	釋如法、釋如密等
講記漢譯	釋性柏、釋如行等

責任編輯	伍文翠
編輯協力	沈平川、張慧妤、葉惠欣、侯貞君、賴韻如
美術設計	王佳莉、吳詩涵
繪　　圖	鄭秋梅
排　　版	華漢電腦排版有限公司
印　　刷	上海印刷廠股份有限公司

出 版 者	福智文化股份有限公司
地　　址	105407台北市松山區八德路三段212號9樓
電　　話	(02) 2577-0637
客服Email	serve@bwpublish.com
總 經 銷	時報文化出版企業股份有限公司
地　　址	桃園市龜山區萬壽路二段351號
電　　話	(02)2306-6600 轉2111
出版日期	2024年7月　初版
定　　價	新台幣1000元
I S B N	978-626-98248-3-0

國家圖書館出版品預行編（CIP）目資料

四家合註入門 . 3 : 哈爾瓦 . 嘉木樣洛周仁波切講記 / 宗喀
巴大師造論 ; 巴梭法王 , 語王堅穩尊者 , 妙音笑大師 ,
札帝格西合註 ; 哈爾瓦 . 嘉木樣洛周仁波切講述 ; 釋如
法 , 釋如密等合註漢譯 ; 釋性柏 , 釋如行等講記漢譯 .
-- 臺北市 : 福智文化股份有限公司 , 2024.07
　　面 ;　公分
ISBN 978-626-98248-3-0（精裝）

1.CST: 藏傳佛教　2.CST: 注釋　3.CST: 佛教修持

226.962　　　　　　　　　　　　　　　　　113006403